L'exploitation et les abus sexuels des casques bleus en Centrafrique et en RD-Congo

Dr. Futher-de-Borgia TOUMANDJI

L'exploitation et les abus sexuels des casques bleus en Centrafrique et en RD-Congo

Cadre juridique général de protection des enfants

Préface de Jean Didier BOUKONGOU

L'Harmattan

Du même auteur

♦ *La mission politique de l'Église et des chrétiens. Enjeux des intuitions de Jean-Baptiste Metz pour l'engagement social de l'Église en Afrique*, 2018.
♦ *Une christologie esthétique. Enjeux des intuitions de Hans Urs von Baltasar* dans la Gloire et la Croix, 2017.

5-7, rue de l'École-Polytechnique 75005 Paris

http://www.librairieharmattan.com

ISBN : 978-2-343-24390-0
EAN : 9782343243900

Aux enfants de la *Fondation Voix du Cœur,* victimes d'humiliations, de viols, d'exploitations et d'abus sexuels de la part des forces de la paix,
Nous dédions cet ouvrage.

Remerciements

La culture du remerciement est une exigence fondamentale tant elle procède de la reconnaissance vis-à-vis de l'Autre, tel qu'il est, avec ce qu'il a de Beau, de Vrai et de Bon. C'est ce profond désir au creux de notre être-là auprès des Maîtres qui, sans cesse, veut se donner comme élément de réponse aux savoirs reçus dans le cercle des interrogations universitaires. Par ces mots, nous voudrions remercier, en tout premier lieu, notre Directeur de Recherche, Professeur Jean Didier BOUKONGOU, qui a suscité en nous le goût de la réflexion sur la protection des enfants contre les exploitations et les abus sexuels des casques bleus. Sa rigueur scientifique et la confiance qu'il a placée en nous ont donné à cette thèse d'exister. C'est un immense honneur de bénéficier de son encadrement, de ses orientations et de ses conseils.

Nous témoignons toute notre gratitude aux Professeurs : Dominique BANGOURA et Philippe RYFMAN pour les cours de méthodologie, d'action humanitaire et les précieux conseils reçus durant nos trois ans d'études à la Chaire UNESCO pour la culture de la paix. Merci aux Professeurs Augustin LOADA, Martin BLEOU, Virginie KONANDRI, Augustin KONGATOUA et aux Docteurs : Kouassi Aimé MALANHOUA, Roland Patrick N'GBOFAI, Parfait OUMBA et Pulchérie AMOUGUI qui nous a apporté une compréhension critique des divers aspects du sujet.

Merci infiniment à mes parents : Émilie Béatrice EPAYE, Patricia DJOLLO et Gracia LOMBAYE pour leur soutien.

Nous souhaitons exprimer notre gratitude aux Docteurs : Guy OUATTARA, Cécile TOKPA, Florent OUANDJI, Augustin J. DOUI-WAWAYE, Guy Eugène DEMBA,

Paulin Gervais TORDET et le Colonel Paul Amedé MOYENZO pour leur soutien inconditionnel et leur encouragement.

Nous remercions nos ami(e)s : Simon AMOUGOU, Lucie FANG et Simplice DOAYOUANE pour leur générosité.

Sigles & Abréviations

A.	
ABI	Accords Bilatéraux d'Immunité
AFDI	Annuaire Français de Droit International
AFP	Agence France Presse
AG/AGNU	Assemblée Générale des Nations Unies
AI	Amnesty International
al.	Et les autres auteurs
APRONUC	Autorité Provisoire des Nations Unies au Cambodge
AUF	Agence Universitaire de la Francophonie
B.	
BINUCA	Bureau Intégré des Nations Unies pour la consolidation de la paix en Centrafrique
BSCI	Bureau des Services de Contrôle Interne
BUNADER	Bureau National pour la Démobilisation et la Réinsertion (RDC)
C.	
CADBE	Charte Africaine des Droits et du Bien-être de l'Enfant
CADHP	Cour Africaine des Droits de l'Homme et des Peuples
CAEDBE	Comité Africain des Experts sur les Droits et le Bien-être de l'Enfant
CAI	Conflit Armé International
CANI	Conflit Armé Non International
CDE	Convention des Nations Unies relative aux Droits de l'Enfant

CDI	Commission de Droit International
CE	Communauté Européenne
CEDEAO	Communauté Économique des États de l'Afrique de l'Ouest
CEDH	Cour Européenne des Droits de l'Homme
Cf	Consulter, conférer, se référer à
CG	Convention de Genève (les quatre Conventions de Genève du 12 août 1949)
CG I	Convention de Genève pour l'amélioration du sort des blessés et des malades dans les forces armées en campagne du 12 août 1949 (Convention I)
CG II	Convention de Genève pour l'amélioration du sort des blessés, des malades et des naufragés des forces armées sur mer du 12 août 1949 (Convention II)
CG III	Convention de Genève relative au traitement des prisonniers de guerre du 12 août 1949 (Convention III)
CG IV	Convention de Genève relative à la protection des personnes civiles en temps de guerre du 12 août 1949 (Convention IV)
CICR/ICRC	Comité International de la Croix-Rouge/ International Committee of the Red Cross
CIHEF	Commission Internationale Humanitaire d'Établissement des Faits
CIJ	Cour Internationale de Justice
Col	Collection

CPA	Child Protection Agencies (Agences pour la Protection d'Enfance)
CPI	Cour Pénale Internationale
CPJI	Cour Permanente de Justice Internationale
CPJP	Convention des Patriotes pour la Justice et la Paix (Centrafrique)
CPRCG	Convention pour la Prévention et la Répression du Crime de Génocide
CPS	Cour Pénale Spéciale pour la Centrafrique
CRCA	Croix-Rouge Centrafricaine
CREDHO	Centre de Recherches et d'Études sur les Droits de l'Homme et le Droit Humanitaire
CRRDC	Croix-Rouge de la République Démocratique du Congo
CS/CSNU	Conseil de Sécurité des Nations Unies
D.	
DCA	Droit des Conflits Armés
DIDH	Droit International des Droits de l'Homme
DIH/IHL	Droit International Humanitaire/ International Humanitarian Law
DIP	Droit International Public
Dir	Sous la direction de
Doc	Document
DOMP	Département des Opérations de Maintien de la Paix des Nations Unies
DUDH	Déclaration Universelle des Droits de l'Homme
E.	
EAS	Exploitation et Abus Sexuels

ECOSOC	Economic and Social Council/ Conseil Économique et Social des Nations Unies
F.	
FICR	Fédération Internationale de la Croix-Rouge et du Croissant-Rouge
FMP	Forces de Maintien de la Paix
FORPRONU	Force de Protection des Nations Unies
G.	
GAJA	Grands Arrêts de la Jurisprudence Administrative
GRIP	Groupe de Recherche et d'Information sur la Paix et la Sécurité
H.	
HCDH	Haut-Commissariat des Nations Unies aux Droits de l'Homme
HCR/UNHCR	Haut-Commissariat des Nations Unies pour les Réfugiés
I.	
IASC	Inter-Agency Standing Committee/Comité Permanent Inter-Agences
Ibid/Ibidem	Même ouvrage que celui de la note précédente
Idem	Le même ouvrage précédent et la même page précédente
IIDH/IIHL	Institut International de Droit Humanitaire/International Institute of Humanitarian Law
In	Publié dans, paru dans
IRIN	Integrated Regional Information Networks/Réseaux d'informations régionaux intégrés
IRIS	Institut de Relations Internationales et Stratégiques

IUHEI	Institut Universitaire de Hautes Études Internationales
J.	
JDI	Journal du Droit International
L.	
LGDJ	Librairie Générale de Droit et de Jurisprudence
M.	
MARA	Monitoring Analysis and Reporting Arrangements
MICR	Mouvement International de la Croix-Rouge et du Croissant-Rouge
MILOBS	Observateurs Militaires des Nations Unies
MINUL	Mission des Nations Unies au Libéria
MINUSCA	Mission multidimensionnelle Intégrée des Nations Unies pour la Stabilisation en République centrafricaine
MISCA	Mission Internationale de Soutien à la Centrafrique sous conduite Africaine
MMICR	Magazine du Mouvement International de la Croix-Rouge
MONUC	Mission de l'Organisation des Nations Unies en République Démocratique du Congo
MONUSCO	Mission de l'Organisation des Nations Unies pour la Stabilisation de la République Démocratique du Congo
N.	
N°	Numéro
NU	Nations Unies
O.	
OASEA	Office for Addressing Sexual Exploitation and Abus (*Bureau chargé*

	des questions relatives à l'exploitation et aux abus sexuels)
OCHA	Office for the Coordination of Humanitarian Affaire/Office de Coordination de l'Action Humanitaire des Nations Unies
Off	Officiel
OIF	Organisation Internationale de la Francophonie
OIR	Organisation Internationale des Réfugiés
OMP	Opération de Maintien de la Paix
OMS	Organisation Mondiale de la Santé
ONG	Organisation Non Gouvernementale
ONU/UN	Organisation des Nations Unies
ONUC	Opération des Nations Unies au Congo (ex-Zaïre devenu RDC)
op.cit	*opere citato* /ouvrage déjà cité
OTAN	Organisation du Traité de l'Atlantique Nord
OUA/UA	Organisation de l'Union Africaine / Union Africaine
P.	
p/pp	Page/pages
PA	Protocole Additionnel
PA I	Protocole Additionnel aux Conventions de Genève du 12 août 1949 relatif à la protection des victimes des conflits armés internationaux du 8 juin 1977 (Protocole Additionnel I)
PA II	Protocole Additionnel aux Conventions de Genève du 12 août 1949 relatif à la protection des victimes des conflits armés non internationaux du 8 juin 1977 (Protocole Additionnel II)

PA III	Protocole Additionnel aux Conventions de Genève du 12 août 1949 relatif à l'adoption d'un signe distinctif additionnel du 8 décembre 2005 (Protocole Additionnel III)
PARECO	Patriotes Résistants Congolais (RDC)
PFT/PCT	Pays Fournisseurs de Troupes/Pays Contributeurs de Troupes
PIDCP	Pacte International relatif aux Droits Civils et Politiques
PNUD	Programme des Nations Unies pour le Développement
PUF	Presses Universitaires de France
R.	
RBDI	Revue Belge de Droit International
RCA	République Centrafricaine
RCADI	Recueil des Cours de l'Académie de Droit International de la Haye
RDC	République Démocratique du Congo
RDP	Revue du Droit Public et de la Science Politique en France et à l'Étranger
REC	Recueil des Arrêts de la Cour Internationale de Justice
Rés	Résolution de Conseil de sécurité des Nations Unies/Résolution de l'Assemblée Générale des Nations Unies
RFDA	Revue Française de Droit Administratif
RFDD	Revue Française de la Décentralisation
RFI	Radio France Internationale
RGDIP	Revue Générale de Droit International Public
RICR/IRRC	Revue Internationale de la Croix-Rouge/International Review of the Red Cross

RIDP	Revue Internationale de Droit Pénal
RQDI	Revue Québécoise de Droit International
RSSG	Représentant Spécial du Secrétaire Général des Nations Unies
RTDH	Revue Trimestrielle des Droits de l'Homme
RTNU	Revue Trimestrielle des Nations Unies
S.	
SDN	Société des Nations
SG/SGNU	Secrétaire Général des Nations Unies
T.	
T	Tome
TMIN	Tribunal Militaire International de Nuremberg
TPI	Tribunal Pénal International
TPIR	Tribunal Pénal International pour le Rwanda
TPIY	Tribunal Pénal International pour l'ex-Yougoslavie
TSSL	Tribunal Spécial pour la Sierra Leone
U.	
UNESCO	Organisation des Nations Unies pour l'Éducation, la Science et la Culture
UNICEF	United Nations Children's Fund/Fonds des Nations Unies pour l'Enfance
V.	
Vol	Volume

Préface

Le sujet de cet ouvrage est d'un intérêt particulier pour le développement du droit pénal international, du droit international humanitaire, du droit international des droits de l'homme et des problématiques plus générales de paix et sécurité. La place croissante et complexe des opérations de maintien de la paix dans le cadre des Nations Unies et de l'Union Africaine pose parallèlement de nombreux défis juridiques et politiques qui méritent d'être mieux étudies afin de trouver des solutions adéquates aux conséquences humaines et juridiques découlant de telles opérations.

C'est avec beaucoup d'intérêt et de fierté que j'ai assuré la direction de la thèse de Dr. Futher-de-Borgia TOUMANDJI dont une grande partie est publiée cet ouvrage portant sur « *l'exploitation et les abus sexuels des casques bleus en Centrafrique et en RD-Congo. Cadre juridique général de protection des enfants* ».

Parmi toutes les questions qui émaillent l'actualité des opérations de maintien de la paix, le débat sur la protection des enfants contre l'exploitation et les abus sexuels des casques bleus en période de conflit armé est devenu un champ d'investissement politique et intellectuel prioritaire. On peut donc saluer l'initiative de Dr. Futher-de-Borgia TOUMANDJI qui prend le risque de conduire une réflexion juridique sur un sujet aussi controversé que sensible.

Je voudrais, de prime abord, dire que je suis un familier des écrits de Dr. Futher-de-Borgia TOUMANDJI. Je trouve cet ouvrage agréable à lire, simple et débarrassé de toutes ces expressions jargonneuses qui prétendent, aujourd'hui, faire la qualité d'un travail scientifique. Il y a, certes, ici et là quelques expressions redondantes qui auraient pu être corrigées après une relecture rigoureuse. Mais, je crois que celles-ci n'entament pas la qualité intrinsèque de l'ouvrage. Un rappel important et minutieux des sources juridiques fait par l'auteur permet de mieux comprendre le caractère difficultueux et imprécis du régime juridique étudié. Au vu de l'analyse conduite par Dr. Futher-de-Borgia TOUMANDJI dans ce premier tome, il ne pouvait qu'aboutir à une évidente conclusion sur la nécessité d'améliorer le cadre légal de protection des enfants contre les abus sexuels.

L'ouvrage est bien mené tant sur le plan méthodologique que sur le plan rédactionnel. Dr. Futher-de-Borgia TOUMANDJI a su faire preuve de beaucoup de lucidité dans l'analyse de son sujet. Néanmoins, ne faut-il pas souligner que malgré ses efforts appréciables, les analyses de Dr. Futher-de-Borgia TOUMANDJI restent prescriptives que normatives. De même, il aurait été plus courageux d'exposer plus en détail les pesanteurs contextuelles et conjoncturelles qui entravent la répression de ces abus dans le système des Nations Unies. Car peut-il y avoir une justice indépendante pour des casques bleus perçus comme des « sauveurs de l'humanité », alors qu'on leur reprocherait des « crimes » contre cette même humanité ? C'est un vrai dilemme pour la communauté internationale où certains membres du Conseil de sécurité s'excluent impunément de la justice pénale internationale au motif que celle-ci pourrait enfreindre leur souveraineté alors qu'ils incitent, parallèlement la même justice à attraire les ressortissants des pays plus faibles.

Professeur Jean Didier BOUKONGOU
Université catholique d'Afrique Centrale

Introduction

> Nous sommes ici réunis pour traiter d'une question qui a une influence déterminante sur l'image de l'Organisation des Nations Unies et sur son efficacité. [...] Il est tragique et inacceptable qu'un petit nombre d'entre eux, en se rendant coupables d'actes d'exploitation et d'abus sexuels, nuisent à cette contribution. Ils trahissent la confiance et compromettent le respect dont nous jouissons auprès des populations auxquelles nous venons en aide. Ils portent un grave préjudice aux femmes et aux enfants qui, dans leur vie quotidienne, sont en butte à de très grandes difficultés et sont bafoués dans leurs droits[1].

Cet extrait du discours prononcé par Kofi ANNAN, le 4 décembre 2006, lors de la cérémonie d'ouverture de la Conférence de haut niveau sur l'élimination des actes d'exploitation et d'abus sexuels (EAS) par le personnel des Nations Unies (NU) en période de conflit armé, replace, au cœur de nombreux débats juridiques, le phénomène des inconduites sexuelles du personnel des opérations humanitaires et du maintien de la paix. Ces actes criminels des protecteurs devenus prédateurs avérés mettent en cause la crédibilité des opérations humanitaires de l'Organisation des Nations Unies (ONU) en matière de défense et de promotion des droits humains et de la protection des civils en période de conflit armé. Ces actes de répulsion et d'effroi amènent à poser la question de départ de cette thèse : Pourquoi l'EAS des casques bleus à l'égard des enfants pendant la période de conflit armé ont-ils été prospéré si longtemps sans réponse contraignante ?

---

[1] *Allocution du Secrétaire Général des Nations Unies (SGNU) lors de la Conférence de haut niveau sur l'élimination des actes d'exploitation et d'abus sexuels par le personnel des Nations Unies et des ONG*, tenue à New York, le 4 décembre 2006, §§ 1 et 2, ONU, Doc SG/SM/10776.

Or, il était bien de notoriété publique, au début des années 1960, que les casques bleus déployés dans les opérations des NU en République Démocratique du Congo (ONUC[2]) commettaient des actes d'exploitation et d'abus sexuels à l'encontre des enfants. Cinquante-cinq (55) ans après la République Démocratique du Congo (RDC, 1960-2015), ces actes criminels ressurgissent avec force dans la Mission multidimensionnelle Intégrée des Nations Unies pour la Stabilisation en République Centrafricaine (MINUSCA) où la médiatisation fut relativement faible. Pourtant, ces atteintes sexuelles à l'intégrité physique et morale des enfants par les casques bleus des NU en période de conflit armé ne sont pas seulement une « *honte morale* » dans l'histoire des opérations humanitaires et du maintien de la paix. Elles constituent un phénomène continu, étendu et se déclinent sous des formes multiples : traite d'êtres humains, viol d'enfants, proxénétisme, esclavage sexuel, transferts des mœurs, pour ne citer que ceux-là. Ces actes sont qualifiés contraires à l'idée d'humanité.

L'article 3 commun aux Conventions de Genève (CG) de 1949 interdit « *les atteintes portées à la vie et à l'intégrité corporelle, notamment [...] les atteintes à la dignité des personnes, notamment les traitements humiliants et dégradants* »[3]. De plus, l'article 4 (2, e) de ce même texte de loi interdit expressément divers actes pouvant être qualifiés d'atteinte sexuelle. En effet, il énonce : *« les atteintes à la dignité de la personne, notamment les traitements humiliants et dégradants, le viol, la contrainte à la prostitution et tout attentat à la pudeur »*[4] sont prohibés en vertu de cette disposition. Les statuts de

---

[2] L'Opération des Nations Unies au Congo (ONUC) est la première Opération de Maintien de la Paix (OMP) où sont évoqués des cas d'EAS des casques bleus en 1960.

[3] Art. 3, (1) a) et c) Convention 1 de Genève du 12 août 1949.

[4] Art. 4, (1) Convention 1 de Genève du 12 août 1949.

ces deux tribunaux internationaux *ad hoc* incriminent les actes de violence sexuelle parmi les crimes contre l'humanité et les crimes de guerre.

Le Statut du Tribunal Pénal International pour l'ex-Yougoslavie (TPIY), en son article 5 g, incrimine le viol comme crime contre l'humanité. Le Statut du Tribunal Pénal International pour le Rwanda (TPIR), en son article 3.g, incrimine de la même manière le viol comme crime contre l'humanité au même titre que les violations de l'article 3 commun aux CG et du Protocole additionnel (PA II) au CG relatif à la protection des victimes des conflits armés non internationaux du 8 août 1977. D'après Jean-Marc SOREL et Corneliu-Liviu POPESCU, « *l'article 3 du Statut de TPIR fait mention expressément des crimes revêtant un caractère sexuel, mais toujours en liaison avec les atteintes à la dignité de la personne* »[5]. Cela révèle que la question du droit qui se pose dans cette étude, exige la protection des enfants contre l'EAS des casques bleus des NU, en période de conflit armé. Elle trouve sa pertinence en le fait que l'EAS des soldats de la paix constitue un préjudice porté à l'intégrité physique et morale des enfants déjà affaiblis par le conflit armé.

L'avènement des actes criminels des casques bleus exprime le visage d'une intervention humanitaire dépourvue d'éthique, remettant en cause le principe d'invention d'humanité qui poussait Henri DUNANT sur le champ de bataille de Solférino à intervenir dans l'urgence pour « *alléger la souffrance humaine, faire parler le cœur et le bon sens dans la violence et la misère* »[6] d'autrui, affirmait Angela BENNETT. Ainsi en est-il de la

---

[5] Jean-Marc SOREL et Corneliu-Liviu POPESCU, *La protection des personnes vulnérables en temps de conflits armés*, Bruxelles, Bruylant, 2010, pp. 276-277.

[6] Angela BENNETT, *L'histoire cachée de la Croix-Rouge*, Lausanne, Favre, 1989, p. 232.

République Centrafricaine (RCA) et de la République Démocratique du Congo (RDC) lorsque les Forces autorisées par le Conseil de Sécurité des Nations Unies (CSNU) et les casques bleus perçus comme protecteurs et sauveurs des civils en période de conflit armé en viennent à commettre des actes d'EAS sur des enfants, devenant des prédateurs sur le terrain humanitaire.

Rappelons que l'intérêt supérieur de l'enfant constitue le principe de base de la Convention des Nations Unies relative aux droits de l'enfant (CDE) qui établit que, « *en raison de son manque de maturité physique et intellectuelle* »[7], l'enfant a besoin d'une protection spéciale et de soins spéciaux. L'enfant, du fait de sa vulnérabilité, mérite un encadrement social et juridique de toute la communauté humaine. Plus explicite encore, l'article 2 alinéa 2 de la CDE dispose : « *L'enfant a droit à une protection contre toutes les formes de sévices, de négligence, d'exploitation et de cruauté, y compris une protection spéciale en temps de guerre et une protection contre les mauvais traitements infligés dans le cadre du système de justice pénale* »[8]. L'analyse de cette disposition révèle que les enfants bénéficient d'une double protection en période de conflit armé. D'une part, ils bénéficient de la protection générale accordée à la population civile et, d'autre part, ils bénéficient de la protection spéciale en vertu de leur nature en tant que personne vulnérable.

Selon Gilbert DELAGRANGE, le droit de « *protéger l'enfant apparaît comme une valeur fondamentale de notre société [...] Cet impératif du corps social entier, que nul ne pourrait remettre en cause, jaillit comme un cri du cœur*

---

[7] Préambule de la CDE. La CDE a été adoptée et ouverte à la signature, ratification et adhésion par l'Assemblée générale des Nations Unies (AGNU) dans sa résolution 44/25 du 20 novembre 1989. Entrée en vigueur le 2 septembre 1990.

[8] Art. 2, (2) de la CDE.

chaque fois que les médias révèlent un cas de maltraitance particulièrement dramatique »[9]. Et le devoir que constitue la protection de l'enfant en période de conflit armé va susciter l'adoption de nombreux instruments de droit international public traitant de la question de l'enfance dans la mesure où l'enfant est un être fragile qu'il faut préserver contre les violences des adultes en période de guerre. C'est à la fois une règle et un devoir pour les adultes de protéger les enfants à cause de leur nature fragile et ainsi respecter leur intérêt supérieur : celui du droit à la dignité. Pour Luc DJODO , l'intérêt de l'enfant doit toutefois être compatible avec l'ensemble des conventions, en particulier l'obligation de protéger l'enfant contre toutes les formes de violence et la nécessité de prendre dûment en considération son âge, son degré de maturité et sa dignité en tant que personne humaine *« pour que le fort n'opprime pas le faible »*[10], pour rendre justice et faire droit à l'opprimé.

D'autres articles de la CDE viennent renforcer le droit de l'enfant à l'intégrité physique et au respect de sa dignité. Il s'agit de l'article 19 qui définit de nombreuses formes de mauvais traitements dont les atteintes sexuelles, les brutalités mentales ou encore l'EAS. Des dispositions de la CDE recommandent aux États de prendre *« toutes les mesures législatives, administratives, sociales et éducatives appropriées pour protéger l'enfant contre toutes formes de violence, d'atteinte ou de brutalités physiques ou mentales [...] de mauvais traitements ou d'exploitation, y compris la violence sexuelle »*[11]. Il ressort de cette disposition normative que les expressions "protéger l'enfant contre toutes formes de violence", "d'atteinte ou de brutalités

---

[9] Gilbert DELAGRANGE, *Comment protéger l'enfant ? Protection, éducation, répression*, Paris, Éditions Karthala, Paris, 2004, p. 169.

[10] Luc DJODO, *Les enfants de la transition : Une génération en danger?*, Paris, L'Harmattan, 2011, p. 9.

[11] Art. 19 de la CDE.

physiques ou mentales" sont dépourvues de toutes ambiguïtés et ne laissent aucune place à un quelconque degré de violence sexuelle à caractère légal contre les enfants.

Les atteintes corporelles et autres formes de brutalités physiques ou mentales sont des types de violence si bien que les États, les institutions ou les particuliers sont tenus de prendre toutes les mesures législatives, administratives, sociales et éducatives appropriées pour les éliminer. La CDE apparaît comme un outil précieux pour les États parties et les organisations qui œuvrent pour la protection des enfants. C'est, du moins, ce qu'elle prescrit en son article 34 : « *les États doivent s'engager à protéger l'enfant contre toutes les formes d'exploitation sexuelle et de violence sexuelle* »[12]. Cet article protège l'enfant contre l'EAS en tout temps. Le Pacte International relatif aux Droits Civils et Politiques (PIDCP) octroie, à chaque enfant, le droit « *aux mesures de protection qu'exige sa condition de mineur* »[13], en toutes circonstances.

Au niveau régional, le Conseil de l'Europe a adopté un traité destiné à lutter contre les violations graves des droits de l'enfant : la Convention sur la protection des enfants contre l'EAS. Cette convention établit des normes visant à favoriser la protection efficace des enfants, la prévention des abus et la sanction de leurs auteurs. Selon Thomas HAMMARBERG, la convention « *érige en infraction pénale les abus sexuels sur les enfants, où qu'ils soient commis et quels qu'en soient les auteurs* »[14]. Cette prescription démontre, par cela, que ces crimes ne doivent

---

[12] Art. 34 de la CDE.

[13] Pacte international relatif aux droits civils et politiques (PIDCP), art. 24(1).

[14] Thomas HAMMARBERG, *Droits de l'homme en Europe : la complaisance n'a pas sa place*, Strasbourg, Éditions du Conseil de l'Europe, 2011, p. 193.

pas rester impunis. Sur le continent africain, la Charte africaine relative aux droits et au bien-être de l'enfant (CADBE) garantit la protection des enfants contre l'EAS en tenant compte des spécificités liées au continent. Ainsi, « *en vertu de la CADBE, les États doivent adopter des mesures préventives et réparatrices contre les abus et tortures d'enfants, particulièrement les abus sexuels* »[15]. En ratifiant ces traités internationaux, la RCA et la RDC se sont engagées à respecter, à défendre et à promouvoir les droits des enfants contre l'EAS au niveau interne. Par conséquent, les deux États hôtes ont l'obligation de poursuivre toute personne accusée d'EAS et d'en punir les auteurs.

La protection des enfants contre l'EAS des casques bleus en période de conflit armé, s'inscrit dans une double dimension, interpelant à la fois les États nationaux et la communauté internationale dans leurs devoirs et obligations de protéger les enfants contre toute exploitation, à la lumière de certaines conventions relatives à la protection de l'enfant d'une manière générale. Une telle analyse exige aussi de réfléchir sur la construction progressive du cadre général de la protection des enfants contre l'EAS, en période de conflit armé. Dans ce « *monde désolé, les valeurs humaines les plus élémentaires ont disparu : les enfants sont massacrés, violés et brutalisés ; les enfants sont exploités comme soldats et les enfants sont affamés et exposés à des brutalités extrêmes* »[16]. C'est ainsi que Graça MACHEL, en 1996, entamait son rapport relatif aux conséquences des conflits armés sur les enfants, déclenchant un véritable combat contre le phénomène d'EAS à l'égard des enfants en période de conflit armé.

---

[15] Charte africaine des droits et du bien-être de l'enfant (CADBE), 1990, art. 16, 27.

[16] Graça MACHEL, « Impact des conflits armés sur les enfants », in *AGNU, Promotion et protection des droits des enfants. Note du SGNU*, A/51/306 du 26 août 1996, §§ 1 et 3.

Mais en fait, la thématique de la protection internationale de l'enfant est bien plus antérieure au rapport de MACHEL et a été bâtie progressivement dans le temps et dans l'espace.

Le *corpus* juridique de protection des enfants contre l'EAS en période de conflit armé, trouve ses sources principales dans le droit international des droits de l'homme (DIDH), esquissé dans « *la Déclaration des enfants dite de Genève, rédigée en 1923 par l'Union Internationale de Secours aux Enfants sur les préceptes à appliquer pour la protection des enfants, adopté en 1924 par l'Assemblée de la Société des Nations (SDN)* »[17]. Les lignes directrices de cette Déclaration étaient : l'enfant doit être le premier à recevoir des secours en cas de détresse ; l'enfant doit être mis en mesure de gagner sa vie et doit être protégé contre toute exploitation des adultes en temps de paix et de guerre. Cet instrument est la première manifestation internationale et formelle de la protection juridique accordée à l'enfant contre toutes formes d'exploitations.

En plus du droit international humanitaire (DIH), le corpus juridique de la protection des enfants contre les EAS, en période de conflit armé, puise également ses racines dans le DIDH, le droit international pénal. Il relève de divers espaces normatifs mondiaux, régionaux et nationaux. Ainsi, cette étude tentera de montrer le parcours de la communauté internationale dans la prise en charge normative de la protection des enfants contre l'EAS en période de conflit armé (*Chapitre I*) et l'apport du cadre institutionnel en faveur de la protection des enfants (*Chapitre II*). Mais bien avant, il sied de baliser les bornes méthodologiques de sorte à préciser considérations théoriques de l'étude (*Chapitre préliminaire*).

---

[17] Mamoud ZANI, *La Convention internationale des droits de l'enfant : Portée et limites*, Paris, Publisud, 1996, p. 1.

Chapitre préliminaire. Considérations théoriques autour de l'exploitation et d'abus sexuels des casques bleus

Comprenant et en mesurant la haute portée, le présent sujet de recherche porte sur *« la protection des enfants contre l'exploitation et les abus sexuels des casques bleus en période de conflit armé : Le cas de la Centrafrique et de la RD-Congo ».* L'intelligence de ce sujet requiert avant tout d'en clarifier le contexte (I) et d'en justifier la pertinence scientifique et sociale (II). Le contexte permettra de préciser les concepts qui seront utilisés (III) afin de circonscrire l'objet d'étude dans l'espace et dans le temps (IV), de recenser les principaux travaux de référence sur le sujet (V) en vue de formuler la question de recherche et l'hypothèse générale (VI). En dernier ressort, il s'agira d'exposer la démarche qui sous-tendra le travail de recherche ainsi que les techniques de collectes des données avant de présenter la structure générale de la recherche (VII).

I. Le contexte et justification du choix du sujet

Cette section se propose de décortiquer comment se produit et se manifeste l'EAS des casques bleus à l'égard des enfants en période de conflit armé en RCA (A), en RDC (B).

A . Le contexte centrafricain

Cette étude s'inscrit dans le contexte du conflit armé en RCA et en RDC. La RCA est située en Afrique centrale, au nord de l'équateur entre 2° et 11° de la latitude Nord et entre

14°50' et 27°50' de longitude Est. Ce pays, de 622 000 km^2, partage ses frontières avec le Tchad au Nord ; le Soudan du Sud, à l'Est ; la RDC, au Sud-Est ; la République du Congo, au Sud-Ouest et le Cameroun, à l'Ouest. En 2012, la RCA comptait 4, 6 millions d'habitants. Le pays a acquis son indépendance de la colonie française, le 13 août 1960. Depuis cette date, plusieurs régimes se sont succédé. Le pays a ainsi changé d'appellation : l'on est passé d'« *Oubangui-Chari* » à « *République Centrafricaine* » avec BOKASSA 1er, Empereur de Centrafrique qui a perdu son trône le 13 septembre 1979. De son indépendance, en 1960, à ce jour, la RCA a connu cinq coups d'État[18]. En amont, ce bref rappel permet de cerner le paysage sombre que la RCA a connu et les multiples violations des droits de l'enfant liées aux coups d'État.

Le conflit armé centrafricain oppose des groupes issus de l'ex-rébellion *Séléka*[19] qui avait pris le pouvoir en

---

[18] Le coup d'État de Jean Bedel BOKASSA en janvier 1966 ; celui de David DACKO en septembre 1979 ; André KOLINGBA en septembre 1981 ; François BOZIZÉ Yangouvounda en mars 2003 et de Michel Am-Nondokro DJOTODIA en mars 2013. De plus, la RCA a connu quatre tentatives de coups d'État manqués : celui de colonel Alexandre BANZA en 1968 ; Commandant Fidèle OBROU en 1975 ; Général André KONLIGBA en 2001 et François BOZIZÉ 2002. Par ailleurs, la RCA a été gérée par les constitutions de 1960, 1976, 1986, 1995, 2004 et en 2013, le pays est dirigé par la Charte constitutionnelle de la transition.

[19] Andrea Ceriana MAYNERI, « La Centrafrique, de la rébellion Séléka aux groupes Anti-Balaka », in *Politique africaine*, N°134, juin 2013, p. 182, précise que, la « *Séléka* » est un terme du sango véhiculaire dont le sens oscille entre « *alliance* » et « *serment* ». Cette formation regroupe des mouvements politico-militaires hétérogènes, dont la Convention des patriotes pour la justice et la paix (CPJP) de NOURREDINE Adam, l'Union des forces démocratiques pour le rassemblement (UFDR) de Michel DJOTODIA, la Convention patriotique pour le salut du Kodro (CPSK), *kodro* signifie en sango « pays », « patrie » dirigée par Mahamat Moussa DAHAFFANE, le Front démocratique du peuple centrafricain (FDPC) dirigé par Martin

Centrafrique à la suite d'un coup d'État, le 24 mars 2013, et des formations d'auto-défense dites *Anti-balaka*, montées en puissance à partir de 2013-2014, pour se stabiliser en 2015. D'une manière spécifique, les violations des droits de l'homme enregistrées au cours des crises antérieures n'ont pas atteint le niveau d'horreurs que celles enregistrées depuis le 24 mars 2013 avec l'arrivée au pouvoir de Michel Nondokro DJOTODIA, chef de la coalition *Séléka*. L'exercice du pouvoir par ce dernier a été caractérisé par les assassinats, les viols des femmes et des jeunes filles devant leurs parents, les pillages et l'exaltation de la terreur sur le territoire national. C'est sur ce tableau sombre, en matière de non-respect des droits de l'homme, que les centrafricains, victimes de la *Séléka* ont réagi contre le régime de la terreur, mené par les *Anti-balaka*[20].

KOUMTAMADJI (connu sous le nom de Abdoulaye MISKINE). Elle souligne que « *Le Tchad a accordé un soutien important à la Séléka...en soutenant la marche de la Séléka vers Bangui, le gouvernement de N'Djamena était aussi préoccupé par la volonté d'éloigner de son territoire des hommes armés qui sévissaient au sud, aux frontières avec la RCA, dans l'une des régions les plus riches du Tchad mais qui est aussi traditionnellement hostile à Idriss Déby Itno* », *Idem*. Pour Augustin Jérémie DOUI-WAWAYE « cette *coalition [Séléka], qui se voulait au départ corporatiste afin de faire contrepoids à François BOZIZE, a été rapidement récupérée par des islamistes sans foi ni loi, avec le soutien du Tchad et du Soudan, voisins de la RCA. C'est pourquoi elle s'en est prise aux structures chrétiennes : écoles, hôpitaux, dispensaires, églises, lieux de culte catholiques et protestants, et ce, tout au long de sa progression vers la capitale* », voir : Augustin Jérémie DOUI-WAWAYE, *Repenser la sécurité en République Centrafricaine*, Paris, L'Harmattan, 2014, p. 19.

[20] Les *Anti-balaka*, expression sango qui signifie anti machettes, notamment « anti-balles ». Antibalaka est un porteur de gris-gris censé arrêter les balles. Il s'agit d'un groupe d'autodéfense qui s'est créé spontanément pour défendre les populations en proie aux exactions de la coalition SELEKA. Cf. Augustin Jérémie DOUI-WAWAYE, *op.cit.*, p. 22.

Les violences entre les *Séléka* et *Anti-Balaka* ont causé plusieurs morts, des déplacements massifs. « *Les événements des 5 et 6 décembre 2013 ont conduit à la déclaration d'une urgence inter institutions de grande envergure (de niveau 3) pour la RCA, le 11 décembre* »[21]. Cette crise a eu des impacts non négligeables sur les droits des enfants ; ce qui a conduit Leila ZERROUGUI à affirmer que « *le conflit centrafricain a un terrible impact sur l'enfance, singulièrement depuis décembre 2013, la toute dernière flambée de violence que le pays vit depuis septembre ayant également emporté nombre d'enfants* »[22]. Elle précise que « *ces enfants continuent d'être l'objet de violations et atteintes de la part de toutes les parties au conflit, étant ainsi enrôlés et utilisés par des groupes armés, victimes de viols et d'agressions sexuelles, tués ou mutilés lors d'attaques meurtrières* »[23] entre les groupes rebelles Séléka et les milices Anti-Balaka.

Pour mettre fin à la faillite totale de l'ordre public, l'absence de l'État de droit et les tensions interconfessionnelles, à la suite de l'adoption, à l'unanimité, de la résolution 2127 du 5 décembre 2013, le CSNU a autorisé le déploiement de la Mission internationale de soutien à la RCA sous la conduite africaine (MISCA). Cette résolution autorise aussi la France à apporter un soutien à la MISCA pour rétablir la sécurité, dans le cadre de l'opération *Sangaris*[24]. En outre, pour mettre un terme à cette crise et protéger la population civile, l'ONU a adopté la résolution

---

[21]Vincent MUNIE « Agonie silencieuse de la Centrafrique », in *Le Monde diplomatique*, octobre 2013, p. 12.

[22] Leila ZERROUGUI, « Le sort des enfants en temps de conflit armé », in UNICEF, *Les enfants dans la crise en RCA*, mai 2014, p. 4.

[23] *Ibid*, p. 5.

[24] RFI « Centrafrique : vaste opération Sangaris-MISCA à Bangui ». Cf. *www.rfi.fr/afrique/20140215-centrafrique-rca-vaste-operation-sangaris-misca-bangui-anti-balaka*. Consulté le 10 Avril 2016.

2149 du 10 avril 2014 et a donné mandat à la MISCA (devenue MINUSCA) d'agir.

De plus, la résolution 2149 du 10 avril 2014 donne mandat à la MINUSCA de « *surveiller les violations du droit international humanitaire et du droit international des droits de l'homme sur toute l'étendue du territoire de la RCA ; [...] et traduire en justice les auteurs de crimes de guerre et de crimes contre l'humanité commis dans le pays, en coopérant avec les États de la région et avec la CPI*»[25]. Cette noble mission se complique et s'inscrit désormais sur la liste des violations des droits humains par le personnel des NU, lorsque les casques bleus et les forces autorisées par le CSNU perçus comme protecteurs et sauveurs en viennent à commettre des actes d'EAS sur les enfants.

Le 29 avril 2015, la communauté internationale a pris connaissance des cas d'EAS systématiques perpétrés contre des mineurs par les forces de paix de la France (*Sangaris*) et de la MISCA dans un campement de réfugiés de la RCA[26]. La Ministre des Affaires étrangères de l'Argentine, Susana Mabel MALCORRA, a relaté cet acte criminel et scandaleux en ces termes : « *le 19 mai 2014, un enfant de onze (11) ans a déclaré qu'un soldat français lui a promis de la nourriture en échange d'une fellation, après il l'a violé, et il lui a donné des biscuits et de l'argent liquide* »[27]. En plus de cette révélation, elle précise qu'« *au total, les*

---

[25] MINUSCA Focus N°1, « Le mandat de la Division des droits de l'homme de la MINUSCA », in *Les droits de l'homme en Centrafrique*, 2015, p. 13.

[26] Susana MALCORRA, « Abus sexuel sur mineurs perpétrés par les casques bleus. ONU : Les secrets du chef de la diplomatie argentine Sasana Malcorra sur les abus sexuels en République Centrafricaine » in *Justice-Droits de l'homme,* Argentine, El Correo, 2016, p. 2. Cf.: *http://www.elcorreo.eu.erg/ONU-Les-secrets-de-chef-de-la-diplomatie-argentine-Susana-Malcorra-sur-les-abus-sexuels-en-Republique-Centrafricaine*. Consulté le 03/12/2016.

[27] *Ibid.*, p. 3.

entretiens documentent l'abus sexuel de treize enfants de la part de seize soldats de la force de la paix : onze étaient français de l'opération Sangaris, trois tchadiens, et deux de la Guinée Equatoriale. De plus, sept casques bleus ont agi comme complices »[28] pour les premiers actes d'EAS à l'égard des enfants dans le camp de réfugiés de l'aéroport de M'Poko, à Bangui, accueillant des personnes déplacées.

Le comble de l'ahurissement s'est produit lorsque « *l'ONU a reçu des informations indiquant que des soldats français de Sangaris auraient forcé, en 2014, des jeunes filles à avoir des rapports sexuels avec des animaux* »[29]. Selon la précision de Issouf SANOGO, *« l'ONG AIDS-Free World, trois jeunes filles ont affirmé à un officier de l'ONU qu'elles avaient été déshabillées et attachées par un militaire de Sangaris dans un camp, puis forcées d'avoir des relations sexuelles avec un chien »*[30]. À cette liste de préjudices, il faut ajouter d'autres cas évoqués par Sacha LUBIN où des militaires issus « *de la RDC, de la Géorgie, du Niger puis du Maroc, ont été visés par ces allégations* »[31] dans des camps de déplacés de Bambari, une autre localité de la RCA. Ces actes ont suscité indignations et dégoûts du fait qu'ils ont été portés sur des mineurs qui ont relaté, avec précision, le genre de pratiques sexuelles dégradantes et humiliantes auxquelles ils avaient été soumis : échange de vivres ou d'argent contre le viol, fellation ou actes zoophiles pour ne citer que ces cas criminels. La liste des violations des droits de l'homme est longue. Le phénomène d'EAS des casques bleus à l'égard

---

[28] *Idem.*

[29] Issouf SANOGO, « Centrafrique : des soldats français accusés d'avoir encouragé des actes zoophiles », in *Bulletin Union des Officiers de réserve de l'Océan indien*, N° 14, Paris, 4 avril 2016, p. 46.

[30] *Idem.*

[31] Sacha LUBIN, « Les abus sexuels des casques bleus : toujours d'actualité ? », in *Revue L'Esprit libre*, Québec, 2016, p. 2.

des enfants en période de conflit armé en RCA reste donc d'actualité. Qu'en est-il de la RDC ?

B. Le contexte congolais

D'une superficie de 2.345.409 Km², la RDC s'étend entre 5°2' de latitude nord et 13°15' de latitude sud. La RDC va de 12°15' à 31°15', ce qui la place également au centre du continent africain, de part et d'autre de l'Équateur. Selon Isidore NDAYWEL NZIEM, « *la RDC fait frontière avec neuf pays africains dont quatre ont pris une part active dans ce conflit* »[32]. Elle est bordée par la République du Congo (dite Congo-Brazzaville) à l'Ouest ; la RCA et le Soudan au Nord ; l'Ouganda, le Rwanda, le Burundi et la Tanzanie, à l'Est ; la Zambie et l'Angola, au Sud. La population était estimée à 68.008.922 habitants en 2008. La RDC est subdivisée en dix provinces, appelées aussi régions[33]. Les quatre langues nationales de ce pays sont le Lingala, le Swahili, le Kikongo et le Tshiluba. La

---

[32] Isidore NDAYWEL NZIEM, *Histoire générale du Congo. De l'héritage ancien à la République Démocratique*, Kinshasa, Afrique Éditions, 1998, p. 41.

[33] Providence Ngoy WALUPAKAH et Sandra Muya MIYANGA, *Le droit de la guerre à l'épreuve du conflit armé en République Démocratique du Congo*, Paris, Éditions Publibook, 2015, p. 33. Il s'agit de : 1. Le Bas-Congo, chef-lieu : la ville de Matadi ; 2. Le Bandundu, chef-lieu : la ville de Bandunduville ; 3. Le Kasaï-Occidental, chef-lieu : Katanga ; 4. Le Kasaï-Oriental, chef-lieu : la ville de Mbuji Mayi ; 5. Le Maniema, chef-lieu : la ville de Kindu ; 6. Le Katanga, la plus grande et la plus riche province du pays, chef-lieu : la ville de Lubumbashi, qui est la deuxième plus importante ville du pays après Kinshasa ; 7. L'Équateur, chef-lieu la ville Mbandaka ; 8. La province orientale, chef-lieu la ville de Kisangani, la troisième plus importante du pays ; 9. Le Nord-Kivu, avec comme chef-lieu la ville de Goma ; 10. Le Sud-Kivu, avec comme chef-lieu la ville de Bukavu.

langue officielle est le français[34]. Dès son accession à l'indépendance en juin 1960, « *un gouvernement fut alors mis en place, avec Joseph KASAVUBU comme président. Mais, le nouvel État était confronté à deux sécessions* »[35]. Pour mettre un terme à cette crise et rétablir l'ordre, « *le président KASAVUBU nomma MOBUTU le 3 novembre 1965 lieutenant-général de l'Armée Nationale Congolaise (ANC). Ce dernier destitua KASAVUBU par son coup d'État du 24 novembre 1965* »[36], devenant le nouveau

---

[34] Article 1 de la Constitution de la RDC du 18 février 2006.

[35] Isidore NDAYWEL E NZIEM, *op.cit.*, p. 311. Il y eut d'abord celle de la province du Katanga proclamée au mois de juin par Kapenda TSHOMBE Moïse, qui déclara l'indépendance de cette province le 11 juillet. Il y eut ensuite « *celle du Sud-Kasaï, proclamée en août par Albert KALONJI, qui avait déjà eu à annoncer l'indépendance de cette partie du pays le 14 juin, soit 16 jours avant même celle de l'ensemble du pays. C'est dans ce contexte que le Gouvernement central de l'époque perdit ses deux principales provinces minières* ». Devant une telle situation, le CSNU n'avait pas hésité à adopter, le 14 juillet 1960, la résolution 143 créant l'ONUC, une force constituée de 19.828 hommes déployés en RDC dans le but officiel d'assister le Gouvernement central pour pacifier le pays. (CSNU, Résolution 143 du 14 juillet 1960 (S/4387)). Les troupes de l'ONUC et les troupes du général Mobutu ont repris le contrôle du Sud-Kasaï et arrêté KALONJI le 31 décembre 1961, entérinant la fin de cette sécession. Du côté katangais, le Conseil de sécurité, agissant en vertu du chapitre VII, modifia le mandat de l'ONUC par la résolution 169, en date du 24 novembre 1961 (S/5002), en l'autorisant à utiliser la force en vue d'obtenir la reddition du leader de la sécession katangaise. Le gouvernement central et les troupes de l'ONUC reprirent le contrôle de la province du Katanga en décembre 1962 et TSHOMBE s'enfuit vers la ville de Kolwezi. Il se rendit finalement le 15 janvier 1963 et obtint l'amnistie pour ses partisans et lui.

[36] Ainsi, à partir du 24 novembre 1965, MOBUTU devint le nouveau président du pays, qui fut rebaptisé une année plus tard, en 1966, la RDC, dite Congo-Kinshasa. Selon Eric DAVID, le régime va, à travers son parti unique (le Mouvement Populaire de la Révolution (MPR)), complètement ruiner le pays sur le plan économique par un détournement organisé des biens publics et appauvrir massivement la population. Selon Eric DAVID, *Principes de droits des conflits armés*,

président du pays. Avec la Constitution de 1967, révisée en 1978, le Zaïre est dirigé par MOBUTU Sese Seko sous un régime présidentiel autoritaire avec un parti unique. Après les manifestations des étudiants et des opposants de 1989 et de 1990, le Zaïre entre dans une transition chaotique vers la démocratie. L'année suivante, après de nouvelles grèves et les émeutes, soixante partis sont officiellement reconnus et une Conférence nationale voit le jour, afin de doter le pays d'une nouvelle Constitution qui doit être soumise à un référendum.

En juin 1994, un nouvel accord entre MOBUTU et les partis d'opposition démocratique permet d'instaurer un partage du pouvoir entre le président et une institution législative appelée Haut Conseil de la République, parlement de transition. Après sa prise de pouvoir, en mai 1997, Laurent-Désiré KABILA dissout l'ensemble des institutions et forme un gouvernement constitué de ses proches, assumant seul les pouvoirs législatif et exécutif. Le pays plonge dans un conflit armé sanglant, alimenté par l'intervention militaire des pays environnants. Après l'assassinat de Laurent-Désiré KABILA, en janvier 2001, son fils Joseph KABILA lui succède à la tête de l'État.

Le conflit armé en RDC qui concerne la présente étude est celui causé par l'avènement du mouvement du 23 mars dit M23[37]. André HEYMANS estime que « *le conflit armé*

Bruxelles, Bruylant, 4e Édition, 2008, p. 123 : « *malgré les richesses énormes de son pays, le peuple congolais devient à partir de ce régime un des peuples les plus pauvres au monde alors que Mobutu devient un des hommes les plus riches et les plus craints du monde* ». Providence Ngoy WALUPAKAH et Sandra Muya MIYANGA, *op.cit.*, p. 38. Pour eux, « *le régime [MOBUTU] va scandaleusement violer les droits de l'homme* », et le règne de « *la terreur et la répression* » avec le soutien de l'Angola. Ainsi, le règne de MOBUTU marque le début d'une longue crise qui atteindra son paroxysme avec le conflit armé.

[37] Georges BERGHEZEN, « Groupes armés actifs en RD. Congo, situation dans le « Grand Kivu » au 2e semestre 2013 » In *Rapport du*

débute en avril 2012, la rébellion M23 s'opposant à l'armée devint redoutable par ses meurtres et viols, ce qui fit fuir des centaines de milliers de civils »[38]. Le mouvement rebelle va en effet donner comme motif de cette nouvelle guerre le non-respect par le gouvernement de Kinshasa des termes de ces accords, qui prévoyaient notamment l'inclusion des membres du CNDP à tous les échelons du gouvernement congolais[39]. Les recherches de Providence Ngoy WALUPAKAH et Sandra Muya MIYANGA relatent que le M23 a eu comme leader, d'abord « *Bosco NTAGANDA, ex-leader du CNDP, et fameux allié de Kabila pour la paix, lequel va céder la vedette à la tête du mouvement au colonel Sultan MAKENGA, qui est également un ex-militaire du CNDP* »[40]. Et « *dès avril, ce groupe armé va prendre le contrôle de certaines localités de cette province, dans le territoire de Rutshuru* »[41]. Les

---

GRIP-2013/11, p. 27. Le M23 : Le Mouvement du 23 mars a été fondé en avril 2012 par quelques centaines de déserteurs des FARDC (Forces Armées de la RDC), dont la majorité avait appartenu, jusqu'au début 2009, au Congrès National pour la Défense du Peuple (CNDP), mouvement rebelle essentiellement tutsi soutenu par le Rwanda qui avait été actif au Nord-Kivu, puis intégré dans l'armée congolaise. Précisons, cependant, que la majorité des ex-CNDP est demeurée fidèle aux FARDC. Le M23 est officiellement un mouvement politique, dirigé par Bertrand BISIMWA, dont la branche armée - l'Armée Révolutionnaire du Congo (ARC) – est commandée par le colonel Sultani MAKENGA. Cf: http://www.grip.org/sites/grip.org/files/RAPPORTS/2013/Rapport_2013-11.pdf, p. 8. Consulté le 02/03/2017.

[38] André HEYMANS, *L'Univers, notre maître à penser. Une nouvelle compréhension de l'existence pour une Terre heureuse, une Charte de l'Humanité*, Paris, Société des Écrivains, 2015, p. 118.

[39] RDC, après le CNDP de Ntaganda. Cf: http://www.musabyimana.net/lire/article/rdc-apres-nkunda-ntaganda-cest-maintenant-makenga/index.html. Consulté le 01/03/2017.

[40] Providence Ngoy WALUPAKAH et Sandra Muya MIYANGA, *op.cit.*, p. 82.

[41] *Idem.*

offensives lancées par le M23 ont atteint une phase ascendante, ayant culminé par la première prise de la ville de Goma le 20 novembre 2012.

Pour Emmanuel Murhula NASHI, c'est « *en décembre 2012 que les rebelles ont replongé la province du Nord-Kivu dans l'horreur de la guerre, causant des milliers de morts et plus de 800.000 déplacés* »[42]. Dans cette phase de gloire, le M23 détenait des armements sophistiqués, capturés en partie à Goma. Avec cet armement, « *le M23 a donc dû réduire la zone sous son contrôle, évacuant le territoire de Masisi, puis celui de Nyiragongo. En mai, juillet et août 2013, il a lancé trois offensives sur Goma, mais a été repoussé par les FARDC, secondées par la MONUSCO* »[43] mandatée par le CSNU, au titre de la résolution 2053, en date du 27 juillet 2012.

Pour arrêter la faillite totale de l'ordre public, l'absence de l'État de droit et les multiples violations des droits de l'homme à l'Est de la RDC, le 28 mars 2013, le CSNU, agissant en vertu du Chapitre VII, adopte la résolution 2098 créant une brigade d'intervention intégrée à la MONUSCO ayant pour mandat de combattre tous les groupes rebelles en RDC dont notamment le M23. Ainsi, entre fin octobre et début novembre 2013, ce conflit armé en RDC va connaître « *une importante offensive militaire de l'armée congolaise, soutenue par la brigade d'intervention de la MONUSCO [qui] va finalement, en moins de deux semaines, venir complètement à bout du M23 dont les membres s'enfuient alors vers le Rwanda et l'Ouganda* »[44]. Environ deux cent

---

[42] Emmanuel Murhula NASHI (Dir), *La course contre la paix en R.D. Congo*, Paris, L'Harmattan, 2013, p.12.

[43] Georges BERGHEZEN, *op.cit.*, p. 9.

[44] RFI, RDC, *L'armée a repris Kibumba et Kiwanja aux rebelles du M23*, 28 octobre 2013. Disponible sur : http://www.rfi.fr/afrique/20131026-rdc-fardc-forces-armees-congolaises-annoncent-avoir-repris-localite-kibumba-rebelles-m23-kiwanja. Consulté le 02/03/2017.

mille (200 0000) personnes ont été déplacées en interne et sept cent mille (700 000) vivent comme des réfugiés dans les pays voisins[45].

Par ailleurs, depuis 1999, la Mission des Nations Unies au Congo (MONUC) - créée par la résolution 1279 du CSNU, en date du 30 novembre 1999, avant qu'elle ne devienne Mission de l'Organisation des Nations Unies pour la Stabilisation de la RDC (MONUSCO) ; avec la résolution 2053 (2012) du 27 juin 2012, du CSNU, à l'instar des résolutions 1991 du 28 juin 2011 et 1925 (2010) du 28 mai 2010 - fait le constat de la persistance de l'insécurité à l'Est du pays, notamment dans les deux Kivu et la Province orientale. Ce constat justifie la mise en œuvre, une fois de plus, du chapitre VII de la Charte des NU. « *Les principaux axes du mandat de la résolution du Conseil de sécurité 2025 (2012) concernent notamment la protection des civils, la stabilisation et la consolidation de la paix, l'organisation des élections, la lutte contre l'exploitation et le commerce illicite des ressources naturelles* »[46]. Ainsi, la MONUSCO est mandatée par le CSNU pour planifier et exécuter les activités dans les domaines suivants : « *la protection des civils ; la stabilisation et la consolidation de la paix ; l'organisation des élections ; la réforme et le renforcement des capacités de la police nationale congolaise* »[47]. Mais, tout comme la MINUSCA en RCA, ces nobles missions de la MONUSCO deviennent critiques et s'inscrivent désormais sur la « liste des déshonneurs des NU et des OMP », lorsque les soldats de la MONUSCO accueillis comme protecteurs en viennent à commettre des crimes d'EAS à l'égard des mineurs.

---

[45] Albert Kalonga Luse-Lua-NZAMBI, *Désarmement, démobilisation et réintégration des enfants-soldats. Échec au Sud-Kivu ?,* Paris, L'Harmattan, 2016, p. 33.

[46] *Ibid*, p. 54.

[47] *Idem.*

Les casques bleus de la MONUSCO ont violé le DIH en RDC et ont commis de nombreux crimes essentiellement à caractère sexuel. En effet, « *le Bureau des Services de Contrôle Interne (BSCI) a été chargé d'enquêter sur les allégations d'EAS impliquant le personnel onusien dans des actes de violences sexuelles. Le BSCI a ainsi publié trois rapports issus de trois vastes enquêtes, dont la première a été réalisée en Afrique de l'ouest* »[48] et les deux dernières en RDC, précisément à Bunia, chef-lieu du district de l'Ituri[49] en RDC. Les rapports issus de ces deux dernières enquêtes établissent l'implication de membres du personnel de la MONUSCO dans des actes d'exploitation et d'abus sexuels à l'égard des mineurs en RDC.

Les analyses de Fréderic ECKHARD soulignent que « *des casques bleus, dont le rôle est de protéger les populations, abuseraient sexuellement de jeunes filles. Or, c'est exactement ce qui se produisit. A l'Est de la RDC, le campement de la force de l'ONU se trouvait juste à côté d'un camp rempli de réfugiés dénués de tout, affamés, désespérés* »[50], d'autant plus que ces EAS concernent, pour une grande part, des enfants. Entre 2008 et 2013, l'ONU a recensé 480 plaintes, dont un tiers concernant des mineurs[51]

---

[48] AGNU, Report of the Secretary-General on the activities of the Office of International Oversight Services, Investigation into sexual exploitation of refugees by aid workers in West Africa (A/57/465), 11 Octobre 2002.

[49] AGNU, Investigation by the Office of Internal Oversignt Services into allegations of sexual exploitation and abus in the United Nations Organization Mission in the Democratic Republic of the Congo (A/59/661), 5 January 2005; AGNU, Rapport d'enquête du Bureau des services de contrôle interne sur les allégations d'exploitation et de violence sexuelles à la Mission de l'ONU en RDC, dans la région de l'Ituri (Bunia), (A/61/841), 5 avril 2007.

[50] Frederic ECKHARD, *Kofi ANNAN, home providential?*, Genève, Éditions du Tricorne, 2009, p. 227.

[51] Natacha TATU, « Casques bleus en Centrafrique : le scandale de trop », in *Le Nouvel Observateur*, du 25/06/2015, p. 1. Disponible sur :

à l'Est de la RDC. Cette assertion de Natacha TATU corrobore le rapport de l'UNICEF selon lequel « *l'arrivée des soldats de l'ONU s'accompagne toujours d'une augmentation de la prostitution infantile et des crimes sexuels* »[52].

Pour Sandra WHITWORTH, il fallait enquêter, se laisser pénétrer du contact de l'envers du décor des beaux drapeaux flottant au vent, des conférences de presse policées du SGNU et des interventions très médiatisées des « *soldats de la paix* » débarquant dans les pays à sauver. Le drame est profond, la réalité sinistre[53].

---

http://tempsreel.nouvelobs.com/monde/20150625.OBS1556/casques-bleus-en-centrafrique-le-scandale-de-trop.html. Consulté le 27/01/2017.

[52] AGNU, Protection et promotion des droits de l'enfant : Impact des conflits armés sur les enfants, In *Rapport du SGNU 26/08/1996*, A/51/306, p. 31.

[53] Sandra WHITWORTH, *Men militarism and UN Peacekeeping*, New York, Lynne Rienner Publisher, 2004, p. 13. Si historiquement l'ONUC est la première opération des NU où sont évoqués des cas d'EAS des casques bleus, il faut dire que c'est au début des années 1990 que le phénomène a été documenté. « *Un rapport interne écrit par Kien Serey PHAL sur l'APRONUC (Cambodge) révélait un nouveau scandale sur des abus et des violences sexuels routiniers commis par le personnel de l'APRONUC à l'endroit des civils* ». C'est également le cas de la Somalie en 1999, Cf: Sherene RAZACK, « From the Clean Snows of Petawawa: The violence oh peacekeepers in Somalia », In *Cultural anthropology*, Vol. 15, N° 1, 2000, p. 127. Il en est de même en Bosnie et au Cambodge à la fin des années 1990. Il y a aussi le cas des « *missions au Kosovo, au Mozambique, en Érythrée et en Somalie qui ont sonné le déshonneur des casques bleus* » où l'on constate des cas « *d'exploitation sexuelle généralisée dans les camps de réfugiés du Libéria, de Guinée et de Sierra Leone* ». En plus des pays évoqués ci-haut, « *plusieurs cas d'exploitations et d'abus sexuels impliquant des troupes onusiennes ont été répertoriés au Burundi en 2004, au Soudan en 2005, en Haïti en 2006, au Libéria en 2006 et en Côte d'Ivoire en 2007* », pour ne citer que ceux-là, montrant ainsi l'ampleur des préjudices subis par les enfants auprès des présumés protecteurs des NU. Cf : NU, *Women, Peace and Security*, New-York, 2002, § 268 ;

Plusieurs jeunes filles ont affirmé avoir été victimes de viols déguisés en prostitution, c'est-à-dire qu'elles avaient d'abord été violées et l'on leur avait ensuite donné de l'argent ou de la nourriture pour donner l'apparence d'un rapport consensuel[54]. Dans un camp de personnes déplacées à Bunia, une jeune fille congolaise de douze (12) ans a raconté, à des journalistes, s'être vue offrir un verre de lait par des casques bleus. Après en avoir bu, un soldat l'a poussée sur le lit et l'a violée. Une heure plus tard, il lui a donné un dollar, a mis un doigt sur ses lèvres afin qu'elle garde le silence et l'a poussée hors de sa tente[55], précise Marc LACEY. *Human Rights Watch* a déploré le fait que « *des casques bleus de l'ONU ont eux-mêmes été impliqués dans des abus sexuels au Congo [RDC], notamment dans l'exploitation sexuelle de mineurs* »[56].

Les investigations de Keith Judge ALLRED révèlent qu'« *en RDC, la plupart des faits reprochés concernaient des troupes du Pakistan, de l'Uruguay, du Maroc, de la Tunisie, de l'Afrique du Sud et du Népal* »[57]. Tel est le contexte d'EAS des casques bleus en période de conflit armé en RDC, qui amène à s'interroger : comment les soldats de la paix peuvent-ils piétiner ainsi les principes de la Charte de l'ONU ? Jean-Loup IZAMBERT se demande si, dans ces conditions, l'Organisation internationale sert

---

Linn LEVY, « Les humanitaires coupables d'abus sexuels au Libéria », in *Tribune de Genève*, 9 mai 2006, p. 1.

[54] NU, *Stratégie globale visant à éliminer l'exploitation et les abus sexuels dans les opérations de maintien de la paix des Nations Unies*, A/59/710, 2005, p.10.

[55] Marc LACEY,« In Congo War, even peacekeepers add to horror »· in *New York Times*, 18 décembre 2004, p. 3.

[56] Human Rights Watch, *Les soldats violent, les commandants ferment les yeux. Violences sexuelles et réforme militaire en RDC*, Paris, 2009, p. 41.

[57] Keith Judge ALLRED, « Peacekeepers and prostitutes: How deployed Forces fuel the demand for trafficked women and new hope for stopping it », in *Armed Forces & Society*, Vol. 33, N° 1, 2006, p. 5.

encore à « *maintenir la paix et la sécurité internationales, à développer entre les Nations des relations amicales fondées sur le respect du principe de l'égalité de droits des peuples* »[58] et de leur droit à disposer d'eux-mêmes.

II. L'intérêt scientifique et social de l'étude

La présente étude portant sur *« la protection juridique des enfants contre l'exploitation et les abus sexuels des casques bleus en période de conflit armé : Le cas de la RCA et de la RDC »* est d'actualité et revêt un intérêt à la fois scientifique et social.

Sur le plan scientifique, l'insuffisance des travaux académiques sur les actes d'EAS des casques bleus en RCA et en RDC, l'actualité du phénomène d'EAS des soldats de la paix en période de conflit armé et le développement d'une culture d'impunité envers les soldats déployés dans les OMP justifient une réflexion approfondie sur le sujet. Cette étude apparaît, dès lors, comme une contribution sous-régionale à la production et aux débats scientifiques sur la protection juridique des enfants contre l'EAS en période de conflit armé. Elle fournira les éléments d'analyse sur le respect et l'application du droit international humanitaire et des droits de l'homme aux casques bleus.

Sur le plan social, l'intégrité physique et morale ainsi que la dignité humaine des enfants en tant que valeurs sacrées fondent l'urgence d'une protection intégrale et efficace. Cette étude contribue à « *rendre justice aux victimes et à leur redonner [de] l'espoir, à lutter contre l'impunité des auteurs d'exactions et à enrichir la doctrine*

[58] Jean-Loup IZAMBERT, *ONU : Violations humaines*, Carnot-France, L'édition de l'ONU, 2003, p. 9.

en matière de droit pénal international »[59]. Selon Mathias Barthelemy Morouba, Président de l'Observatoire centrafricain des droits de l'homme et Coordonnateur national adjoint du Réseau des ONG de défense et de promotion des droits de l'homme : « *Aujourd'hui, l'ensemble des victimes centrafricaines réclament justice, parce que trop c'est trop* »[60]. Par conséquent, cette étude se veut une contribution, fût-elle modeste, à la limitation, un tant soit peu, des souffrances des enfants en période de conflit armé. Elle veut être un instrument entre les mains des victimes et des plaignants, leur proposant des voies de recours effectives pour faire prévaloir leurs droits. Elle veut également renforcer la capacité des acteurs nationaux en mettant en place des pratiques et des mécanismes de protection des enfants et de lutte lorsque de tels actes se produisent.

Cette recherche permettra, à toutes sociétés, d'être informées sur les garanties qu'offrent la communauté internationale et les États, pour renforcer la protection des enfants contre l'EAS en période de conflit armé, sachant que « *le droit de la guerre est le produit à la fois de la raison et des sentiments profonds d'humanité ; il doit être respecté par tous les hommes* »[61] en période de conflit armé.

---

[59] SGNU, *Rétablissement de l'État de droit et administration de la justice pendant la période de transition dans les sociétés en proie à un conflit ou sortant d'un conflit*. Doc. Off. CSNU, 2004, Doc. NU S/2004/616.

[60] MINUSCA FOCUS 001, « Plus de cent mille victimes, selon le président de l'Observatoire Centrafricain des Droits de l'Homme », in *Les Droits de l'Homme en Centrafrique*, Bangui, 2015, p.11.

[61] Jean PICTET, *Développement et principes du droit international humanitaire*, Paris, Institut Henri-Dunant, Éditions A. Pedone, 1983, p. 96.

III. La précision conceptuelle du sujet

Afin de faciliter la compréhension et l'orientation des développements, il est tout à fait indiqué de clarifier les concepts qui seront utilisés dans cette étude. Il s'agit de : protection et enfant (A), exploitation et abus sexuels (B), casque bleu (C) et conflit armé (D).

A. La protection et l'enfant

1. La notion de protection

Le *Dictionnaire Larousse* définit la « *protection* » comme un « *ensemble de mesures destinées à assurer quelqu'un contre un risque, un danger, un mal* »[62]. Le *Lexique des termes juridiques* conçoit la « *protection* », en droit international public, comme « *un ensemble de règles visant à assurer le bon épanouissement d'une catégorie de personnes* »[63]. Dans cette perspective, le *Dictionnaire du vocabulaire juridique* entend la « *protection* » comme « *un ensemble de mécanismes visant à assurer le bien-être des personnes* »[64]. Selon Jean-Luc BLONDEL, la notion de protection suppose l'idée d'un écran, d'un bouclier que l'on interpose entre une personne ou un bien en danger et le danger lui-même. « *Les termes synonymes qui peuvent être utilisés pour expliquer la notion de protection suggèrent*

---

[62]Jean DUBOIS, *Dictionnaire de la langue Française. Lexis,* Paris, Larousse, 1979, p. 2009.

[63] Raymond GUILIEN et Jean VINCENT, *Lexique des termes juridiques*, Paris, Dalloz, 2001, p. 447.

[64] Remy CABRILLAC, *Dictionnaire du vocabulaire juridique*, Paris, Litec, 2004, p. 313.

tous la même idée de sécurité (abri, aide, défense, rempart, secours, couverture, garantie, etc.) »[65].

Ainsi, la « *protection* » est une « *précaution qui, répondant au besoin de celui ou de celle qu'elle couvre et correspondant en général à un devoir pour celui qui l'assure, consiste à prémunir une personne ou un bien contre un risque, à garantir sa sécurité, son intégrité* »[66] physique et morale.

Du point de vue historique et juridique, la notion de protection est apparue dans le droit international humanitaire (DIH) dès sa naissance[67]. La signification de la notion diffère selon qu'elle est saisie en tant qu'activité humanitaire ou selon qu'elle est appréhendée dans une perspective essentiellement juridique (DIH). Comme activité humanitaire, la notion a un lien très étroit avec la mission de protection du CICR au profit des victimes des conflits armés et autres situations de violence.

Vitit MUNTARBHORN précise que « *dans l'action de la Croix-Rouge, "protéger" signifie préserver les victimes des conflits qui sont au pouvoir d'une puissance adverse contre les dangers, les souffrances et les abus de pouvoir auxquels elles sont exposées, les défendre et leur apporter un soutien* »[68]. Cette protection humanitaire exige des

---

[65] Jean-Luc BLONDEL, « L'assistance aux personnes protégées », in *Revue internationale de la Croix-Rouge*, N° 767, septembre-octobre 1987, p. 480.

[66] Gérard CORNU, *Vocabulaire juridique*, Quadrige / Puf, 2002, p. 701.

[67] La notion de « protection » est présente dans le DIH depuis les origines : l'article premier de la Convention de Genève du 22 août 1864 prescrit déjà que les ambulances et les hôpitaux militaires doivent être « *protégés et respectés par les belligérants…* ». Cité par Tandjama Adama COULIBALY, *La protection du personnel humanitaire en zones de conflits armés*. Thèse de doctorat, Chaire UNESCO pour la Culture de la Paix, Abidjan, 2015, p. 21.

[68] Vitit MUNTARBHORN, « Protection et assistance aux réfugiés en cas de conflits armés et de troubles intérieurs. Réflexions sur les mandats du Mouvement international de la Croix-Rouge, du Croissant-

autorités et de tous les autres acteurs le respect des obligations qui sont les leurs et la promotion des droits des individus dans le souci de préserver la vie, la sécurité, l'intégrité physique et morale, et surtout la dignité humaine des personnes affectées par le conflit armé. « *Sur le plan juridique, la notion de protection a un aspect pratique et légal à travers les normes et les institutions visant à prévenir et à sanctionner les violations* »[69] du DIH, du droit international des droits de l'homme (DIDH) et des autres règles de droit protégeant la personne humaine.

Ainsi, les enfants doivent être protégés afin d'assurer leur développement, leur épanouissement et de respecter leur dignité. Une telle protection peut être établie au niveau de la famille de l'enfant, de l'État, de la région et au niveau international, à travers les normes et institutions juridiques spécialisées. La protection de l'enfant se traduit par un ensemble de régimes et de systèmes qui garantissent une couverture sociale.

Dans le cadre de cette recherche, la *protection* sera considérée comme toute action qui a pour objet de préserver les enfants victimes des conflits armés, de prendre leur défense, de leur venir en aide et de les mettre hors de danger d'exploitation et des abus sexuels des casques bleus. Ainsi, nous envisageons la notion de protection dans une double dimension : juridictionnelle et non juridictionnelle. Dans sa dimension juridictionnelle, elle recouvre l'ensemble des démarches entreprises en vue de faire adopter, faire connaître et faire appliquer les normes et principes humanitaires.

Rouge et du Haut-Commissariat des Nations Unies pour les Réfugiés », in *Revue internationale de la Croix-Rouge*, N° 772, Juillet-Août 1988, p. 365.

[69] Raymond GUILIEN et Jean VINCENT, *Lexique des termes juridiques*, Paris, Dalloz, 2001, p. 413.

En évoquant la protection juridictionnelle, nous faisons référence à toutes les activités, au niveau national et international tendant à garantir la pleine application et la sanction des normes de protection des enfants en période de conflit armé. Dans sa dimension non juridictionnelle, la protection renvoie à toutes les activités déployées sur le terrain, hors de toutes instances judiciaires, pour préserver les enfants des attaques et des souffrances provoquées par le conflit armé.

2. Le concept d'enfant

La définition de l'« *enfant* » a évolué dans le temps et dans l'espace. De son étymologie latine, « *infans* » composé de « *in* » et de « *fari* », le mot "enfant" signifie « *qui ne parle pas* »[70]. La première explication de cette définition s'inspire de l'état embryonnaire de la personne humaine. De la conception jusqu'aux premières années de sa vie, l'enfant ne parle pas. Il apprendra progressivement à articuler les premiers mots.

Paul ROBERT pense que l'enfant est un être humain englué dans l'enfance dont la frontière se situe à l'adolescence qui commence dès la quatorzième année de l'existence[71]. Cette conception n'est pas satisfaisante. Dans le contexte Camerounais, la définition de l'enfant a été longtemps imprécise. Globalement appelé mineur en droit civil et en droit pénal[72] avec des régimes juridiques différents, l'enfant semble dépendre du contexte. Du point de vue fonctionnel, Étienne MBANDJI MBENA résume

---

[70] Étienne MBANDJI MBENA, *Les droits fondamentaux de l'enfant en droit camerounais*. Thèse de doctorat de l'université de Toulouse, 23 février 2013, p. 22.

[71] Le Petit ROBERT, *Dictionnaire alphabétique et analogique de langue française*, Paris, Hachette, 1983, p. 483.

[72] Art. 80 du Code pénal camerounais, Journal Off. de la République du Cameroun, N° 67/LF/1, du 12 juin 1967.

ces divergences : « *on ne peut dire [...] qu'au Cameroun, l'enfant a 14 ans pour travailler [...] 15 ou 18 ans pour se marier selon qu'il est une fille ou un garçon, 18 ans pour mériter pleinement une sanction pénale ou s'inscrire sur les rôles des armées, 20 ans pour voter et 21 ans pour tout faire* »[73].

Par enfant, la définition considérée dans cette recherche est celle, édictée par les articles 1 de la CDE et 2 de la CADBE, intégrée dans les instruments internes de droit centrafricain et celui du droit congolais (RDC), à savoir, l'« *être humain âgé de moins de dix-huit ans* ». « *L'enfant est titulaire de droits dont ne bénéficient pas les adultes du fait de ses besoins propres* »[74] : être en devenir dont le rattachement à la famille est essentiel à son développement. L'enfant, du fait de sa fragilité et de son manque de maturité, s'est vu reconnaître des droits fondamentaux particuliers que l'on peut qualifier de droits de l'homme-enfant. Les sources de ces droits sont diversifiées. Elles sont, en effet, à la fois consacrées par des conventions générales et par des conventions spécifiques ; les unes et les autres contenants des droits généraux mis en œuvre spécifiquement lorsqu'ils concernent des enfants. Pour les besoins épistémologiques de la réflexion, l'on saisira l'*enfant* comme tout individu dont les pièces d'identification ou autres preuves documentaires établissent un âge inférieur à dix-huit (18) ans, sachant que le critère de pièces d'identification et de preuves documentaires est relatif.

---

73 Étienne MBANDJI MBENA, *op.cit*, p. 23.

74 Henri Capitant ASSOCIATION, *Vocabulaire juridique*, Puf, 9e Édition, 2010, p. 268.

B. Exploitation et abus sexuels (EAS)

L'exploitation sexuelle énonce une forme particulière de maltraitance d'un adulte envers un enfant. Elle renvoie à l'histoire humaine dans ce qu'elle a de plus intime, de plus secret, de plus privé, mais aussi, de plus rationalisé, de plus régulé, de plus contrôlé[75]. L'EAS renvoie aux lois et à la dimension éthique dans la mesure où toute personne, dans sa vie sexuelle, se trouve confrontée à l'adéquation d'arrimage des pratiques à la morale. « *Personne ne peut se soustraire à sa responsabilité. De même, en face de la réalité d'abus sexuels venant à sa connaissance, personne ne peut éviter le débat éthique* »[76]. La Déclaration et le Plan d'action du congrès mondial contre l'EAS des enfants, tenus à Stockholm du 27 au 31 août 1996, entendent par EAS une « *violation fondamentale des droits de l'enfant ; l'exploitation sexuelle des enfants comprend l'abus sexuel par l'adulte et une rétribution en nature ou en espèces versée à l'enfant ou à une ou plusieurs tierces personnes. L'enfant y est traité comme objet sexuel* ».

Pour la Circulaire du SGNU intitulée *Dispositions spéciales visant à prévenir l'exploitation et les abus sexuels* , « *l'expression "exploitation sexuelle" désigne le fait d'abuser ou de tenter d'abuser d'un état de vulnérabilité, d'un rapport de forces inégales ou de rapports de confiance à des fins sexuelles, y compris mais non exclusivement en vue de tirer un avantage pécuniaire, social ou politique* »[77]. Cette définition d'EAS est similaire à la définition de la violence sexuelle telle qu'établie dans

---

[75] Michel BORN, *al*, *Les abus sexuels d'enfants : interventions et représentations*, Liège, Édition Pierre Mardaga, 1996, p. 9.

[76] *Ibid*, pp. 9-10.

[77] SGNU, *Dispositions spéciales visant à prévenir l'exploitation et la violence sexuelle*, Doc, Off. AGNU, 58ème session, Ordre du jour, points 127 et 134, Doc, des NU A/58/777, 2004.

le texte *Éléments des crimes de la CPI* définissant l'EAS comme acte de nature sexuelle sur une ou plusieurs personne(s) à contraindre ladite ou lesdites personne(s) à accomplir un tel acte par la force ou en usant à l'encontre de ladite ou desdites ou de tierces personnes de la menace, *« de la force ou de la coercition, telle que celle causée par la menace de violences, contrainte, détention, pressions psychologiques, abus de pouvoir, ou bien à la faveur d'un environnement coercitif, ou encore en profitant de l'incapacité desdites personnes »*[78] à donner leur libre consentement.

Selon le Comité spécial des OMP sur la stratégie globale visant à éliminer l'EAS dans les OMP, les termes EAS englobent une gamme de *« comportements allant de la violation des normes de conduites édictées par l'organisation, telles que la sollicitation de prostituées adultes, qui peut être légale dans certains pays, à des actes qui seraient considérés, dans n'importe quel pays, comme une infraction pénale, tels le viol ou la pédophilie »*[79] montrant ainsi que les définitions d'EAS sont multiples selon le contexte dans lequel elles sont utilisées et elles incluent une large gamme de comportements ; les EAS trouvent leur point commun en le fait qu'ils constituent des atteintes à la dignité, à l'intégrité physique et psychologique de la personne de l'enfant.

L'expression EAS que nous avons retenue revêt une multitude de formes : « *le viol, les relations sexuelles avec des mineurs, les agressions sexuelles, la traite des humains, l'échange d'argent, d'un emploi, de marchandises ou de services contre une relation sexuelle, la sollicitation de*

---

78 CPI, « Éléments des crimes », 2011, en ligne : http : //www.icc-cpi.int/NR/rdonlyres/7730B6BF-308A-4D26-9C52-3 E19CD06E6AB/0/Elements of crimes Fra.pdf. L'article 7 1) g) -6. Consulté le 4/12/2016.

79 *Rapport Zeid*, supra note 4, p. 9.

prostituées »[80]. Cela concerne également *« le visionnement de pornographie, les propos inconvenants, la pornographie juvénile, la distribution de matériel pornographique par courrier électronique, l'exploitation sexuelle de bénéficiaires et les avances sexuelles faites à des mineurs »*[81]. Une telle définition d'EAS a cet avantage de ne réduire le phénomène ni aux sévices sexuels, ni à la violence sexuelle, ni à l'exploitation sexuelle.

Moins restrictive donc, cette expression reflète, en outre, l'idée qu'il n'existe pas de relations sexuelles appropriées entre un enfant et un adulte et sous-entend que la responsabilité de l'acte est attribuée à l'adulte de façon exclusive. Le caractère sexuel de la relation abusive ne se limite pas à l'aspect génital. Il s'agit d'attitudes ou de comportements sexualisés, d'ambiances ou de climats incestueux, d'actes ou de gestes par lesquels l'adulte obtient une gratification affective et sexuelle.

C. Casque bleu

Un « casque bleu » est un soldat considéré comme membre des forces prévues par l'article 43 de la Charte des NU dans le cadre du système de sécurité collective. Selon Robert KOLB, Gabriele PORRETTO et Sylvain VITÉ,

---

[80] SGNU, *Dispositions spéciales visant à prévenir l'exploitation et la violence sexuelle*, Doc. Off. AGNU, 63e session, Ordre du jour, points 123 et 132, Doc. NU A/63/720, 2008 ; SGNU, *Dispositions spéciales visant à prévenir l'exploitation et la violence sexuelle*, Doc. Off. AGNU, 62e session, Ordre du jour, points 133 et 140, Doc. NU A/62/890, 2008 ; SGNU, *Dispositions spéciales visant à prévenir l'exploitation et les abus sexuels*, Doc. Off. AGNU, 61e session, Ordre du jour, points 123 et 132, Doc. NU A/61/957, 2007 ; SGNU, *Dispositions spéciales visant à prévenir l'exploitation et les abus sexuels*, Doc. Off. AGNU, 60e session, Ordre du jour, points 129 et 136, Doc. NU A/60/861, 2006.

[81] *Idem.*

« *l'article 43 prévoit que les NU doivent être mises en possession de contingents militaires dont elles disposeraient pour toute action de coercition militaire. Ces contingents doivent être placés sous le commandement d'un état-major de l'Organisation* »[82]. Pour Charles Philippe DAVID, les casques bleus ont pour objectif d'« *accomplir diverses missions d'observations et de surveillances visant à enrayer les risques de reprise d'un conflit* »[83] d'une part et de protéger des populations, rétablir l'ordre public, séparer, démobiliser et désarmer des combattants dans un contexte où, de surcroît, les principes de consentement des parties, d'autre part.

Selon Jean-Pierre NZIYA, « *être un casque bleu c'est être conscient que l'on peut, en risquant sa vie, protéger les peuples d'une autre nation pour donner la chance aux semences de la paix et du développement. C'est un travail de sacrifice et d'abnégation* »[84]. Ainsi, la nouvelle norme d'intervention humanitaire justifie l'action des casques bleus et prône l'obligation d'alléger les souffrances humaines durant un conflit ou en situation d'anarchie. La définition retenue est celle d'un soldat originaire d'un État contributeur de troupes, placé sous le commandement des NU, afin de lui permettre d'agir militairement.

---

[82] Robert KOLB, Gabriele PORRETTO et Sylvain VITÉ, *L'application du droit international humanitaire et des droits de l'homme aux organisations internationales. Forces de paix et administrations civiles transitoires*, Bruxelles, Bruylant, 2005, pp. 30-31.

[83] Charles Philippe DAVID, *La guerre et la paix : Approches et enjeux de la sécurité et de la stratégie*, Paris, Presses de la fondation nationale des sciences politiques, 2013, p. 341.

[84] Jean-Pierre NZIYA, *Congo Ingeta. Les raisons de la colère de la diaspora congolaise dans le monde*, Ottawa, FriesenPress, 2012, p. 21.

D. Le conflit armé

Selon le TPIY, « *un conflit armé existe chaque fois que la force armée est utilisée entre États ou dans le cadre d'un conflit armé prolongé entre l'État et des groupes armés organisés ou entre ces groupes eux-mêmes au sein d'un État* »[85]. La notion de conflit armé remplace celle de guerre et se définit comme « *affrontement des forces armées de deux ou plusieurs États, ou des forces armées de groupes organisés sur le territoire d'un seul État [...]. Ce faisant, on ignore des situations qui sont en deçà de la belligérance – des actes " short of war" tels qu'incidents de frontière, raids de bandes armées, rébellions sans contrôle de territoire* »[86]. Basttistela DARIO qualifie les conflits armés de « *combats prolongés entre forces militaires de deux gouvernements ou plus, ou entre un gouvernement et au moins un groupe armé organisé. Le conflit armé est déclaré majeur lorsque le nombre de morts au combat dépasse le millier par année ; il est catalogué comme mineur s'il fait annuellement entre 25 et 999 morts* »[87]. L'expression « conflit armé » est entrée dans le vocabulaire conventionnel. Dès lors, l'on peut faire une distinction entre le conflit armé international (A), le conflit armé non international (B) et envisager la qualification juridique du conflit armé en RCA et en RDC (C), sachant que *« le DIH s'applique dès l'ouverture de ces conflits armés et s'étend au-delà de la cessation des hostilités jusqu'à la conclusion*

---

[85] TPIY, *Le Procureur c. Dusko Tadic*, Arrêt, 2 octobre 1995, § 70.
[86] Éric DAVID, *Principes de droit des conflits armés*, Bruxelles, Bruylant, 4e édition, 2008, p. 115.
[87] Basttistela DARIO, *Guerres et conflits dans l'après-guerre froide*, Paris, La Documentation française, 1998, p. 23.

générale de la paix ; ou, dans le cas des conflits internes »[88], jusqu'à ce qu'un règlement pacifique soit trouvé.

1. Le conflit armé international (CAI)

Le conflit armé international (CAI) recouvre et transcende le concept traditionnel de guerre et désigne toute « *confrontation armée entre États, même si l'état de guerre n'est pas proclamé* »[89]. Cette définition couvre ainsi les « *cas de guerre déclarée ou [...] tout autre conflit armé surgissant entre deux ou plusieurs Hautes Parties contractantes, même si l'état de guerre n'est pas reconnu par elles* ».[90] Il prend en compte « *tous les cas d'occupation de tout ou partie du territoire d'une Haute Partie contractante, même si cette occupation ne rencontre aucune résistance militaire* »[91]. Avec l'adoption du premier PA aux CG du 12 août 1949, relatif à la protection des victimes des CAI, les guerres de libération nationale ont été intégrées dans la catégorie des CAI. Cet instrument juridique les considère comme des « *conflits dans lesquels les peuples luttent contre la domination coloniale et l'occupation étrangère et contre les régimes racistes dans l'exercice du droit des peuples à disposer d'eux-mêmes* »[92]. Ainsi, tout différend surgissant entre deux ou plusieurs

---

[88] TPIY, *L'affaire Tadic*, IT-94-1, *Arrêt relatif à l'appel de la défense concernant l'exception préjudicielle d'incompétence,* 2 octobre 1995, § 70.

[89] Léonelle Flore NGUINTA HEUGANG DIEKOUAM, *La protection de l'environnement en période de conflit armé*, Paris, L'Harmattan, 2015, p. 26.

[90] CG IV relative à la protection des personnes civiles en temps de guerre, du 12 août 1949, article 2 commun.

[91] *Idem.*

[92] PA I aux CG du 12 août 1949 relatif à la protection des victimes des CAI, du 8 juin 1977, Art. 1.4.

États et provoquant l'intervention de forces armées[93] est un CAI au sens de l'article 2 commun aux 4 CG, « *même si l'une des parties conteste l'état de belligérance. Dans ce cas, ni la durée du conflit, ni le caractère plus ou moins meurtri de ses effets ne comptent* »[94].

2. Le conflit armé non international (CANI)

Pour définir l'expression « conflit armé non international (CANI) », il est important de se référer à trois traités importants. Le premier fondement juridique d'un CANI est l'article 3 - commun aux quatre CG de 1949 - qui s'applique en cas de « *conflit armé ne présentant pas un caractère international et surgissant sur le territoire de l'une des Hautes Parties contractantes* »[95]. Bien que cette disposition ne donne pas vraiment la définition d'un CANI, elle souligne néanmoins le genre de conflit armé dans lesquels l'une au moins des parties impliquées n'est pas gouvernementale. Cet article énonce des obligations et règles de base qui doivent être respectées. Il précise effectivement que le but des Conventions était exclusivement humanitaire, et insiste sur l'obligation d'observer les règles fondamentales d'humanité que tous les peuples civilisés considèrent comme valables partout et en toute circonstance.

Les études de Claude PILLOUD, Jean de PREUX et Yves SANDOZ ont montré que, « *l'article 3 commun aux Conventions de Genève de 1949* [est] *souvent dénommé à juste titre " Convention en miniature"* »[96]. Sacké Kouyaté

---

93 UNIVERSITÉ FRANCOPHONE, *Dictionnaire du Droit International Public*, Bruxelles, Bruylant, 2001, p. 218.

94 Éric DAVID, *op.cit.*, p. 93.

95 Article 3 (1) commun aux CG de 1949.

96 Claude PILLOUD, Jean de PREUX et Yves SANDOZ, *al. Commentaire des Protocoles additionnels du 8 juin 1977 aux*

Kaba DIALITÉ écrit à ce propos : « *dans les conflits armés non internationaux, l'article 3 commun aux quatre Conventions de Genève reste souvent l'unique disposition applicable d'un traité de droit international humanitaire* »[97].

Le deuxième traité est le PA II aux CG du 12 août 1049 relatif à la protection des victimes des CANI du 8 juin 1977. Selon son article premier, le PA II ne fait que développer et compléter l'article 3 commun sans modifier ses conditions d'application. Il a pour champ d'application les CANI. C'est dans cette optique qu'Éric DAVID montre que « *le PA II est le premier instrument conventionnel entièrement consacré aux conflits armés non internationaux* »[98]. L'article premier de ce PA définit ce type de conflits comme conflits armés « *qui se déroulent sur le territoire d'une haute partie contractante entre ses forces armées et des forces armées dissidentes ou des groupes armés organisés qui, sous la conduite d'un commandement responsable, exercent sur une partie de son territoire un contrôle tel qu'il leur permette de mener des opérations militaires continues et concertées et d'appliquer le présent Protocole* »[99].

Cette définition montre que le PA II s'applique, d'une part, dans une situation où les forces armées gouvernementales affrontent des forces armées dissidentes, c'est-à-dire dans l'hypothèse où une partie de l'armée gouvernementale se soulève. D'autre part, il s'applique

---

Conventions de Genève du 12 août 1949, Genève, Martinus Nijhoff Publishers, 1986, p. 1343.

[97] Sacké Kouyaté Kaba DIALITÉ, *Droit international humanitaire dans les conflits armés : Le cas rwandais*, Paris, L'Harmattan, 2011, p. 25.

[98] Éric DAVID, *op.cit.* p. 131.

[99] PA II (1977), article 1er, §. 1, p. 14. Sachant pertinemment que les conflits armés non internationaux sont réglementés par l'article 3, commun aux quatre CG,

lorsque les forces armées gouvernementales luttent contre des insurgés qui forment des groupes armés organisés ; ce qui est le plus souvent le cas. Ce critère illustre le caractère collectif de l'affrontement, qui ne peut être le fait d'individus isolés sans coordination.

C'est aussi le cas où le gouvernement établi a par exemple disparu ou est trop faible pour intervenir. Ainsi, le « *PA II s'applique, d'abord, dans une situation où les forces armées gouvernementales affrontent des forces armées dissidentes, où une partie de l'armée gouvernementale se révolte. Puis, il s'applique quand des forces armées gouvernementales s'opposent à des insurgés formant des groupes armés organisés* »[100]. Par ailleurs, pour établir que les conditions matérielles d'application du PA II sont remplies, il faudrait démontrer au sens de l'article premier dudit Protocole :

> i) qu'un conflit armé se déroulait sur le territoire d'une Haute Partie contractante entre ses forces armées et des forces armées dissidentes ou des groupes armés organisés ;
> ii) que les forces armées dissidentes ou les groupes armés organisés agissaient sous la conduite d'un commandement responsable ;
> iii) que les forces armées dissidentes ou les groupes armés organisés exerçaient sur une partie de son territoire un contrôle[101] tel qu'il leur permettait de mener des opérations militaires continues et concertées ; et

---

[100] Hamid El HAJI, *L'applicabilité de la coutume dans les conflits armés*, Paris, L'Harmattan, 2015, p. 15.

[101] Sylvain VITÉ relève à ce sujet que « *même un contrôle temporaire et limité géographiquement suffirait dans ce cas à justifier l'application du Protocole additionnel II* ». Cf., « Typologies des conflits armés en droit international humanitaire, concepts juridiques et réalités », in *Revue internationale de la Croix-Rouge et du Croissant-Rouge*, N° 873, Genève, mars 2009, pp. 9-10

iv) que les forces armées dissidentes ou les groupes armés organisés sont en mesure d'appliquer le Protocole additionnel II[102].

Le troisième est le Statut de la CPI de 1998 qui a défini les CANI auxquels s'appliquent certaines incriminations en rendant plus souples les conditions exigées pour les groupes armés organisés. À cet égard, « *la condition de territorialité est remplacée par une condition à caractère plus large, à savoir celle de conflit prolongé. La condition d'opposition des forces gouvernementales à des insurgés formant des groupes armés est élargie à l'opposition de groupes armés organisés entre eux* »[103]. En adoptant ces deux nouveaux critères, le Statut de la CPI a opté pour la définition déjà prise par l'arrêt *Tadić*.

Dans l'affaire *Tadić*, la Chambre d'appel est ainsi arrivée à la conclusion suivante : « *Un conflit armé existe chaque fois qu'il y a recours à la force armée entre États ou un conflit armé prolongé entre les autorités gouvernementales et les groupes armés organisés ou entre de tels groupes au sein d'un État* »[104]. Cette définition consacre deux types de CANI régis par l'article 3 commun. La première oppose les forces gouvernementales à un ou plusieurs groupe(s) armé(s) organisé(s) ou dissident(s). La deuxième oppose seulement de tels groupes armés entre eux, en l'absence de la partie gouvernementale.

En plus des deux types de CANI consacrés, une controverse s'est créée sur l'existence, dans cette définition, d'un critère de durée ressortant du terme « prolongé », qu'elle renferme. Mais, « *le TPIY tranche cette question*

---

[102] Extrait de l'article 1 du PA II aux CG du 12 août 1949 relatif à la protection des victimes des CANI, 8 juin 1977.

[103] Art. 8, § 2, al. e) et f) de Statut de Rome de la Cour Pénale Internationale, 1998.

[104] TPIY, *L'affaire Tadic*, IT-94-1, *Arrêt relatif à l'appel de la défense concernant l'exception préjudicielle d'incompétence,* 2 octobre 1995, § 70.

dans l'affaire Limaj où il déclare clairement que les deux seuls critères d'un CANI au sens de l'article 3 commun sont l'organisation du groupe armé et l'intensité des combats, celui de durée étant un des éléments d'appréciation de l'intensité »[105]. Dans la mesure où le Statut de la CPI a été adopté par une conférence diplomatique rassemblant la plupart des États, l'on peut considérer que ceux-ci ont confirmé la jurisprudence Tadić et que cette notion élargie du conflit armé se substitue à celle du PA II au titre de *lex posterior*. Il est difficile, en effet, d'imaginer que les États ont créé une 3e catégorie de CANI qui s'ajouterait à ceux visés par l'article 3 commun et le PA II[106].

Il est important de relever que le même conflit armé est parfois dans une phase de son développement, un CANI et, dans une autre phase, internationalisé. Il convient également de préciser à cet égard que « *les organes de l'ONU, et particulièrement le Conseil de sécurité, semblent déjà dotés des compétences nécessaires pour constater le caractère du conflit armé ainsi que les obligations juridiques qui en découlent en ce qui concerne l'application du droit international humanitaire* »[107] écrit Jean PICTET. En rapprochant ces considérations sus-mentionnées, l'intérêt sera accordé au CANI, dans le sens où le conflit en RCA et celui en RDC mettent en scène l'État et des groupes dans une opposition résolue ; ce qui permet aux soldats de la paix d'intervenir et de faire de ce CANI, un conflit internationalisé.

---

105 TPIY, Chambre de première instance, *Le Procureur c/Fatmir Limaj et alii*, Jugement du 30 novembre 2005, affaire IT-03-66-T, § 170.

106 Éric DAVID, *op.cit.*, p. 137.

107 Jean PICTET (Dir), *Études et essais sur le droit international humanitaire et sur les principes de la Croix-Rouge*, Genève, Comité international de la Croix-Rouge, 1984, p. 289.

3. La qualification juridique du conflit en RCA et en RDC

La qualification juridique d'un conflit armé est le point de départ de l'analyse de toute situation de conflit au regard du droit de la guerre, car de cela dépend le régime juridique applicable à celle-ci. Dès lors, « *qualifier un conflit implique, dans un premier temps, d'établir si ce dernier est armé, condition sine qua non pour l'applicabilité du droit international humanitaire (DIH), car autrement c'est le droit national et le droit international des droits de l'homme (DIDH) qui s'appliquent exclusivement* »[108]. Une telle démarche exige dans un deuxième temps, de déterminer la nature du conflit ainsi établi et de qualifier et de justifier que les conflits armés en RCA et en RDC sont des CANI.

Le conflit armé en RCA et en RDC doit être analysé sur la base de l'article 3 commun aux Conventions de Genève de 1949 et l'article 1 du Protocole additionnel II de 1977 en plus également des règles coutumières pertinentes. L'article 3 commun aux Conventions de Genève de 1949 s'applique en cas de « *conflit armé ne présentant pas un caractère international et surgissant sur le territoire de l'une des Hautes Parties contractantes* »[109]. La jurisprudence du TPIY du 07 mai 1997 précise dans l'affaire Tadic, « *que deux critères se dégagent de la qualification d'un CANI au sens de l'article 3, telle que formulée par l'arrêt du 2 octobre 1995. Il s'agit, d'une part, du caractère organisé du groupe et, d'autre part, de l'intensité des combats* »[110].

Quant au critère de « durée » au sens de l'article 3 commun en déclarant « *un conflit armé existe chaque fois*

[108] Providence Ngoy WALUPAKAH et Sandra Muya MIYANGA, *op.cit.*, p. 85.

[109] Article 3 (1) commun aux CG.

[110] TPIY, Chambre de 1er instance, *Le procureur c/Dusco Tadic*, jugement sur le fond, 7 mai 1997, affaire n°IT-94-T, par. 561-568.

qu'il y a [...] un conflit armé prolongé entre les autorités gouvernementales et des groupes armés organisés ou dissidents, ou entre de tels groupes au sein d'un Etat »[111], il faut préciser que « *le TPIY tranche cette question dans l'affaire Limaj où il déclare clairement que les deux seuls critères d'un CANI au sens de l'article 3 commun sont l'organisation du groupe armé et l'intensité des combats, celui de durée étant un des éléments d'appréciation de l'intensité* »[112] du conflit armé. Outre les deux critères exigés au sens de l'article 3 commun, l'article 1 (1) du PA II[113] ajoute un autre critère qui est celui du contrôle territorial par la partie non gouvernementale contrairement à l'article 3 commun où les groupes rebelles peuvent ne pas contrôler de territoire.

Au niveau du conflit armé centrafricain, le caractère organisé des groupes armés est avéré. Il apparaît clairement que la « *Séléka est un regroupe des mouvements politico-militaires hétérogènes* »[114]. L'analyse d'Augustin Jérémie DOUI-WAWAYE relate que « *Michel Djotodia a réussi à fédérer autour de sa personne tous les combattants qui constituent le socle de la coalition armée. Il s'agit surtout de Noureddine Adam et Moussa Dhaffane, respectivement dirigeants de la dissidence de la Convention des patriotes pour la justice et la paix et de la Convention Patriotique du*

---

[111] TPYI, affaire Tadic, 2 octobre 1995, *op.cit.*, par. 70.

[112] TPIY, Chambre de 1er instance, *Le procureur c/Fatmir Limaj et alii*, jugement du 30 novembre 2005, affaire n°IT-03-66-T, par. 170.

[113] L'article 1 (1) du PA II définit les CANI comme ceux « [...] qui se déroulent sur le territoire d'une Haute Partie contractante entre ses forces armées et des forces armées dissidentes ou des groupes armés organisés qui, sous la conduite d'un commandement responsable, exercent sur une partie de son territoire un contrôle tel qu'il leur permette de mener des opérations militaires continues et concertées et d'appliquer le présent protocole ».

[114] Andrea Ceriana MAYNERI, *op.cit.*, p. 182.

Salut du Kodro»[115], sachant qu'« *un grand nombre d'anciens libérateurs, qui ont porté François BOZIZE au pouvoir en 2003, sont venus gonfler les rangs de la rébellion* »[116] Séléka.

Le caractère organisé du groupe Séléka permet de nommer les commandants des zones et de donner des ordres. Le groupe Séléka était armé, notamment de mortiers d'artillerie et de lance-roquettes. Ces armes de guerre ont permis de lancer plusieurs offensives. Il s'agit de l'offensive lancée contre les Forces armées centrafricaines du 10 au 29 décembre 2012, depuis la préfecture de la Vakaga, et de s'emparer des principales villes dont celle de Sibut le 29 décembre 2012. Ensuite, celle du 21 au 24 mars 2013 dans laquelle la première colonne de soldats Séléka passe par le nord-ouest pour redescendre sur Bangui, traversant les villes de Bouca, Bossangoa, Bossembélé et Boali, tandis que la deuxième colonne franchissait la ligne rouge de Damara dans de violents affrontements avec les forces sud-africaines venues en aide au gouvernement centrafricain. Le 24 mars 2013, le Séléka entre à Bangui et Michel Djotodia se proclame chef de l'Etat.

D'août à septembre 2013, les affrontements se multiplient entre la Séléka et le groupe d'autodéfense Anti-balaka et se poursuit jusqu'à la grande offensive lancée par les Anti-balaka contre la Séléka, le 5 décembre 2013 et celle des Séléka du 29 mars et du 28 mai 2014 faisant en tout plus de deux mille morts et un million de déplacés selon l'ONU.

Parmi les hauts responsables des Anti-balaka, on : Rodrigue NGAÏBONA (alias général Andjilo), Alfred YEKATOM (dit Rambo) et Richard BEJOUANE qui se dit chef d'état-major des anti-balaka rassemblés dans le quartier Boy-Rabe à Bangui. Ce dernier dit détenir « *les listes des anti-balaka qui seraient au nombre de 52 000*

---

115 Augustin Jérémie DOUI-WAWAYE, *op.cit.*, p. 18.
116 *Idem.*

selon ses dires, dont 12000 à Bangui »[117]. Les éléments de groupe Anti-Balaka utilisaient des armes à feu d'un calibre assez réduit contrairement aux éléments de la Séléka.

C'est au tour de ces principaux chefs Anti-balaka exprimant une structure de commandement et avec le pouvoir de lancer des opérations coordonnant différentes unités, que l'offensive contre les Séléka a été lancée le jeudi 5 décembre 2013 à Bangui, marquant le tournant de la crise, avec plus de 35000 déplacés sur le site de l'aéroport et 15000 autres personnes réfugiées au monastère de Boy-Rabe. Ainsi, au regard de la qualification d'un groupe armé « de groupe organisé », la Séléka et les Anti-balaka remplissent les conditions données par l'article 1 (1) PA II et la jurisprudence dans l'affaire Tadic et dans l'affaire Limaj concernant un CANI. Et si « *le contrôle territorial n'est pas une condition de l'application des normes de droit humanitaire aux groupes concernés, l'existence d'un conflit armé et d'une chaîne de commandement étant les seules conditions sine qua non* »[118], on peut conclure que le conflit en RCA remplit les conditions d'un CANI. Le critère d'intensité ressort notamment des moyens mis en œuvre par la Séléka avec l'appui logistique du Tchad pour mater le groupe Anti-balaka. Qu'en est-il de la RDC ?

Le conflit armé en RDC fournit des éléments suffisants d'un CANI au titre de l'article 3 commun aux CG et du PA II qui fournissent un ensemble de critères applicables dans le cadre d'un CANI. Le M23 est officiellement un mouvement politique, dirigé par Bertrand BISIMWA, dont la branche armée est appelée : Armée Révolutionnaire du

---

[117] http://www.france24.com/fr/20140213-centrafrique-anti-balaka-defient-presidente-samba-panza. Consulté le 01/03/2019.

[118] Jean-Marc SOREL et Corneliu-Liviu POPESCU (Dir), *La protection des personnes vulnérables en temps de conflit armé*, Bruxelles, Bruylant, 2010, pp. 76-77.

Congo (ARC), commandée par le colonel Sultani MAKENGA.

Ainsi, le M23 remplit le critère d'« *un groupe armé qui se positionne comme partie au conflit non international, [...] soumis au droit des conflits armés non internationaux* »[119]. Eu égard à la nature du conflit armé en RDC, il convient de préciser les conditions dans lesquelles le degré de violence atteint le seuil requis d'intensité. A y regarder de plus près, on ne peut s'empêcher de constater avec Emmanuel NASHI, qu'« *en décembre 2012, les rebelles ont replongé la province du Nord-Kivu dans l'horreur de la guerre, causant des milliers de morts et plus de 800.000 déplacés* »[120]. Le M23 a donc dû réduire la zone sous son contrôle, évacuant le territoire de Masisi, puis celui de Nyiragongo[121].

Dès lors, l'on peut conclure que le critère organisé du groupe armé M23 sous une chaîne de commandement est rempli, tout comme les conditions données par l'article 1 (1, 2) PA II et la jurisprudence dans l'affaire Tadic et dans l'affaire Limaj concernant un CANI. Le rapport conflictuel entre M23 et le gouvernement congolais est donc un CANI au sens de l'article 3 commun et du PA II car chacun de ces groupes armés contrôlait et/ ou contrôle encore une partie du territoire congolais.

Quoi qu'il en soit, il importe « *de faire la différence entre le conflit [armé non international] et les termes de tension interne et de trouble intérieur. Ce sont des situations de basse intensité n'ayant pas encore atteint le stade de conflit armé* »[122]. En fait, les tensions internes ou

---

[119] Jean-Marc SOREL et Corneliu-Liviu POPESCU, *op.cit.*, p. 69.

[120] Emmanuel Murhula A. NASHI, *op.cit*, p.12.

[121] Georges BERGHEZEN, *op.cit.*, p. 9.

[122] Asbjorn EIDE, « Troubles et tensions intérieurs », in *Les dimensions internationales du droit humanitaires*, Paris/Genève, UNESCO (éd), 1986, p. 279. Voir aussi Djamchid MOMTAZ, « Les règles

troubles intérieurs sont situations ne présentent pas l'intensité et l'organisation militaire nécessaire caractéristique du conflit armé non international (CANI) ou conflit armé interne opposant sur le territoire d'un Etat donné, les forces armées régulières à des groupes armés identifiables (cas de la RDC) ou à des groupes armés entre eux (exemple de la RCA).

IV. La délimitation du sujet dans l'espace et le temps

Pour mieux appréhender les contours de cette étude, il est important de préciser notre domaine de recherche. Pour ce faire, cette réflexion obéira à une triple délimitation : spatiale, temporelle et matérielle dans le cas Centrafricain et le cas de la RD-Congo.

Du point de vue spatial, l'étude relative à la protection juridique des enfants contre l'EAS des casques bleus en RCA est menée sur les principales aires géographiques, à savoir tout d'abord le camp des déplacés de l'aéroport M'Poko, situé au Sud de Bangui, la capitale centrafricaine. Ce site de déplacés a été protégé par les forces françaises de l'opération *Sangaris.* Et c'est justement au sein de ce camp que les premiers cas d'actes d'EAS sur mineurs ont été révélés par un rapport des NU. Ceci a conduit à l'ouverture des enquêtes menées par les NU et le gouvernement français ; lesquelles ont entraîné le placement en garde à vue d'un soldat de l'opération *Sangaris*. C'est précisément au sein de ce camp que les premiers cas d'actes d'EAS sur les enfants ont été révélés.

Le point de départ de notre étude est l'année 2013. En effet, le cinquième coup d'État perpétré par Michel DJOTODIA, le 24 mars 2013, a donné au conflit centrafricain une toute nouvelle dimension. Ce président

---

humanitaires minimales applicables en période de troubles et de tensions internes », in, *CICR*, vol. 80, Genève, 1998, p. 487.

illégitime et sans autorité sur la Séléka sera incapable de mettre un terme aux exactions des miliciens démobilisés comme à celles des milices anti-balaka désormais animées par un sentiment de vengeance. Il s'est opéré en RCA le glissement d'un conflit politique à un conflit multidimensionnel. En effet, le conflit prend une tournure religieuse avec une escalade de violences entre communautés chrétiennes et communautés musulmanes. Face à cette montée de violences faisant craindre une guerre civile, le CSNU a adopté la résolution 2127 autorisant l'intervention des forces onusiennes pour le maintien de la paix en RCA. La France a annoncé, le 5 décembre 2013, l'envoi de mille deux cents (1200) soldats pour rétablir la sécurité dans le pays, dans le cadre de l'opération *Sangaris*. C'est lors de ces interventions des soldats de la paix, que des EAS ont été commis sur les enfants centrafricains dans des camps de déplacés devant bénéficier de la protection onusienne.

Ensuite, cette étude sera conduite dans le camp des déplacés de Bambari, une autre localité, où des dénonciations des EAS sur mineurs par les casques bleus du contingent congolais de la RDC ont été révélées. Le point de départ choisi est l'année 2013 avec le coup d'État perpétré par Michel DJOTODIA, le 24 mars 2013. Il s'étendra jusqu'en 2018, l'année de finalisation de notre enquête sur le terrain. Au niveau de la RDC, l'étude est entreprise sur l'aire géographique du camp de personnes déplacées de Bunia, situé à l'Est de la RDC. Sur le plan temporel, la recherche couvrira la période allant de 2004 à 2018, même si l'année 1996[123] reste la date marquant les évènements de l'Alliance des Forces Démocratiques pour la Libération du Congo-Zaïre (AFDL).

123 Le phénomène d'EAS des casques bleus à l'égard des enfants en RDC est connu du grand public à partir de 2004.

Il importe d'annoncer les différentes disciplines de la science juridique auxquelles nous aurons recours tout au long de nos analyses. Deux grands courants juridiques, à la fois distincts et complémentaires, forment l'assise de la protection juridique des enfants contre l'EAS des casques bleus en période de conflit armé. Ce sont : le « droit de Genève » ou droit humanitaire proprement dit, qui concerne essentiellement la protection des personnes civiles en temps de guerre et le « *"droit de la Haye" ou droit de la guerre proprement dit, qui fixe les droits et devoirs des belligérants dans la conduite des opérations militaires et limite le choix des moyens et méthodes de guerre* »[124], écrit Marco SASSÒLI.

Aujourd'hui, ces deux courants juridiques ont fusionné[125] avec l'adoption des deux PA du 8 juin 1977. De plus, la protection des enfants contre l'EAS des casques bleus en période de conflit armé implique la coexistence d'une multitude de règles, différentes selon leur nature et leur finalité. C'est donc l'ensemble de ces règles qui, à des degrés divers, tendent à assurer aux enfants une protection contre l'EAS des casques bleus en période de conflit armé.

Toutefois, la principale discipline qui sera convoquée est le DIH. En effet, le viol et les autres formes d'EAS en temps de conflit armé sont interdits par les CG et leurs PA. Du fait de la vulnérabilité de l'enfant, le DIH met en place un régime de protection spéciale en sa faveur en vertu de la CG IV et surtout du PA I qui énonce, à travers son article 77, le principe de cette protection spéciale : « *les enfants doivent faire l'objet d'un respect particulier et doivent être protégés contre toute forme d'attentat à la pudeur. Les*

---

[124] Marco SASSÒLI & al., *Un droit dans la guerre ?,* Vol. I, Présentation du droit international humanitaire, seconde édition, 2012, p. 297.

[125] CICR, *Droit international humanitaire : réponse à vos questions*, Genève, CICR, 2004, p. 4.

parties au conflit leur apporteront les soins et l'aide dont ils ont besoin du fait de leur âge ou pour toute autre raison ». Le même principe de protection spéciale s'applique aussi en cas de CANI par le biais de l'article 4 du PA II.

À l'instar du DIH, un recours sera fait au DIDH, car un certain nombre de traités internationaux prohibent la maltraitance et l'EAS des adultes et des enfants. Ceux-ci incluent la Convention contre la torture et les autres peines ou traitements cruels, inhumains ou dégradants, la Convention pour la répression de la traite des êtres humains et de l'exploitation de la prostitution d'autrui. Le PIDCP, la CDE et son Protocole facultatif sur la traite et l'exploitation[126] affirment sans équivoque que les enfants doivent bénéficier d'une protection contre la torture, les traitements cruels inhumains ou dégradants, une protection généralement comprise comme couvrant les actes de viol et de violences sexuelles; les instruments régionaux relatifs aux droits de l'homme comme la CADBE interdisent expressément la violence sexuelle contre les enfants[127] et le droit interne.

Seront analysées également les *Dix règles de conduite personnelle du casque bleu*, les Circulaires du SGNU, certaines résolutions du CSNU relatives aux EAS et les normes élaborées par la communauté humanitaire contre l'EAS. Après un long débat sur l'application du DIH aux forces de la paix, « *il est désormais établi, depuis la*

---

[126] Art. 34, 35 et 37 de la CDE ; art. 3 du Protocole facultatif à la CDE, concernant la vente d'enfants, la prostitution des enfants et la pornographie mettant en scène des enfants (2000).

[127] Art. 27 de la CADBE (1990). Voir également le Protocole à la Charte africaine des droits de l'homme et des peuples, relatif aux droits de la femme en Afrique (adopté à Maputo, Mozambique, le 11 juillet 2003) dont le préambule du Protocole préconise : « *toute pratique qui entrave ou compromet la croissance normale et affecte le développement physique et psychologique des femmes et des filles, doit être condamnée et éliminée* ».

circulaire du SGNU du 10 août 1999, que les casques bleus sont liés par le droit de la guerre lorsqu'ils prennent parti dans un conflit armé, bien que l'ONU ne soit pas partie aux Conventions de Genève »[128]. Cette assertion est attestée par Michel Mugaruka KABOYI en ces termes : « *la question du droit applicable aux forces des Nations Unies avait été sanctionnée par l'adoption de la circulaire du secrétaire général des Nations Unies relative au " respect du droit international humanitaire par les forces des Nations Unies du 6 Août 1999"* »[129]. Par conséquent, les actes d'EAS commis dans ces circonstances par les casques bleus en violation de ce droit constituent bien des crimes de guerre. « *Il s'agit du principe cardinal [...] dans l'intérêt supérieur de protéger les victimes des conflits armés, qui n'ont rien à voir avec les motifs pour lesquels les différentes parties se font la guerre* »[130]. En outre, la lecture combinée des règles coutumières 151, 152 et 156 fait ressortir que la commission d'une violence grave du DIH est constitutive d'un crime de guerre et entraîne la responsabilité pénale de leurs auteurs directs, du commandant ou autre supérieur hiérarchique.

Laurent SERMET estime, à cet effet, que « *toute personne impliquée dans un conflit armé interne devient un sujet de responsabilité pénale, entendue comme la commission ou le soupçon de commission de crime de*

---

[128] Providence Ngoy WALUPAKAH et Sandra Muya MIYANGA, *op.cit.*, p. 236.

[129] Michel Mugaruka KABOYI, *Forces des Nations Unies et responsabilité internationale. Opérations de maintien de la paix de l'ONU, imputation et réparation*, Genève, Éditions universitaires européennes, 2012, p. 89.

[130] Marco SASSÒLI, Antoine A. BOUVIER, Anne QUINTIN, *Un droit dans la guerre ? Cas, documents et supports d'enseignement relatifs à la pratique contemporaine du droit international humanitaire*, Vol. I : Présentation du droit international humanitaire, CICR, Genève, 2011, p. 17.

guerre », dans la mesure où « *la nature interne du conflit n'est plus un abri contre les poursuites pénales, territoriales ou extraterritoriales, nationales ou internationales* »[131]. Le droit international est clair : il y a une obligation légale d'inculper et de poursuivre ceux qui commettent les crimes. Il ne peut même pas y avoir d'exception puisque cette obligation fait partie des normes impératives du droit international (*jus cogens*).

En outre, un recours sera fait au droit international pénal qui érige expressément en infraction pénale le viol et les violences sexuelles en temps de guerre. Les statuts du Tribunal Spécial pour la Sierra Leone (TSSL), du TPIR et du TPIY mentionnent, tous, le viol et les violences sexuelles comme crimes de guerre et crimes contre l'humanité. Le Statut de Rome de la CPI déclare que le viol, l'esclavage sexuel, la prostitution forcée, la grossesse forcée, la stérilisation forcée ou toute autre forme de violence sexuelle de gravité comparable peuvent constituer des crimes de guerre et des crimes contre l'humanité[132]. Le recours au droit international pénal permettra aussi d'analyser la Convention des NU relative au régime des immunités des casques bleus ainsi que leur responsabilité pénale. Il sera aussi fait recours au droit positif interétatique, entre autres le droit constitutionnel et le droit pénal de la RCA ainsi que celui de la RDC en matière de répression des EAS commis sur mineurs.

---

[131] Laurent SERMET, « La notion de conflit armé interne : Problématique autour de l'objet et des sujets », in *Revue ASPECTS*, N° 4, Paris, Éditions des archives contemporaines, 2010, p. 62.

[132] Jean-Pierre Bemba Gombo, ex-dirigeant d'un groupe armé congolais, passe actuellement en jugement devant la CPI pour crimes de guerre et crimes contre l'humanité résultant des accusations de viol et autres violences commises par les troupes sous son commandement.

V. La revue de littérature

Pour cerner la particularité du sujet, il sied de présenter une vue d'ensemble des travaux qui ont été réalisés autour de la question. Simone DREYFUS et Laurence NICOLAS-VULLIERME estiment qu'« *il est évident que chaque sujet a ses propres caractéristiques et n'est directement interchangeable avec un autre. Il y a toutefois des ressemblances ou des points communs entre certains sujets, soit qu'ils relèvent d'une même discipline, soit qu'ils supposent des méthodes de recherche ou comportent des difficultés comparables* »[133]. Ainsi en est-il de la protection juridique des enfants contre l'EAS des casques bleus en période de conflit armé.

Si, pour l'opinion commune, les casques bleus sont les symboles de paix, de sécurité, de neutralité et d'intégrité dans les missions où ils sont déployés, beaucoup de chercheurs s'élèvent pour dénoncer les exactions auxquelles se livrent certains membres du personnel militaire onusien. Il s'agit, entre autres, d'actes d'exploitation et de violences sexuelles de civils, d'inconduites qui ternissent l'image de l'ONU. D'après les analyses de Michel SCHOOYANS, « *ce qui est grave dans la situation actuelle, c'est d'abord que l'ONU débilite les nations de multiples façons* »[134]. Trois ans plus tard, Jean-Loup IZAMBERT va jusqu'à dire : « *Les Nations Unies sont l'incarnation de la violation des droits de l'homme* »[135]. Ces assertions mettent en exergue ce que Jean-Claude BUHRER et Claude LEVENSON qualifient

---

[133] Simone DREYFUS et Laurence NICOLAS-VULLIERME, *La thèse de doctorat et le mémoire. Étude méthodologique (Sciences juridiques et politiques)*, Paris, 3e Édition CUJAS, 2000, p. 14.

[134] Michel SCHOOYANS, *La face cachée de l'ONU*, Paris, Le Sarment, 2000, p. 28.

[135] Jean-Loup IZAMBERT, *ONU : violations humaines*, New York, Carnot, 2003, p. 184.

de « *l'impuissance du système à mettre un terme, ou du moins à remédier, à des violations toujours plus répandues à travers le monde* »[136].

Les EAS commis par les casques bleus des NU sur les civils contreviennent aux dispositions du DIH, du droit international pénal et du DIDH ; pire encore lorsque ces actes sont perpétrés sur des mineurs. De telles pratiques sont de nature à remettre en cause l'objet même du mandat des NU en matière de paix dans le monde et doivent engager la responsabilité pénale de leurs auteurs.

Mais, cette question d'EAS sur les enfants par les soldats de la paix des NU, notamment dans le cas des conflits armés en RCA et en RDC, continue de susciter de nombreuses controverses entre les scientifiques. La principale pomme de discorde entre les chercheurs est la question de savoir comment engager la responsabilité pénale des casques bleus se fondant sur les traités internationaux en vue de faire justice aux victimes et d'assurer leur protection effective, alors qu'« *ils sont couverts par l'immunité diplomatique se référant au régime d'immunité, et l'accord sur le statut des forces onusiennes contenues dans les dispositions de l'article 105* »[137] de la Charte des NU ?

Les tentatives de réponse à cette question feront l'objet de querelles idéologiques entre quatre courants de pensées dont les deux premiers prônent le recours ou non aux traités internationaux pour engager la responsabilité pénale des casques bleus face aux atteintes sexuelles commises sur

---

[136]Jean-Claude BUHRER et Claude B. LEVENSON, *L'ONU contre les droits de l'homme ?*, Paris, Éditions Mille et une nuits, 2003, p. 176.

[137] Art. 105 de la Charte des Nations Unies de 1945 : (1) L'organisation jouit sur le territoire de chacun de ses membres des privilèges et immunités qui lui sont nécessaires pour atteindre ses buts. (2) Les représentants des membres des Nations Unies et les fonctionnaires de l'organisation jouissent des privilèges et immunités qui leur sont nécessaires pour exercer en toute indépendance leurs fonctions en rapport avec l'organisation.

mineurs afin d'assurer effectivement la protection des enfants en période de conflit armé. Le troisième courant est consacré à la protection des femmes contre les violences sexuelles des casques bleus et propose d'intégrer ces dernières dans le système des NU, tandis que le quatrième courant est focalisé sur une protection des civils en période de conflit armé.

Le premier courant de pensée soutient la thèse de l'impossibilité d'engager la responsabilité pénale des forces onusiennes qui interviennent pour les missions de paix et qui se rendent auteurs des inconduites sexuelles et des EAS sur mineurs. Pour illustrer leur argumentaire, les tenants de ce courant se fondent sur l'existence réelle des actes d'atteintes sexuelles commis sur les enfants par le personnel militaire des NU. Pour eux, il faut tout faire pour empêcher que cela se reproduise.

À cette fin, Kofi ANNAN et d'autres hauts responsables de l'ONU ont imposé, à la MONUC et à d'autres membres du maintien de la paix, de nouvelles restrictions. Ils ont intensifié la surveillance, les mesures d'application et ont modifié la formation, le commandement, les méthodes disciplinaires en accord avec les pays fournisseurs de contingents. Mais, toutes ces mesures n'ont pas permis d'éliminer les violences sexuelles des casques bleus.

Pour certains critiques, membres conservateurs du congrès américain, le SGNU n'a jamais été investi, par les États-Unis et les autres grandes puissances membres de l'ONU, de l'autorité d'imposer des sanctions aux casques bleus ni aux gouvernements. Bien que le règlement du personnel de l'ONU et les codes de conduite du personnel de maintien de la paix aient été régulièrement renforcés ces dernières années, c'est à chacun des pays fournisseurs de contingents qu'il incombe de donner effet à ces règles, en sanctionnant notamment les violations.

Conformément aux accords régissant les liens entre l'ONU et les pays fournisseurs de contingents, les troupes de maintien de la paix sont déployées en tant que contingents nationaux ; chaque contingent ayant ses propres commandants. L'ONU peut demander que les personnes soupçonnées d'actes répréhensibles soient rapatriées et que le pays qui a fourni le contingent prenne les mesures disciplinaires qui s'imposent et interdise aux suspects de participer à l'avenir à des missions. Mais, l'ONU ne peut engager de poursuites pénales contre les casques bleus ni les condamner en cas d'inconduite. C'est à chaque gouvernement de décider, s'il y a lieu, de punir ses ressortissants en cas d'inconduite lors de missions de l'ONU et de déterminer, si tel est le cas, la peine à infliger.

Pour Marie SAIGET, les actes d'EAS du personnel onusien ont moins un intérêt en eux-mêmes qu'en tant que cas d'étude du changement en organisation internationale. L'étude de Marie SAIGET aboutit à la conclusion selon laquelle « *les Nations Unies sont très limitées dans leur capacité à punir les agresseurs pour des raisons pratiques et légales. Les militaires [...] sont les seuls à disposer de l'immunité complète. L'immunité complète signifie deux choses : 1. La juridiction de l'État hôte ne s'applique pas à eux, une poursuite pénale dans le pays est donc inconcevable ; 2. Les casques bleus n'étant pas assujettis aux règles des Nations Unies ou couverts par la Convention de 1946 sur les privilèges et les immunités, le seul pouvoir du Secrétaire général est d'exiger le rapatriement des militaires* »[138]. La recherche de SAIGET est intéressante pour cette étude, mais elle ignore la Circulaire du SGNU du 6 août 1999 sur l'application du DIH aux forces de la paix des NU, le DIDH et les normes humanitaires de protection

---

[138] Marie SAIGET, *L'ONU face aux violences sexuelles de son personnel. Crise de crédibilité et changement en organisation internationale,* Paris, L'Harmattan, 2012, p. 126.

contre l'EAS pour se limiter aux trois aspects du changement en organisation internationale : les stratégies d'adaptation des organisations pour survivre à une crise de crédibilité, les organisations comme espaces de socialisation et la sensibilité politique de nouveaux idéaux moraux. Elle ne s'intéresse pas à la question de protection des enfants contre l'EAS.

Le second courant de pensée dénie cette impossibilité de poursuites pénales des casques bleus et argue que, préserver les enfants des effets des conflits armés constitue un impératif moral, une responsabilité juridique et une question relevant de la paix et de la sécurité internationale. Étant donné que le principe de responsabilité est repris par de nombreuses lois et des manuels militaires des États, il faut engager la responsabilité pénale des forces onusiennes pour violations du DIH lorsque celles-ci se rendent coupables d'EAS sur les enfants.

Pour Aristide EVOUNA EVOUNA, le contraste entre les objectifs des missions onusiennes et les actes déviants de certains éléments militaires amène à s'interroger sur l'aménagement de la responsabilité pénale des casques bleus pour violation des règles du DIH. Pour y répondre, il convient de relever l'importante place de la responsabilité en matière pénale et de reconnaître que, même si le principe est posé, la mise en œuvre des sanctions qui y sont attachées reste délicate tant du fait de différents régimes d'immunités qui entourent les casques bleus que des entraves liées à la souveraineté des États contributeurs aux missions de paix. Il affirme, à cet effet, que « *la responsabilité pénale des casques bleus offre de bien faibles perspectives, oscillant entre la nécessaire lutte contre l'impunité et la sauvegarde de soutiens financiers et militaires de plus en plus rares pour les missions de paix* »[139]. Cette étude est très intéressante pour notre recherche bien que l'auteur ne traite pas des EAS commis par les casques bleus en RCA et RDC et n'envisage pas non plus des mesures de protection des enfants contre l'EAS en période de CA.

En mettant en exergue la Circulaire du SGNU intitulée *Dispositions spéciales visant à prévenir l'EAS* établissant la politique de tolérance zéro à l'égard des actes d'EAS, Julie ROY affirme que les EAS constituent des atteintes aux normes et principes juridiques internationalement reconnus, et lorsque de tels actes se produisent, les responsables échappent à toute poursuite devant une cour martiale ou un tribunal national.

Son « *mémoire cherche à [...] dénoncer cette impunité pénale mais également démontrer la pertinence, voire la nécessité du processus pénal par rapport aux actes d'EAS commis par le personnel du maintien de la paix. Si l'impunité mérite d'être dénoncée, des solutions doivent y être apportées* »[140]. Cette étude importante occupera une place de choix dans notre recherche, bien que l'auteur se limite seulement à la problématique de responsabilité pénale des casques bleus et n'examine pas le corpus juridique général et spécifique de protection des enfants contre l'EAS commis par les casques bleus en RCA ou en RDC.

Défenseur de la thèse relative à la responsabilité pénale des casques bleus pour les faits illicites commis dans des OMP, Michel Mugaruka KABOYI estime que

---

[139] Aristide EVOUNA EVOUNA, « La responsabilité pénale des casques bleus », in Jean Didier BOUKONGOU (Dir), *Humanité et liberté en Afrique Centrale*, t. 2, Yaoundé, PUCAC, 2010, p.131.

[140] Julie ROY, *Les crimes sexuels et la responsabilité pénale du personnel du maintien de la paix des Nations Unies*. Mémoire de maîtrise en Droit, Montréal, Université du Québec à Montréal, juillet 2011, p. 5. Disponible sur : https://archipel.uqam.ca/4078/1/M12142.pdf. Consulté le 05/05/2019.

« *l'applicabilité du DIH aux forces des Nations Unies ne devrait pas, en tant que tel, être remise en cause par excès de juridisme [...] le DIH est applicable aux forces des Nations Unies en tant que sujets de DIH possédant les droits et obligations qui en découlent* »[141]. Dans l'acception de KABOYI, l'applicabilité du DIH aux forces des NU dépend donc de l'existence d'un conflit armé auquel participent les casques bleus. Dès lors, l'existence d'un conflit armé entraîne immédiatement l'application du DIH aux OMP. L'étude de KABOYI est très intéressante en ce qu'elle traite de la responsabilité pénale des casques bleus et plaide pour une applicabilité du DIH aux casques bleus. Cependant, KABOYI ne s'intéresse pas à la question de la protection juridique des enfants contre les EAS des casques bleus, en RCA et en RDC.

Le troisième courant est féministe. Les mémoires existant ont surtout mis l'accent sur l'approche féministe. L'illustration est manifeste chez Simon LONGPRÉ. Il relève cependant qu'« *une analyse féministe est nécessaire puisque les féministes ont réussi à rendre compte des violences sexuelles dans le camp des relations internationales alors que les autres écoles théoriques ne prenaient pas en considération ce problème. Aussi, l'analyse féministe permet d'aller plus loin dans l'analyse des conflits pour en extraire l'expérience que les femmes font de la guerre* »[142]. La réflexion de LONGPRÉ se

---

[141] Michel Mugaruka KABOYI, *Forces des Nations Unies et responsabilité internationale. Opérations de maintien de la paix de l'ONU, imputation et réparation, op.cit*, p. 62.

[142] Simon LONGPRÉ, *Violences sexuelles des casques bleus : Défis et réalisations pour les Nations Unies*, Montréal, Mémoire pour le certificat de formation sur les missions d'appui à la paix de l'Institut de formation aux opérations de maintien de la paix, 2008, pp. 39-40. Disponible sur : https://www.google.com/search?q=Simon+LONGPRÉ%2C+Violences+sexuelles+des+casques+bleus%3A+Défis+et+réalisations+pour+les

focalise uniquement sur la promotion du « féministe » dans les OMP des NU, mais il n'aborde pas la thématique de la protection des enfants. Il en est de même de l'étude réalisée par Sandra LE COURTOIS, présentée comme une exigence partielle de la Maîtrise en sciences politiques de l'Université du Québec, à Montréal en 2009, sur *EAS par le personnel du maintien de la paix : quand les NU faillissent à la tâche*.

Pour cette dernière, « *la présence d'EAS résulte de l'interaction de deux facteurs, l'un d'ordre contextuel et l'autre d'ordre institutionnel. En premier lieu, les éléments explicatifs sont de trois ordres : le contexte spécifique d'une mission de paix, les protections et immunités du personnel des NU et les relations de pouvoir asymétriques entre les hommes et les femmes dans le pays hôte. En second lieu, la persistance des EAS s'explique par une stratégie globale des Nations Unies inadaptée* »[143]. Cette étude a le mérite d'aborder la problématique de l'inadaptation des mécanismes onusiens ainsi que la question de la protection et de l'immunité du personnel des NU. Cependant, elle ne procède pas par une analyse juridique des instruments de protection des civils en période de conflit armé. Elle traite seulement le cas des femmes et non pas celui des enfants.

À l'instar de LONGPRÉ et de COURTOIS, l'étude réalisée par Major Johanne BOURNIVAL, sur *la violence sexuelle faite aux femmes par les casques bleus : un enjeu sexospécifique,* mérite d'être mentionnée. Dans cette étude, l'auteur défend la thèse selon laquelle « *l'intégration des*

+Nations+Unies+2008.utf-8&client=firefox-b. Consulté le 06/05/2019.

143 Sandra LE COURTOIS, *Exploitation et abus sexuels par le personnel du maintien de la paix : quand les Nations Unies faillissent à la tâche.* Mémoire de maîtrise en sciences politiques, Montréal, Université du Québec, septembre 2009, p. 30. Disponible sur : https://archipel.uqam.ca/4727/1/M11070.pdf. Consulté le 08/05/2019.

genres et la prise en compte de la sexospécificité issue de l'approche féministe représentent la voie qui devrait être préconisée afin de prévenir et d'endiguer les cas d'EAS des casques bleus »[144], à l'égard des femmes dans les OMP des NU. Certes, la réflexion est pertinente en ce qu'elle dénonce les actes d'EAS des casques bleus. Toutefois, l'auteur se contente de plaider pour l'intégration massive des femmes dans le système de l'ONU. Elle ne nous édifie pas sur l'arsenal juridique de protection contre l'EAS des casques bleus en période de conflit armé.

Le quatrième courant met en exergue la protection générale des civils en période de conflit armé. C'est ainsi que les travaux réalisés par Innocent BIRUKA mettent un accent sur le fait qu'en dépit des avancées juridiques réalisées, au plan normatif, depuis un demi-siècle, en matière de protection de l'être humain face à la guerre, les femmes et les enfants continuent d'être instrumentalisés dans les conflits armés en Afrique. À cet effet, BIRUKA appelle à une mobilisation de tous, dans une approche pluridisciplinaire, pour une action concertée tendant à la prévention concrète des conflits armés et à une meilleure gestion, juridictionnelle et non juridictionnelle de leurs effets dévastateurs sur les femmes et les enfants. Le DIH est clair ; les violences sexuelles constituent un crime qui doit être puni. Il y a une obligation légale d'inculper et de poursuivre les criminels de guerre. Il ne peut même pas y avoir d'exception puisque cette obligation fait partie des normes impératives du droit international (*jus cogens*). Et dans le cas où il y a une obligation de poursuivre en même

---

[144] Major Johanne BOURNIVAL, *La violence sexuelle faite aux femmes par les casques bleus : un enjeu sexospécifique.* Maîtrise en études de la défense, Toronto, Collège des Forces canadiennes, avril 2010, p. 5. Disponible sur : https://www.cfc.forces.gc.ca/259/290/296/286/bournival.pdf. Consulté le 09/05/2019.

temps des immunités diplomatiques, ces dernières relèvent du droit international coutumier et s'appliquent *erga omnes*.

L'obligation de poursuivre est une norme impérative du droit international. Dès lors, elle doit primer sur les immunités. Il est important, lorsqu'un dommage est causé, de pouvoir procéder à des réparations. Il ne s'agit pas d'une obligation qui découle du DIH, mais du droit international public. « *C'est un principe du droit international que la violation d'un engagement entraîne l'obligation de réparer dans une forme adéquate* »[145]. Certes, l'auteur cherche à plus nous renseigner sur la protection des personnes vulnérables, notamment les enfants qui sont les principales victimes que sur les mécanismes juridictionnels et non juridictionnels de la protection des droits de l'enfant en période de conflit armé. Toutefois, BIRUKA n'aborde pas la thématique de la protection juridique des enfants contre les EAS commis par les casques bleus des NU. Son ouvrage ne concerne que les groupes militaires ou rebelles nationaux.

Poursuivant la même réflexion, Julien TROPINI a réalisé une étude portant sur : *La lutte contre les violences sexuelles en conflits armés : entre avancée humanitaire et échec international*. L'auteur affirme que « *l'objet de ce travail de recherche aura été de s'interroger sur la capacité du droit applicable en conflits armés à appréhender et interdire ces violences sexuelles dans un tel contexte, à répondre et à lutter contre ce problème majeur de la guerre* »[146]. En partant du constat selon lequel « *la réalité*

---

[145] Innocent BIRUKA, *La protection de la femme et de l'enfant dans les conflits armés en Afrique*, Paris, L'Harmattan, 2008, p.89.

[146] Julien TROPINI, *La lutte contre les violences sexuelles en conflits armés : entre avancée humanitaire et échec international.* Mémoire de Master 2 –Sécurité internationale et défense, Grenoble 2, Université Pierre-Mendès-France, 2014-2015, p. 11. Disponible sur : https://dumas.ccsd.cnrs.fr/dumas-01187091/document. Consulté le 10/05/2019.

des violences sexuelles, perpétrées notamment par Daesh en Syrie et en Irak, où le groupement Boko Haram au Nigéria, constitue le signe d'un "échec collectif" à protéger les victimes »[147], l'auteur propose « *un travail d'interprétation du DIH permettant d'introduire les violations sexuelles à la liste des infractions graves au droit des conflits* »[148]. Bien que le mémoire fasse partiellement mention des violences sexuelles en RCA et en RDC, l'auteur n'aborde pas la problématique des casques bleus considérés comme des protecteurs devenus prédateurs en matière d'EAS des enfants en période de conflit armé. Son étude s'inscrit dans un cadre général de lutte contre les violences sexuelles en période de conflit armé, de façon générale et permet d'évaluer l'état d'avancement du droit humanitaire ainsi que l'apport de la communauté internationale dans cette lutte.

La recherche d'Abdul OUANDAOGO, intitulée *la protection des civils contre les violences sexuelles en période de conflit armé en Afrique*, est importante et mérite d'être mentionnée. En partant du constat selon lequel « *la protection internationale des civils contre les violences sexuelles dans les conflits armés a pendant longtemps été insuffisante* »[149], Michel DEYRA précise que « *les civils représentent 90% des victimes des conflits contemporains en Afrique. Cela interpelle plus que jamais, [...] parce que les civils en cause sur le continent africain appartiennent aux catégories les plus vulnérables : les femmes, les enfants*

[147] *Ibid*, pp. 95-96.
[148] *Ibid*, pp. 94.
[149] Abdul OUANDAOGO, *La protection des civils contre les violences sexuelles en période de conflit armé en Afrique*. Thèse de doctorat en Sciences juridiques, Normandie Université, 2016, p. 26. Disponible sur : https://tel.archives-ouvertes.fr/tel-01514223/document. Consulté le 11/05/2019.

et les personnes âgées »[150]. Il soutient que ce qui distingue ce sujet d'un autre c'est tant l'ignominie que constitue le crime de violence sexuelle parce qu'il touche à la sexualité, que l'utilisation stratégique et systématique dont il fait l'objet dans de nombreux conflits en Afrique[151].

L'auteur montre également que les violences sexuelles dont il sera question dans son étude sont celles qui ont lieu sur le continent africain en temps de conflit armé et dirigées contre les populations civiles - hommes et femmes – qui ne participent pas ou plus aux hostilités[152]. La recherche d'Abdul OUANDAOGO est intéressante en ce qu'elle concerne précisément l'Afrique, en général. Dans cette étude, l'auteur envisage de protéger les femmes, les enfants et les personnes âgées contre les violences sexuelles sans délimiter le sujet sur les principales aires géographiques spécifiques, ni situer la période couvrant l'étude. De plus, l'auteur n'aborde pas la protection juridique des enfants contre l'EAS commis par les soldats de la paix en RCA et en RDC.

Les quatre courants relatifs aux travaux existant ont permis de recenser la progression des écrits, des débats, des convergences et divergences entre les auteurs dans le domaine de recherche, faisant ressortir l'état des connaissances réalisées et l'omission de la protection juridique des enfants contre l'EAS des casques bleus en période de conflit armé en RCA et en RDC. Cette négligence est perceptible dans le premier courant qui se contente simplement de soutenir la thèse de l'impossibilité d'engager la responsabilité pénale des forces onusiennes déployées dans les OMP.

---

[150] Michel DEYRA, *L'essentiel du droit des conflits armés*, Paris, Éditions Gualino, 2002, p. 13.

[151] Abdul OUANDAOGO, *Ibid*, p. 23.

[152] *Ibid*, p. 24.

Le deuxième courant, bien qu'intéressant pour notre recherche, s'appuie sur le DIH et le DIDH ainsi que sur des traités internationaux pour engager la responsabilité pénale des casques bleus et des forces autorisées par le CSNU face aux faits illicites (en général) commis dans le cadre des OMP de l'ONU. Cependant, il n'envisage pas de réfléchir sur la protection des enfants contre l'EAS des casques bleus en période de conflit armé.

Le troisième courant apparaît comme un prétexte pour insister sur l'intégration massive des femmes dans le système des NU. Le quatrième courant consacré à la protection générale des civils contre les violences sexuelles en période de conflit armé inscrit la protection de l'enfant dans un cadre général en période de conflit armé.

Des travaux identifiés et examinés, il ressort qu'aucune recherche spécifique n'est réalisée sur la protection juridique des enfants contre l'EAS des casques bleus en période de conflit armé en RCA et en RDC, d'où le choix du sujet permettant d'analyser le cadre juridique de la protection des enfants contre l'EAS des casques bleus en période de conflit armé en RCA et en RDC, de questionner la mise en œuvre effective de cette protection juridique sur les principales aires géographiques centrafricaines et congolaises.

VI. La question de recherche et hypothèse générale

Des développements précédents, il ressort qu'à côté du DIH, notamment des Conventions de Genève de 1949 et leurs Protocoles additionnels de 1977, ainsi que le DIDH, précisément la CDE de 1989 et leurs protocoles, plusieurs domaines du droit international, régional et national concourent à l'idéal de protection juridique des enfants contre l'EAS. Outre ces instruments, l'ONU et le comité permanent interorganisations ont élaboré des mesures et politiques spécifiques pour lutter contre l'EAS du personnel onusien en période de conflit armé.

Malgré l'existence d'un cadre juridique en faveur de la protection des enfants contre l'EAS des casques bleus, le problème demeure. La question principale de cette recherche est la suivante : *Que valent les réponses juridiques formulées par le droit conventionnel face aux phénomènes d'exploitation et d'abus sexuels des casques bleus à l'égard des enfants en période de conflit armé ?*

Pour répondre à cette interrogation, deux questions spécifiques d'approfondissement doivent être examinées : Existe-t-il un cadre juridique en faveur de la protection des enfants contre l'EAS des casques bleus en période de conflit armé ? Si oui, ce cadre juridique assure-t-il l'effectivité de la protection des enfants contre l'EAS des casques bleus ? Dans le cas contraire, comment l'améliorer afin d'envisager une meilleure protection juridique des enfants contre l'EAS des casques bleus en période de conflit armé.

L'hypothèse principale qui orientera cette recherche est la suivante : *les enfants pourraient être mieux protégés contre l'EAS des casques bleus en période de conflit armé, si la protection juridictionnelle était renforcée pour en réprimer les auteurs, et si le DIH et le DIDH ainsi que la politique de tolérance zéro étaient appliqués aux forces de la paix de l'ONU.* Ainsi, deux hypothèses explicatives permettront d'encadrer la recherche : il existe un cadre juridique général et spécifique qui règlemente la protection des enfants contre l'EAS des casques bleus en période de conflit armé. Cependant, le cadre juridique est embryonnaire et complexe. Il faut l'améliorer, appliquer les sanctions appropriées et envisager les réparations aux victimes.

VII. Le cadre méthodologique de l'étude

Pour s'assurer de la bonne conduite de ce travail, l'étude sera guidée par la méthode juridique et la méthode sociologique d'enquête. « *Par la méthode juridique, il s'agit d'analyser les textes juridiques et de dégager leur interprétation* »[153] écrit Jean-Louis BERGEL. Elle est celle qui tient à répondre à la question : que disent les textes juridiques en la matière ? Il s'agit d'une double démarche d'analyse des textes et d'exploration des conditions de leur édiction, des interprétations qui en découlent et de l'application effectuée par les différents acteurs sociaux destinataires de la règle de droit.

Charles EISENMANN convoque les notions de « *dogmatique pour désigner la première étape de la démarche et de casuistique pour rendre compte de la seconde. Dogmatique et casuistique sont ainsi les étapes successives et complémentaires de la méthode juridique* »[154]. La dogmatique s'en tient au droit, à la règle juridique telle qu'elle ressort de l'armature législative au sens large. Elle se limite par conséquent au droit écrit et vise systématiquement l'étude de ce droit à partir des règles existantes. C'est l'étude du droit positif au sens strict.

Pour Charles Nach MBACK, une telle « *méthode permet alors d'apprécier la cohérence de l'ordre juridique en intégrant dans l'analyse les données grammaticales, techniques, historiques* »[155]. L'analyse exégétique est comprise comme la méthode interprétative consistant à dégager, des textes, l'esprit authentique du législateur en

---

153 Jean-Louis BERGEL, *Méthodes du droit : Théorie générale du droit*, 2e édition, Paris, Dalloz, 1989, p.7.

154 Charles EISENMANN, *Cours de droit administratif*, Paris, LGDJ, 1969, p. 48.

155 Charles Nach MBACK, *Démocratisation et décentralisation : Genèse et dynamiques comparées des processus de décentralisation en Afrique subsaharienne*, Paris, Karthala, 2003, p. 45.

vue d'en comprendre la portée et les limites qu'il fixe à leurs applications. Une telle méthode consiste à exposer les dispositions légales tant internes qu'internationales ainsi que la doctrine afférente à la protection des droits de l'enfant contre les atteintes à caractère sexuel en période de conflit armé. Elle exige la consultation des instruments juridiques – aussi bien au niveau international qu'au plan national -relatifs à la protection des droits de l'enfant.

La méthode juridique exprimée par l'analyse des textes ainsi que la jurisprudence internationale permettent de restituer le texte dans son contexte. Cette méthode de recherche documentaire permettra de circonscrire la problématique. Pour cela, « *il est nécessaire de trouver dans l'arsenal de textes existant celui qui donne à notre conduite son régime juridique* »[156], selon Stéphane BAUZON.

Ainsi, nous examinerons les instruments juridiques que sont les CG, la DUDH, le PIDCP, la CDE, la CADBE, la CADHP, les dispositions pertinentes des conventions et traités du droit international humanitaire, les documents officiels, les rapports, les résolutions[157] et procès-verbaux des séances de l'AGNU et du CSNU (Tome 2) et tout autre texte pertinent tant au niveau régional qu'interne. Il sera aussi fait recours au droit pénal de la RCA et de la RDC en matière de répression d'EAS commis sur mineurs. Les données à prendre en compte proviennent également des organismes ayant abordé la thématique, sans oublier les organisations qui se sont intéressées à la problématique de la protection des enfants contre l'EAS des casques bleus.

---

156 Stéphane BAUZON, *Le métier de juriste du droit politique selon Michel VILLEY*, Québec, Les Presses de l'Université Laval, 2003, p.35.

157 Les sources onusiennes sont essentiellement constituées des conventions pertinentes adoptées sous l'égide des NU, les résolutions de l'AGNU et du CSNU, le code de conduite des casques bleus, et la politique de tolérance zéro.

En sus de ces sources documentaires, un recours analytique sera fait au droit international pénal qui érige expressément en infraction pénale le viol et les violences sexuelles en temps de guerre. Les statuts du TSSL, du TPIR, du TPIY et la Cour Pénale Spéciale (CPS) pour la RCA mentionnent, tous, le viol et les violences sexuelles comme crimes de guerre et crimes contre l'humanité. Le Statut de Rome de la CPI déclare que le viol, l'esclavage sexuel, la prostitution forcée, la grossesse forcée, la stérilisation forcée ou « *toute autre forme de violence sexuelle de gravité comparable » peuvent constituer des crimes de guerre et des crimes contre l'humanité* »[158]. Le recours au droit international pénal permettra aussi d'analyser les accords de coopération en matière de défense conclus entre les États hôtes et les États contributeurs de troupes ainsi que la Convention des NU relative au régime des immunités des casques bleus et leur responsabilité pénale. En outre, l'analyse de contenu des sources de données est la méthode qui est utilisée ici pour exploiter les documents jugés pertinents pour ce travail.

Selon Kitete KEKIMBA, la méthode sociologique « *fait appel à l'observation pure et simple. Elle est tributaire des faits et se propose moins de les apprécier que de les expliquer* »[159]. Elle permet de confronter les textes juridiques et les faits sociaux. Il s'agit, pour le juriste, d'ajouter, à sa démarche habituelle, un angle d'observation supplémentaire, une disposition d'esprit visant à observer les systèmes de droit international dans le milieu social réel

---

158 Jean-Pierre Bemba Gombo, ex-dirigeant d'un groupe armé congolais, a été jugé devant la CPI pour crimes de guerre et crimes contre l'humanité résultant des accusations de viol et autres violences commises par les troupes sous son commandement.

159 Kitete KEKIMBA, *Autonomie politique et constitutionnelle du Zaïre. Essai de solution d'inadéquation institutionnelle*, Paris, L'Harmattan, 1990, p. 3.

où ils fonctionnent et non plus seulement de les analyser à travers leurs structures juridiques et techniques.

La méthode sociologique d'enquête, à travers des entretiens semi-directs, permet de se rendre sur le terrain afin de recueillir le point de vue des victimes d'EAS. Des guides d'entretiens seront élaborés et adressés aux différents groupes d'acteurs. Cette étude est également menée en se servant de la méthode sociologique d'enquête. Cette sociologie du droit consiste à mener des entretiens auprès des victimes, des acteurs et des institutions : agents du Ministère de la Justice et du Ministère de la Mère et de l'Enfant, médecins, autorités Judiciaires, la MINUSCA, la MONUSCO, l'UNICEF, CICR, Cour Pénale Spéciale, centres d'accueil, société civile, gendarmes, représentants des victimes, victimes et casques bleus. Ces entretiens permettront d'évaluer la protection des droits de l'enfant contre les EAS commis par les casques bleus. Les informations recueillies ont permis de faire des suggestions pour l'amélioration des politiques existantes en matière de protection des droits de l'enfant en période de conflit armé.

La méthode adoptée permet de mieux étudier la question en montrant les diverses facettes, c'est-à-dire, les rapports entre protection juridique et protection opérationnelle ; multiplicité des acteurs et coordination difficile des enquêtes relatives aux cas d'EAS des casques bleus ; rapports entre logique de fonctionnement interne des différents acteurs humanitaires et nécessité d'agir en faveur des enfants pendant et après le conflit armé ; rapports complexes entre les pays contributeurs de troupes et les institutions d'États hôtes ; rapports entre les casques bleus et les enfants ; rapports entre politiques, humanitaire, militaire et justice ; rapports entre théorie juridique et applicabilité du DIH aux forces des NU. Dans cet écheveau de rapports, souvent contradictoires, nous essaierons de dégager un cheminement cohérent et logique, en exploitant notamment les sources de données à analyser.

La présente recherche sera structurée en deux parties. La première partie est consacrée au cadre juridique de protection des enfants contre les EAS des casques bleus en période de conflit armé. Dans ce registre, nous analyserons le cadre juridique global de protection des enfants et le cadre spécifique de protection des enfants contre l'EAS des casques bleus en période de conflit armé et examinerons la question de l'applicabilité du DIH aux forces commandées ou autorisées par les NU. La seconde partie mettra en lumière le caractère complexe de la mise en œuvre de cette protection. Elle examinera les actions concrètes de protection des enfants contre l'EAS des casques bleus en RCA et en RDC. Ainsi, la confrontation entre les dispositions spéculatives développées dans la première partie et la réalité pratique du terrain analysée dans la seconde partie permettront de relever les difficultés constatées entre le cadre juridique de protection contre l'EAS et la réalité pratique du terrain, afin d'entrevoir les possibles voies et moyens judiciaires pour parvenir à une meilleure protection des enfants contre l'EAS des casques bleus en période de conflit armé.

Chapitre I. L'apport des Conventions de Genève de 1949 et des droits de l'homme

Selon Françoise DEKEUWER-DÉFOSSEZ et Christine CHOAIN, le fondement du droit positif de l'enfant contre l'EAS réside dans ce que l'on pourrait appeler « *une théorie des obligations à l'égard des enfants* »[160]. Les normes du conflit armé ont pour vocation de protéger les victimes des violences atroces et non pas d'en faire des butins en autorisant les brutalités sexuelles à l'égard des enfants. Brownmillier SUSAN estime que « *dans l'Antiquité, il y eut une déclaration peu commune de Totila l'Ostrogoth en 546 qui interdit à ses troupes de violer les Romains* »[161]. En plus de la déclaration de chefs barbares, en 1963, le Code Lieber et la Convention de La Haye de 1907 interdisaient la brutalité sexuelle des enfants en temps de conflit armé. Cependant, ces dispositions n'ont pas su empêcher les EAS pendant la Seconde Guerre mondiale. Ainsi, face à l'ampleur du phénomène d'EAS des enfants en période de conflit armé, la communauté internationale n'est pas restée inactive.

Si le mouvement pro-défense des enfants contre l'EAS en temps de conflit armé a pris de l'ampleur depuis les années 1990, il faut préciser que la protection internationale de l'enfance contre les actes d'EAS est bien plus ancienne et a été bâtie progressivement dans le temps et dans l'espace. La prise en charge normative de la protection des

---

[160] Françoise DEKEUWER-DÉFOSSEZ et Christine CHOAIN (Dir), *L'autorité parentale en question*, Lille, Presses Universitaires du Septentrion, 2003, p. 228.

[161] Brownmillier SUSAN, *Le viol*, Montréal, Nouvelles Éditions de poche, 1980, p. 47.

enfants contre l'EAS en période de conflit armé trouve ses assises juridiques principales avec le grand renouveau des Conventions de Genève (CG) de 1949 et leurs Protocoles additionnels (PA) de 1977 qui accordent une place aux EAS dans le droit élémentaire du droit des conflits armés. En plus de ces instruments, les enfants en période conflit armé bénéficient de la protection accordée par les normes du DIDH (Section I).

Outre les dispositions du DIH qui accordent une protection aux enfants contre l'EAS, il y a les instruments juridiques régionaux et nationaux de protection des enfants contre les sévices sexuels qu'il faut examiner. C'est aux gouvernements qu'il incombe, avant tout, de protéger les enfants contre les agressions sexuelles en période de conflit armé et de garantir le respect, la défense du droit des enfants à l'intégrité physique et morale. Ainsi, il est important de souligner l'apport des instruments juridiques régionaux et nationaux de protection des enfants contre les sévices sexuels (Section II).

Section I. L'inspiration coutumière du droit international humanitaire

Le concept de protection est apparu dans le DIH dès la naissance de cette branche du droit international. En effet, il est expressément consacré par la Convention du 22 août 1864, notamment en son article premier relatif à la protection des ambulances et hôpitaux militaires. Pour ce qui est de la protection proprement dite des personnes, elle est sous-entendue à l'article 6 de cette même Convention de 1864 qui dispose que « *les militaires blessés ou malades seront recueillis et soignés, à quelque nation qu'ils appartiennent* ». Mais au fond, la notion de protection va plus tard s'étendre pour prendre en considération les populations civiles, dont les enfants se trouvant dans des situations de conflit armé. C'est dans ce cadre que la quatrième CG de 1949 consacre son titre II à la protection générale de la population civile contre certains effets du conflit armé. Cette réglementation s'applique aux enfants en tant que personnes faisant partie des populations civiles.

Les EAS revêtent une multitude de formes telles que « *le viol ; les relations sexuelles avec les mineurs, les agressions sexuelles, la traite des humains, l'échange d'argent, de marchandises ou de services contre une relation sexuelle [...], la pornographie juvénile, l'exploitation sexuelle de bénéficiaires et les avances sexuelles faites à des mineurs* »[162]. Bien que les EAS incluent une large gamme de comportements, ces actes criminels établissent leur point commun dans le fait qu'ils constituent des atteintes à la dignité et à l'intégrité physique et morale de l'enfant qui ne participe pas aux hostilités. La protection des enfants contre les sévices sexuels en période de conflit armé trouve sa source dans la protection des populations civiles ne participant pas directement aux hostilités. Devenue une obligation au lendemain de la Seconde Guerre mondiale, la volonté d'assurer une protection générale à l'enfant a conduit à la réaffirmation d'un cadre normatif consigné dans les quatre CG du 12 août de 1949 (*Paragraphe 1er*). Cette lutte contre l'agression

---

[162] SGNU, *Dispositions spéciales visant à prévenir l'exploitation et les atteintes sexuelles,* Doc. Off. AGNU, 63e Session, Ordre du jour, points 123 et 132, Doc. NU A/63/720, 2009 ; SGNU, *Dispositions spéciales visant à prévenir l'exploitation et la violence sexuelle,* Doc. Off. AGNU, 62e session, Ordre du jour, points 133 et 140, Doc. NU A/62/890, 2008 ; SGNU, *Dispositions spéciales visant à prévenir l'exploitation et les abus sexuels,* Doc. Off. AGNU, 61e session, Ordre du jour, points 123 et 132, Doc. NU A/61/957, 2007 ; SGNU, *Dispositions spéciales visant à prévenir l'exploitation et les abus sexuels,* Doc. Off. AGNU, 60e session, Ordre du jour, points 129 et 136, Doc. NU A/60/861, 2006 et SGNU, *Dispositions spéciales visant à prévenir l'exploitation et les abus sexuels,* Doc. Off. AGNU, 59e session, Ordre du jour, points 114 et 123, Doc. NU A/59/782, 2005.

sexuelle à l'égard des enfants en période de conflit armé sera renforcée par les normes du DIDH (*Paragraphe 2nd*).

Paragraphe I : Le sursaut des Conventions de Genève et leurs Protocoles additionnels

Pour Adnan HOUBBALLAH, l'enfant est un sujet tabou, sacré pour tous, quelles que soient la nationalité, la religion. Protéger l'enfant est un devoir[163]. Le devoir que constitue la protection des enfants contre l'agression sexuelle des adultes en période de conflit armé va susciter l'adoption de nombreux instruments de droit international traitant de la question des atrocités sexuelles à son égard.

Le principal fondement du sursaut de droit international humanitaire relatif à la mise en place d'une règlementation générale en faveur de la protection des enfants contre les sévices sexuels est le constat que l'on a pu faire lors de la Seconde Guerre mondiale : les enfants ont toujours été et continuent d'en être les principales victimes. « *Si en principe le régime juridique applicable aux combattants et aux non-combattants est différent* »[164], c'est parce que sa protection obéit au régime juridique applicable aux non-combattants ; l'idée-maîtresse de ce régime juridique étant le traitement avec « *humanité* ». Par conséquent, les enfants ne doivent pas faire l'objet de torture, ni de traitements inhumains dégradants de la part de la partie au conflit armé entre les mains de laquelle ils se trouvent ; et ce, même en période de conflit armé non international (CANI).

Dès lors, l'EAS constitue une pratique criminelle qui porte atteinte et menace l'intégrité physique des enfants.

---

[163] Adnan HOUBBALLAH, *Le virus de la violence : La guerre civile est en chacun de nous*, Paris, Éditions Albin Michel, 1996. Cité par Edith BAERISWYL, « Enseigner la dignité aux jeunes, contribution du Mouvement de la Croix-Rouge », in *Revue Internationale de la Croix-Rouge* (RICR) N° 826, 1997, p. 383.

[164] Éric DAVID, *Les principes de droit des conflits armés*, *op.cit*, p.414.

C'est aussi un traitement contraire à l'idée d'humanité. Pour mieux cerner les contours de la question relative au sursaut du DIH en matière de protection des enfants face aux sévices sexuels, une analyse des règles contenues dans les CG de 1949 traitant de la protection de l'enfant en général s'impose (A). Dans le cadre du DIH, même « *si la IVème Convention de Genève de 1949 contient diverses dispositions visant la protection des enfants, elle n'énonce pas de principe fondant une protection spéciale. Ses Protocoles I et II comblent néanmoins cette lacune* »[165] normative en matière de protection des enfants contre les crimes sexuels en période de conflit armé (B).

A. La protection accordée aux enfants dans les Conventions de Genève de 1949

La protection des enfants contre les violences sexuelles en période de conflit armé représente une préoccupation ancienne de la communauté internationale. Alain FINKIELKRAUT estime que l'idée conductrice d'une telle protection est à la fois la vulnérabilité de l'enfant et la sauvegarde de son « *humanité* »[166]. Jean PICTE souligne

---

[165] Jean-Marc SOREL et Corneliu-Liviu POPESCU (Dir), *La protection des personnes vulnérables en temps de conflit armé*, Bruxelles, Bruylant, Collection Magnacarta, 2010, p. 172.

[166] Pour Alain FINKIELKRAUT, L'humanité, comme sentiment, incite ou devrait inciter celui qui en est capable à ne pas tuer son ennemi s'il est humain, à ne pas pratiquer l'esclavage, à ne pas lui appliquer des sanctions dégradantes, etc. Le contraire de l'humanité, c'est la cruauté. Cf. Alain FINKIELKRAUT, *Penser la crise*, Les Creusettes. Vallet, Éditions M-editer, 2006, p. 83.

Lancée par Henri Dunant, fondateur, en 1864, de la Croix-Rouge internationale, l'intervention humanitaire a pour objectif de prévenir ou d'alléger les souffrances de la population. Elle défend ensuite « *le droit pour les populations en détresse de recevoir une aide internationale lorsqu'il s'avère qu'elles ne peuvent être secourues par leurs propres autorités* ». Cf. Marie-José DOMESTICI-MET (Dir), *Aide humanitaire*

clairement que la raison pour laquelle l'on ne peut voir dans le principe d'humanité le concept fondateur du droit de la guerre, c'est que ce terme est traditionnellement entendu dans un sens qui ne représente qu'une moitié de la signification que comporte le mot *humanité*[167]. Et la moitié non couverte par l'acception traditionnelle est celle qui est, aujourd'hui, la plus importante.

---

internationale : un consensus conflictuel ? Paris, Economica, 1996, p. 297. Le principe d'humanité désigne, en fait, toutes les garanties accordées aux individus, combattants ou non-combattants. Il découle d'un principe fondamental du DIH. Les considérations d'humanité concernent les valeurs humaines déjà protégées par des règles de droit positif qui révèlent des objectifs de politique publique étroitement liés à l'équité. « *Le principe d'humanité fait son apparition à la fin du XIXème siècle sous l'appellation de "clause de Martens" qui fut l'un des précurseurs du droit international moderne* ». Cf. Friedrich Fromhold MARTENS, *La guerre d'Orient et la Conférence de Bruxelles*, Bruxelles, Bruylant, 1879, p. 205. Une version contemporaine de cette clause se trouve à l'article 1, paragraphe 2 du PA I de 1977 aux CG relatif à la protection des victimes des conflits armés internationaux. « *Le principe d'humanité est donc étroitement lié à celui de nécessité militaire qui vise à limiter l'emploi de la violence et de la ruse au strict nécessaire pour atteindre le but de la guerre ou du conflit armé. Des références aux principes ou lois de l'humanité figurent également dans les préambules de conventions et dans des résolutions de l'Assemblée générale des Nations Unies. En 2005, le sommet mondial de l'ONU a vu la consécration du devoir des États de protéger les populations contre le génocide, les crimes de guerre, le nettoyage ethnique et les crimes contre l'humanité (Art. 138-140). Le Conseil de sécurité de l'ONU s'y réfère dans sa résolution 1674* ». Cf. Nathalie Ferraud CIANDET et Jean-François MATTEI, *Protection de la santé et sécurité alimentaire en droit international*, Bruxelles, Éditions Larcier, 2009, p. 255. Ces textes envisagent les interventions humanitaires uniquement dans le cadre du Chapitre VII de la Charte des NU, reflètent ainsi un consensus mondial en faveur de l'intervention humanitaire.

[167] Jean PICTE, *Études et essais sur le droit international humanitaire et sur les principes de la Croix-Rouge*, Genève, CICR/ Martinus Nijhoff Publishers, 1984, p. 428.

Pour rendre les deux sens pertinents, en droit international, du mot *humanité*, l'allemand emploie deux noms différents : *Menschlichkeit* et *Menschheit*. Au premier correspond le sens de sentiment de pitié active, de compassion[168]. C'est dans ce sens, exprimé jadis par le mot « philanthropie », que le nom *humanité* est employé par l'article 3 commun aux CG prescrivant « de traiter avec humanité les civils et les combattants qui ont déposé les armes ou été mis hors de combat, et prohibe les atteintes portées à la vie et à l'intégrité corporelles.

C'est également le sens du mot employé par l'article 4, al. 2 du *Règlement de la Haye*, à propos du traitement des prisonniers de guerre. À cette acception à laquelle s'applique l'adjectif *humanitaire* en usage aujourd'hui, se rattache aussi la notion de dignité humaine. La deuxième signification du nom *humanité* est celle de *genre humain*, expression qui doit être entendue dans sa double dimension, spatiale et temporelle.

Ajoutons que le premier sens du mot *humanité*, celui de sentiment et de comportement humain, non seulement ne couvre que la moitié du champ notionnel de ce nom, mais que même pour la partie qu'il prétend couvrir, il est trop étroit[169]. Il vise uniquement la protection, dans leur vie, leur intégrité physique, leur personnalité et leur dignité, des nationaux ennemis *victimes* éventuelles d'actes inhumains. Or, le droit de guerre a pour fonction de protéger les *agents* potentiels d'actes inhumains, de les protéger contre leur propre inhumanité. C'est l'acte *inhumain* qui avilit l'humanité.

Ce faisant, il l'avilit dans la personne de l'agent avant que de la blesser dans la personne de la victime. Autrement dit, les enfants ne doivent, par exemple, pas faire l'objet de torture, de mutilation ou encore de violation de la part des

---

168 *Idem.*
169 *Ibid,* p. 429.

parties au conflit entre les mains desquelles ils se trouvent. Dès lors, les agressions sexuelles des enfants constituent une atteinte à l'intégrité physique et sont considérées comme un traitement contraire à l'idée d'humanité que prônent les quatre CG de 1949.

En tant qu'êtres particulièrement vulnérables, les enfants bénéficient d'une protection spéciale formulée par les règles contenues dans les CG de 1949. Durant les années 1990 marquées principalement par les Conférences successives de Beijing (1995) et de Zanzibar (1999), le concept de *vulnérabilité*[170] fut consacré dans le langage juridique. « *Ce concept avait été implicitement introduit par les quatre CG, qui à travers l'article 3 commun, donnent un statut privilégié aux femmes et aux enfants* »[171]. Cette consécration est justifiée par le fait que, à force de réserver la même protection à toutes les composantes de la population civile, une forme d'injustice en frappait un groupe qui, manifestement, endurait plus de souffrances que les autres. C'est, d'ailleurs, dans cette optique que le législateur international reconnaît que les enfants sont

---

[170] Étymologiquement, vulnérabilité vient du latin *vulnerare* (blesser) et *vulnerabilis* (qui peut être blessé). L'être vulnérable, c'est l'être susceptible d'être blessé ou être susceptible d'être frappé par un mal physique. Une personne est vulnérable, lorsqu'elle « se défend mal et peut facilement être atteinte ». La doctrine, quant à elle, définit le concept de « vulnérabilité », en mettant l'accent sur la réceptivité, la sensibilité, réelle ou présumée, d'une personne à l'égard d'une action mettant en danger sa sécurité physique et morale. C'est aussi un état de fragilité à subir des dommages matériels et moraux. En termes juridiques, la vulnérabilité est étroitement liée à la notion de victime. Dans le système juridique, une personne vulnérable est une victime potentielle. Cf. Mary B. ANDERSON, « Le concept de vulnérabilité : au-delà des groupes vulnérables », in *RICR*, N° 808, juillet-août 1994, p. 362.

[171] Innocent BIRUKA, *La protection de la femme et de l'enfant dans les conflits armés en Afrique, op.cit.*, p. 37.

l'objet de souffrances particulières en période de conflit armé.

De plus, le concept de *vulnérabilité* assigné aux enfants traduit et exprime « *un état de faiblesse, une rupture d'un équilibre précaire qui entraîne l'individu [l'enfant] ou le groupe dans une spirale aux effets négatifs cumulatifs. Un trait distinctif de la vulnérabilité est l'incapacité d'agir ou de réagir à court terme afin de redresser la situation* »[172] d'urgence dans laquelle l'on se trouve. C'est sur ce concept de vulnérabilité que le droit conventionnel de protection a effectué un sursaut important, en ce qui concerne la protection des droits fondamentaux de l'enfant.

Sur cette base, le DIH garantit un certain nombre de droits inaliénables à l'enfant, en sa qualité de personne humaine. Ces droits obtiennent une protection juridique systématique dans le cadre du DIH, qui est le code même de protection de la personne humaine en période de conflit armé international (CAI) ou CANI. En effet, les enfants, en tant que catégorie plus vulnérable de la population civile, sont supposés se mettre à l'écart de l'activité belliciste. En cette qualité, ils jouissent d'une protection générale reconnue à l'ensemble de la population civile ne participant pas aux hostilités. À ce titre, les enfants bénéficient des dispositions relatives au traitement des personnes protégées. Ces dispositions énoncent le principe fondamental d'un traitement humain comportant le respect de la vie et de l'intégrité physique et morale. Elles interdisent notamment la contrainte, les sévices corporels, la torture, les peines collectives et les représailles.

Ainsi, il est important de noter que de nombreuses dispositions relevant du droit international protègent l'enfant, outre sa protection en tant que civil[173]en CAI ou en tant que personne ne participant pas aux hostilités lors

---

[172] Mary B. ANDERSON, *op.cit.* p. 363.

[173] Art. 4 et 27 de la IVème CG.

des CANI[174]. La quatrième CG de 1949 offre à l'enfant une protection générale du fait de sa vulnérabilité. C'est, notamment, le cas des dispositions visant à garder la trace des enfants, comme l'article 24 de la quatrième CG, selon lequel les parties au conflit « *s'efforceront de prendre les mesures nécessaires pour que les enfants de moins de douze ans puissent être identifiés, par le port d'une plaque d'identité ou par un autre moyen* ».

Il en est de même pour l'article 50 de cette même Convention, lorsqu'il dispose que la puissance occupante « *prendra toutes les mesures nécessaires pour faciliter l'identification des enfants et l'enregistrement de leur filiation* », qu'elle « *ne pourra, en aucun cas, procéder à une modification de leur statut personnel* » ou encore qu'elle doit créer au sein de son bureau de renseignement sur les personnes protégées une section spéciale « *chargée de prendre toutes les mesures nécessaires pour identifier les enfants dont l'identité est incertaine* ». L'article 25 de la quatrième CG établit, quant à lui, des réseaux de communication entre les membres de la famille.

L'unité de la famille est également prise en compte dans diverses dispositions concernant le traitement des personnes privées de liberté. C'est ainsi que, « *dans toute la mesure du possible, les membres d'une famille internés seront réunis dans les mêmes locaux, logés séparément des autres internés* »[175]. Le maintien du lien familial ou le regroupement familial tient compte des besoins particuliers

---

[174] Art. 3 commun aux quatre CG.

[175] Art. 82, IVème CG de 1949.

des enfants en matière de soins[176], d'éducation[177], voire de préservation de l'environnement culturel[178].

En matière de protection des civils contre les sévices sexuels en DIH, la quatrième CG comporte des obligations contraignantes pour les États signataires. À travers la signature et la ratification des CG, les États parties s'engagent à « respecter et faire respecter » les dispositions énoncées dans lesdites Conventions « en toutes circonstances ». Les quatre CG du 12 août 1949, en leur article 1, ainsi que le PA I de 1977, en son article 1, paragraphe I, indiquent, par une formule identique, l'obligation pour les Hautes Parties contractantes de « respecter et faire respecter » en toutes circonstances les règles du DIH contenues dans ces instruments. Cette obligation est consacrée par le second alinéa de l'article 27

---

[176] Comme le libre passage des secours destinés aux enfants de moins de quinze ans (Cf. Art. 23, IVème CG), l'obligation pour la puissance occupante de faciliter le bon fonctionnement des établissements consacrés aux soins des enfants se trouvant en territoire occupé (Art. 50, IVème CG), les suppléments de nourriture aux enfants âgés de moins de quinze ans internés pour des raisons de sécurité (Art. 89, IVème CG).

[177] La Puissance occupante doit faciliter le bon fonctionnement des établissements d'éducation des enfants (Art. 50, IVème CG) ou que la Puissance détentrice doit assurer l'instruction des enfants et des adolescents internés, qui peuvent fréquenter des écoles (Art. 94, IVème CG).

[178] Si l'enfant est orphelin, ou séparé de ses parents, son environnement culturel peut être menacé par un conflit armé. Les Parties en conflit doivent en toutes circonstances faciliter, pour les enfants séparés ou orphelins, « *la pratique de leur religion et leur éducation. Celle-ci sera si possible confiée à des personnes de même tradition culturelle* » (Art. 24, IVème CG). C'est également à cette fin qu'il est exigé de la Puissance occupante de « *prendre des dispositions pour assurer l'entretien et l'éducation, si possible par des personnes de leurs nationalité, langue et religion, des enfants orphelins ou séparés de leurs parents du fait de la guerre, en l'absence d'un proche parent ou d'un ami qui pourrait y pourvoir* » (Art. 50, IVème CG).

de la quatrième CG de 1949 relatif à la protection contre les violences sexuelles en période de conflit armé.

L'article 27 est la plus importante référence directe aux violences sexuelles. Celui-ci dispose : « *Les personnes protégées ont droits, en toutes circonstances, au respect de leur personne,* [...]. *Elles seront traitées, en tout temps, avec humanité et protégées notamment contre tout acte de violence,* [et] *seront spécialement protégées contre toute atteinte à leur honneur, et notamment contre le viol, la contrainte à la prostitution et tout attentat à la pudeur* »[179]. Cette disposition énonce un certain nombre de droits dont le respect « en toutes circonstances » s'impose aux parties contractantes. Il s'agit notamment : du respect dû à la personne protégée, à son honneur, son traitement avec humanité, sa protection contre le viol, la contrainte à la prostitution et tout attentat à la pudeur. Bien connus du droit des traités qui impose aux États parties d'appliquer de bonne foi leurs engagements conventionnels, ces principes fondamentaux contribuent à la protection des civils en général et à celle des enfants, en particulier.

Jean Marie CROUZATIER estime que « *l'obligation de "faire respecter en toutes circonstances" les règles du droit humanitaire incombe à tous les États, y compris ceux qui ne sont pas parties à un conflit armé. Le principe est d'ailleurs utilisé par la Cour internationale de justice pour condamner les États-Unis* »[180] dans l'affaire des « activités militaires et paramilitaires au Nicaragua » pour « violation de l'obligation de faire respecter le DIH » ; le même principe est rappelé et mis en exergue par la Cour dans son avis consultatif du 9 juillet 2004 sur les conséquences

---

[179] Art. 27 CG IV relative à la protection des personnes civiles en temps de guerre, 12 août 1949.

[180] Jean Marie CROUZATIER, *Droit international de la santé*, Paris, Éditions des archives contemporaines, 2009, p. 111.

juridiques de l'édification du mur dans les territoires palestiniens (§ 159)[181].

La même Cour rappelle que l'article 1 s'applique à tous les États, liés ou non par les conventions en question et leur impose de faire respecter les prescriptions de ces instruments. Dès lors, l'obligation de « respecter et faire respecter » les Conventions s'applique aux CAI et aux CANI et, de ce fait même, s'étend aux différentes règles qui complètent et développent les CG.

En effet, l'engagement à « respecter » semble, à première vue, superflu, étant donné que toute disposition conventionnelle en vigueur « *lie les Parties et doit être exécutée par elles de bonne foi* »[182] et ceci, bien évidemment, dans toutes les circonstances prévues par une telle disposition.

L'obligation de « faire respecter » implique l'obligation pour chaque État Partie ou non à un conflit armé d'agir afin d'obtenir des autres États le respect du DIH[183]. Et donc, du fait même d'être accueillies dans le système du droit de Genève, les dispositions visant à protéger les enfants contre des hostilités sont à respecter en toutes circonstances. « *En 1969, un rapport du Secrétaire général des Nations Unies avait mis en exergue la spécificité des obligations de droit humanitaire ; il les avait qualifiées d'"obligations absolues", qui n'ont "pas un caractère de réciprocité"* »[184]. Le rapport faisait référence à l'article 1 de chacune des CG et en avait conclu qu'« *il semble donc que l'application de ces instruments ne dépend pas d'une condition de réciprocité* ». Il affirme ainsi que l'obligation

---

[181] *Ibid*, p. 112.

[182] Art. 26 de la *Convention de Vienne sur le droit des traités de 1969*.

[183] Jean PICTET et Christophe SWINARSKI, *Études et essais sur le droit international humanitaire et sur les principes de la Croix-Rouge*, Genève, Martinus Nijhoff Publishers, 1984, pp. 17-18.

[184] ONU, Doc A/7720, du 20 novembre 1969. *Rapport du SGNU, Respect des droits de l'homme en période de conflit armé*, p. 33, §. 82.

de respecter et de faire respecter en toutes circonstances le droit humanitaire n'a pas un caractère seulement conventionnel, mais est désormais prescrite par une norme de droit international général. Une telle norme vise à influencer le respect du DIH.

Sur la base de ces observations, l'on peut alors considérer que l'article (27), comme étant une inspiration de l'article 3 commun aux CG, a été introduit pour dénoncer les atrocités commises contre les femmes et les enfants durant la Deuxième Guerre mondiale telles que les viols commis en territoires occupés, les brutalités de tous genres et les mutilations[185].

En vertu de l'article 27, les actes contre lesquels les femmes et les enfants sont protégés sont et demeurent prohibés en tous lieux et en toutes circonstances quels que soient leur nationalité, leur race, leur confession, leur âge, leur état-civil, leur condition sociale. Ils ont un droit absolu au respect et à l'intangibilité de leur honneur, de leur pudeur, et, en un mot, de leur dignité. « *L'accent doit être mis, en particulier, sur le fait que l'article 27 ne mentionne pas seulement le viol, mais toute atteinte à l'honneur, dont le viol est considéré comme l'acte le plus grave* »[186].

Le viol est perçu comme un acte de pénétration, même légère, de la vulve ou de l'anus imposé notamment par la force physique, en utilisant un pénis, d'autres parties du corps ou un objet. Il y a tentative de viol si l'on essaie de commettre un tel acte. La violence sexuelle, dans cette optique, peut comprendre d'autres formes d'agressions dans lesquelles intervient un organe sexuel, notamment le contact imposé entre la bouche et le pénis, la vulve ou l'anus. Lorsqu'il y a viol d'une personne par deux ou

---

[185] Commentaire publié sous la direction de Jean PICTET, *La IVe Convention de Genève relative à la protection des personnes civiles en temps de guerre* ("Commentaire 1956"), Genève, CICR, 1956, p. 221.
[186] *Ibid*, p. 33.

plusieurs agresseurs, l'on parle de viol collectif. Il s'agit généralement des viols perpétrés sur de nombreuses victimes, accompagnés le plus souvent de brutalités et de coups.

Depuis plus d'un siècle, le droit international humanitaire prohibe le viol et les autres formes de violences sexuelles en période de conflit armé. Les quatre CG de 1949 et leurs deux PA de 1977 condamnent explicitement et implicitement le viol et des autres violences sexuelles comme étant des graves violations du droit humanitaire des conflits internationaux autant des conflits non internationaux.

Dans cette optique, la Chambre d'Appel du TPIY dans le jugement Kunarac estime pour sa part que *« l'élément matériel du crime de viol est constitué par : la pénétration sexuelle, fût-elle légère : a) du vagin ou de l'anus de la victime par le pénis du violeur ou tout autre objet utilisé par lui ; ou b) de la bouche de la victime par le pénis du violeur, dès lors que cette pénétration sexuelle a lieu sans le consentement de la victime. L'élément moral est constitué par l'intention de procéder à cette pénétration sexuelle, et par le fait de savoir qu'elle se produit sans le consentement de la victime »*[187]. La Chambre d'Appel a rejeté la notion selon laquelle une certaine « résistance » est indispensable ; argument proféré par la défense ; en concluant que la résistance n'est ni nécessaire selon la loi ni selon les faits, et que l'utilisation physique de la force en soi n'est pas un élément nécessaire d'un viol. Les circonstances de forte pression peuvent rendre impossible un consentement des victimes. Une telle définition met en exergue le fait que le viol est une attaque à l'intégrité physique des enfants, de

[187] TPIY, *Procureur c. Dragoljub Kunarac, Radomir Kovac et Zoran Vukovic (cas Foca)*, Jugement de la Chambre d'Appel, le 12 juin 2002, IT-96-23 and IT-96-23/1, §§. 127-133

leur honneur ou l'honneur de leur famille ou leur communauté.

Se concentrant d'une manière particulière sur la protection des civils vulnérables, cet article témoigne d'une prise de conscience constatant qu'elles sont directement victimes des conflits armés. Ainsi, leur « *personne* » et toute atteinte à « *leur honneur, dont le viol* » doivent être protégés, y compris contre « *la contrainte à la prostitution et tout attentat à leur pudeur* ». Tenant compte de ce qui précède, il est intéressant de souligner que cette première interdiction des agressions sexuelles en période de conflit armé se trouve dans une section relative aux territoires des parties aux conflits et aux territoires occupés par celles-ci. Ainsi, l'article 27 correspond bien à l'objectif d'empêcher les agressions sexuelles à l'égard des civils non-combattants sous le pouvoir militaire.

En plus de cette précision relative à la protection de la population vulnérable contre les agressions sexuelles, une protection indirecte est proposée contre les sévices sexuels. C'est ce qu'énonce l'article 12 des deux premières CG de 1949. Selon cet article, les femmes (et les enfants) « *seront traitées avec tous les égards dûs à leur sexe* »[188]. Cette disposition est issue de l'idée selon laquelle les femmes et les enfants sont plus vulnérables et leurs protections nécessitent une attention particulière. Cela implique aussi de la part des parties au conflit une obligation à ne pas profiter de leur état de détresse pour s'adonner aux actes d'EAS.

Ainsi, pour tenter de protéger les femmes et les enfants contre les violences graves, l'article 32 de la quatrième CG énonce une série d'interdictions, en l'occurrence « *toute mesure de nature à causer soit des souffrances physiques, soit l'extermination des personnes protégées en leur*

---

[188] Art. 12 des CG I et CG II de 1949.

pouvoir »[189]. Cette interdiction vise non seulement la torture, les peines corporelles, les mutilations et les expériences médicales ou scientifiques non nécessitées par le traitement médical d'une personne protégée, mais également toutes autres brutalités, qu'elles soient le fait d'agents civils ou d'agents militaires. Toutes ces dispositions montrent effectivement la volonté du législateur international à travers les CG de 1949 d'avoir intégré les violences sexuelles dans le droit des conflits armés, afin de protéger les femmes et les enfants contre les violences sexuelles en période de conflit armé.

B. La protection accordée aux enfants dans les Protocoles additionnels de 1977

David GUILLARD rappelle que la Conférence diplomatique sur la réaffirmation et le développement du droit international humanitaire applicable dans les conflits armés a adopté le 8 juin 1977 deux Protocoles additionnels (PA) aux CG du 12 août 1949[190]. Cela a permis, à bien des égards, des avancées majeures en matière de DIH relatif à la protection des enfants. Il s'agit du PA I du 8 juin 1977 relatif aux CAI et du Protocole II du 8 juin 1977 relatif aux CANI. Philippe BRETTON précisera que ces deux instruments juridiques ont été « *réadaptés à la nouvelle configuration de la scène internationale bouleversant la réalité des conflits armés : indépendance des anciennes colonies, conséquences environnementales des conflits armés ou encore développement considérable des conflits armés non internationaux* »[191]. Au sujet des atrocités

---

189 CG IV, Art. 32.

190 David GUILLARD, *Les armes de guerre et l'environnement naturel : Essai d'étude juridique*, Paris, L'Harmattan, 2006, p. 33.

191 Philippe BRETTON, « Les Protocoles de 1977 additionnels aux Conventions de Genève de 1949 sur la protection des victimes des

sexuelles à l'égard des enfants, les deux PA de 1977 ont eu à apporter de nouvelles précisions.

Les conflits armés contemporains ne correspondraient plus à ceux d'hier tant du point de vue des objectifs poursuivis par les parties que de celui des méthodes qu'ils mettent en œuvre[192]. Le déroulement des opérations serait marqué par l'intervention d'une multiplicité d'acteurs, publics et privés, plus ou moins bien organisés, qui adopteraient des stratégies destinées à faire régner la terreur au sein de la population. En outre, les nouveaux conflits armés se caractérisent par le développement de nouvelles formes de violence à l'égard des enfants remettant en cause le principe de distinction, principe cardinal du droit humanitaire et le caractère particulièrement brutal des violences exercées par les soldats.

Ces formes de violences à l'égard des enfants seraient la conséquence de nouvelles stratégies et nouvelles tactiques de la guérilla mises en œuvre par les acteurs. Jean-Marc SOREL et Corneliu-Liviu POPESCU qualifient cette transformation de « *perte de sens générale* »[193]. Tantôt, ce sont deux ou plusieurs États qui s'affrontent, tantôt ce sont les forces gouvernementales d'un pays qui sont aux prises avec des forces dissidentes. Mais, quelle que soit la nature de conflit celui-ci a des conséquences dévastatrices sur les enfants qui en sont les principales victimes.

En effet, les CG du 12 août 1949, rédigées à un moment où les nouvelles formes de guerre que sont les guérillas n'étaient pas encore apparues, n'ont donc pu prévoir une réglementation relative aux violences sexuelles à l'égard des enfants. Il s'ensuit qu'avec l'avènement de ces types de

---

conflits armés internationaux et non internationaux dix ans après leur adoption » in *Annuaire français de droit international*, Vol. 33, 1987, p. 14.

[192] *Ibidi.*, p. 6.

[193] *Idem.*

violences, l'adoption d'une réglementation adéquate s'imposait. Il s'avérait, dès lors, nécessaire d'élaborer de nouvelles règles renforçant celles déjà existantes dans les quatre CG du 12 août 1949, et accordant une plus grande protection aux enfants contre les atrocités sexuelles.

Dans cette optique, deux Protocoles additionnels aux quatre CG du 12 août furent adoptés le 8 juin 1977. Il s'agit notamment du Protocole additionnel I qui renforce la protection des enfants dans les situations des conflits armés internationaux (CAI) et du PA II qui renforce également la protection des enfants touchés par les conflits armés non internationaux (CANI).

Les violences sexuelles sont interdites dans le DIH[194]. Toutefois, ni les textes de lois ni la jurisprudence du DIH ne définissent expressément le terme « exploitation et abus sexuels » (EAS) en tant que crime à l'égard des enfants. Cependant, certains actes d'EAS sont implicitement ou explicitement condamnés par le DIH et sont à la base de la création de certains crimes de droit pénal international. Et si, aucune des quatre CG de 1949 ne définit expressément le syntagme "exploitation et abus sexuel", les deux PA du 8 juin 1977 aux CG de 1949 contiennent des dispositions relatives à un problème nouveau : celui de la protection des enfants contre les atrocités sexuelles. Il s'agit là de dispositions interdisant l'atteinte à l'intégrité physique, l'honneur, le viol, la contrainte à la prostitution et l'attentat à la pudeur à l'égard des enfants.

Le PA I du 8 juin 1977 aux CG de 1949 énonce de grands principes qui assurent, en toutes circonstances, le respect et la protection des enfants contre la pudeur. Ce Protocole dispose en son article 77 :

> 1. Les enfants doivent faire l'objet d'un respect particulier et doivent être protégés contre toute

[194] TPIY, *Le Procureur c. Zejnil Delalic*, IT-96-21-T, Jugement du 16-novembre, §. 476.

> forme d'attentat à la pudeur. Les Parties au conflit leur apporteront les soins et l'aide dont ils ont besoin du fait de leur âge ou pour toute autre raison.
> 2. Les Parties au conflit prendront toutes les mesures possibles dans la pratique pour que les enfants de moins de quinze ans ne participent pas directement aux hostilités, notamment en s'abstenant de les recruter dans leurs forces armées. Lorsqu'elles incorporent des personnes de plus de quinze ans mais de moins de dix-huit ans, les Parties au conflit s'efforceront de donner la priorité aux plus âgés.
> 3. Si, dans des cas exceptionnels et malgré les dispositions du paragraphe 2, des enfants qui n'ont pas quinze ans révolus participent directement aux hostilités et tombent au pouvoir d'une Partie adverse, ils continueront à bénéficier de la protection spéciale accordée par le présent article, qu'ils soient ou non prisonniers de guerre.
> 4. S'ils sont arrêtés, détenus ou internés pour des raisons liées au conflit armé, les enfants seront gardés dans des locaux séparés de ceux des adultes, sauf dans le cas de familles logées en tant qu'unités familiales comme le prévoit le paragraphe 5 de l'article 75.
> 5. Une condamnation à mort pour une infraction liée au conflit armé ne sera pas exécutée contre les personnes qui n'avaient pas dix-huit ans au moment de l'infraction[195].

Ainsi, le premier alinéa de cet article contient la première disposition portant spécifiquement sur la protection des enfants « *contre toute forme d'attentat à la pudeur* » en période de conflit armé. Selon Jean-Claude BOLOGNE, la pudeur[196] dont il est question se définit principalement à

---

[195] Art. 77 du PA I du 8 juin 1977 aux CG de 1949.

[196] Définir la pudeur s'avère une tâche d'autant plus ardue que la pudeur ne qualifie pas uniquement un trouble ou un émoi corporel. Si la pudeur comporte une forte composante corporelle et en particulier sexuelle, elle est aussi affaire de sentiments. Il y a une pudeur des sentiments,

partir de deux caractéristiques : la pudeur désigne un sentiment de gêne ou de honte lié à la nudité ou à des actes de nature sexuelle.

Dans son livre, Max SCHELER montre comment la pudeur protège ce qu'il nomme « *les valeurs personnelles positives* »[197]. En sa fonction de protection, le sentiment de pudeur ne peut concerner que des valeurs personnelles positives, car seules celles-ci exigent protection et ont besoin de protection. La pudeur se fonde sur un sentiment positif de soi et, en tant que tel, contribue à préserver le don de soi, c'est-à-dire cette part irréductible de nous-mêmes qui constitue notre identité ou notre être, ce que nous sommes au plus profond de nous-mêmes, notre moi intime.

---

parallèlement à la pudeur corporelle (sexuelle). À l'intérieur du monde judéo-chrétien, une ambivalence marque ainsi la notion de « pudeur » qui, selon les contextes et les époques, revêt une forme tantôt sentimentale tantôt corporelle (sexuelle). L'origine de cette distinction semble remonter à la Grèce antique, pour laquelle la pudeur désigne avant tout une vertu de retenue et de modération. Sous l'influence du judaïsme, la Rome chrétienne déclara peu à peu cette compréhension sentimentale d'une pudeur vertueuse pour rattacher son attitude à une signification plus corporelle, à forte connotation sexuelle, en l'associant à des notions telles que la chasteté par exemple. En fait, cette distinction est soulignée par BOLOGNE comme : « Sentiment de honte, de gêne qu'une personne éprouve à faire, à envisager ou à être témoin de choses de nature sexuelle, de la nudité ; disposition permanente à éprouver un tel sentiment. Pour Jean-Claude BOLOGNE, l'histoire de la pudeur des sentiments ne se développe d'ailleurs pas indépendamment de celle de la pudeur corporelle, la première suivant la seconde. Cf. Jean-Claude BOLONGE, *Histoire de la pudeur*, Paris, Hachette, 1986, p. 13.

[197] Max SCHELER, *La pudeur*, Paris, Aubier Montaigne, 1952, p. 67. En sa fonction de protection, le sentiment de pudeur ne peut concerner que des valeurs personnelles positives ; car seules celles-ci exigent protection et ont besoin de protection.

« *Pour le dire autrement, la pudeur préserve notre espace intime* »[198] précise Annick VANDERLINDEN.

La pudeur introduit ainsi un intervalle, une distance entre l'expérience immédiate que nous avons de nous-mêmes et l'expérience que les autres ont de nous. La pudeur laisse affleurer l'intimité de notre être, mais sans la soumettre au regard des autres. La pudeur constitue une sorte de vêtement naturel, de fin voile posé à même la nudité de la chair. Elle transfigure la chair en lui permettant d'être considérée non à partir des seuls attributs qu'elle exhibe, mais en tant qu'elle fait signe à une personne particulière et unique. La pudeur protège l'intimité de l'enfant, en lui évitant une surexposition. Protégeant l'enfant d'une trop grande exposition, la pudeur défend l'intimité de l'enfant aussi bien physique que psychique.

Jean-Marie HENCKAERTS et Louise DOSWALD-BECK révèlent que l'expression *« toute forme d'attentat à la pudeur recouvre toute forme de violence sexuelle »*[199] est utilisée par le législateur international pour désigner toutes formes d'actes sexuels effectuées sur un enfant. Il s'agit de l'atteinte grave à la pudeur de l'enfant par un acte portant atteinte à son corps et touchant généralement aux parties sexuelles. La nature de cette forme de violence sexuelle apparaît inévitablement contradictoire avec l'essence même du droit applicable aux conflits : l'interdiction d'infliger des « *souffrances supérieures aux maux inévitables que suppose la réalité d'objectifs militaires légitimes* »[200].

---

[198] Annick VANDERLINDEN, *Vivre sous le regard de Dieu : une redécouverte théologique du regard de Dieu. Études de théologie et d'éthique,* vol. 2, Berlin, LIT VERLAG, 2012, p. 315.

[199] Jean-Marie HENCKAERTS et Louise DOSWALD-BECK, *Droit international humanitaire coutumier, Vol. I : Règles*, Bruxelles, Bruylant/CICR, 2006, p. 428.

[200] *Ibid*, p. 320

L'attentat à la pudeur[201] des enfants entre naturellement dans cette catégorie d'interdits dans la mesure où « *le DIH est particulièrement strict sur l'interdiction des atteintes à l'intégrité physique et morale des personnes se trouvant au*

[201] Le mot *pudeur* présente aujourd'hui une idée toute différente de celle qu'il présentait autrefois. Cette idée n'était que physique et relative à une sensation désagréable et rebutante des opérations des parties intimes du corps humain dans les deux sexes, qu'il convenait par cette raison de dérober à la vue. Le mot *pudor* en effet est le même que *putor*, synonyme de *fœtor*, dont on se servait pour indiquer l'aversion que l'on a pour les choses sales et dégoûtantes, telles que sont les opérations et les incommodités naturelles des conduits inférieurs du corps humain dans les deux sexes, qu'il convenait de couvrir, autant pour dérober à la vue ces dégoûtantes opérations, que pour garantir des parties délicates des blessures, lorsque les hommes allaient tout nus et habitaient au milieu des bois. Mais, l'on a donné, depuis, un sens moral à ce mot. On lui a attaché une idée de honte et d'indécence relative à ce que les lois prescrivent sagement touchant les droits et l'usage des deux sexes, et la signification subalterne et métaphorique de la pudeur a ainsi prévalu sur sa signification primordiale ; de sorte que, perdant de vue le physique de l'expression, l'on l'a entièrement tournée du côté moral. La pudeur imposée au nom de la morale a été considérée par plusieurs philosophes comme une violation de la liberté naturelle. Les Stoïciens. D'après Cicéron : « si une chose est honteuse à dire ou à voir, elle l'est encore plus à faire ». Les Adamites professaient la même doctrine. Ils enseignaient en outre « que la pudeur est contraire à l'égalité parmi les hommes ». Voir Simon GRANGER, *L'Évangile devant le siècle, examen historique des doctrines du christianisme*, Paris, Petit-Didier Éditeur, 1946, pp. 180-181. Comme le résume Jean-Claude BOLOGNE, « on peut dire que, dans chaque horizon culturel, chacun règle sa conduite d'après les mouvements de pudeur qu'il éprouve. Cette forme de retenue, par la convenance de ses limites, témoigne de la bonne intégration des tabous et interdits qui structurent l'être : la pudeur est éminemment normative. Bien ajustée, elle est l'indice d'une juste acclimatation de la personne à la mentalité collective ». Voir Jean-Claude BOLOGNE, *Histoire de la pudeur*, *op.cit*, p. 32. Ainsi, définir la pudeur s'avère une tâche d'autant plus ardue, que la pudeur ne qualifie pas uniquement un trouble ou un émoi corporel. Si la pudeur comporte une forte composante corporelle (et en particulier sexuelle), elle est aussi affaire de sentiments. Il y a une pudeur des sentiments, parallèlement à la pudeur corporelle (sexuelle).

pouvoir d'une partie au conflit »[202] armé, dans la mesure où l'intégrité[203] physique et morale est une valeur humaine à défendre.

Ainsi, l'article 77, cité ci-haut, est une reconnaissance du fait que l'atteinte à la pudeur sur l'enfant est inacceptable même en période de conflit armé. L'attentat à la pudeur est considéré comme une atteinte à l'honneur de l'enfant.

Les apports du PA II sont exprimés à travers le paragraphe 2-e de l'article 4 qui est une mention principale en ce qu'il dispose que sont interdites : « *les atteintes à la dignité de personne, notamment les traitements humiliants et dégradants, le viol, la contrainte à la prostitution et tout attentat à la pudeur* »[204]. Cet article est une reprise de l'article 3-1, commun aux quatre CG du 12 août 1949, qui prohibe, en tout temps et en tout lieu, à l'égard des personnes protégées, « les atteintes à la dignité des personnes ».

Affirmer la « dignité des personnes » humaines, c'est reconnaître la valeur de la personne en tant qu'être particulier, porteur d'une vocation et d'un destin unique et singulier, lesquels doivent trouver une réalisation épanouissante au sein d'une chaîne de solidarité

---

[202] Voir notamment la protection des populations civiles contre les exactions de la partie contrôlant le territoire où elles se trouvent. Art. 27 CG IV.

[203] Dans son acceptation éthique, l'intégrité désigne la valeur morale d'une chose demeurée intacte, constitutive de tous les êtres humains en tant que personne et fin en soi, indépendante de leurs fonctions et qui exige que l'on respecte leur dignité et leur valeur morale. En réalité, l'intégrité désigne la valeur morale d'une chose demeurée intacte, constitutive de tous les êtres humains en tant que personne et fin en soi, indépendante de leurs fonctions et qui exige que l'on respecte leur dignité et leur valeur morale. Par conséquent, la violence en tant qu'activité contre, constitue à la fois une agression et une transgression de l'intégrité physique ou morale de la personne humaine. Cf. BIT, *Encyclopédie de sécurité et de santé*, Vol 1, Genève, 2000, p. 917.

[204] Art. 4 § 2-e, PA II du 8 juin 1977.

communautaire. En droit international, la dignité de la personne humaine possède une double dimension. La première concerne l'intégrité physique et morale de la personne humaine et la deuxième touche à sa vie sociale et économique, même si c'est la première dimension qui retient l'attention dans cette étude.

Les droits fondamentaux témoignent plutôt du fonds de valeurs propres à l'homme qui composent sa dignité. Par elle, l'être humain acquiert son statut privilégié dans l'être ; par elle, il dépasse la condition de sa transparence existentielle. Car, il contient une densité ontologique qui le pousse vers une transcendance mystique[205] écrit Stamatios TZITZIS. Le droit humanitaire est lui-même régenté par la dignité, de sorte que la personne humaine représente une fin en soi, un absolu existentiel, sacré et inaliénable qui ne connaît pas de dérogation.

C'est pour protéger cette valeur cardinale que l'article 4 du PA II dispose que sont interdites : « *les atteintes à la dignité de personne, notamment les traitements humiliants et dégradants, le viol, la contrainte à la prostitution et tout attentat à la pudeur* ». Il constitue une garantie fondamentale obligatoire en tout temps, mais surtout en période de CANI. Cette disposition vient pallier les lacunes de l'article 3 commun ne prévoyant aucune interdiction de ces violences sexuelles dans les CANI. Cet article exprime la volonté du législateur international de prévenir, de réprimer et de condamner les atteintes et les violations de la dignité des personnes humaines. Cette protection concerne aussi l'enfant qui est membre de la société civile.

De plus, l'article 4-d du même PA II énonce que « *la protection spéciale prévue par le présent article pour les enfants de moins de quinze ans leur restera applicable s'ils*

---

[205] Stamatios TZITZIS, *La personne, l'humanisme, le droit*, Québec, Les Presses de l'Université Laval. Collection Dikè, 2001, p. 34.

prennent directement part aux hostilités »[206]. Une telle protection spéciale s'adresse aussi bien aux forces gouvernementales qu'aux groupes armés rebelles et aux forces d'appui, montrant ainsi que la protection offerte par le PA II est plus étendue que celle prévue par le PA I. Malgré ces avancées, plusieurs limites feront l'objet de critiques en ce qui concerne la volonté du législateur international d'interdire fermement les violences sexuelles à l'égard des enfants durant les conflits armés. Si les CG de 1949 et leurs PA de 1977 considèrent les crimes sexuels à l'égard des enfants comme des atteintes d'une moindre importance, c'est vers une autre branche du droit international public qu'il faudra se tourner.

Il s'agit notamment du DIDH qui est complémentaire[207] au DIH. En réalité, c'est dans la trajectoire des DIDH que la question de protection des enfants contre les agressions sexuelles connaîtra sa première évolution réelle. « *Cette complémentarité a été rappelée en 2003 par la résolution du Conseil de sécurité des Nations Unies [*indiquant*] que ces deux ensembles juridiques permettent une protection*

[206] Art. 4-d, PA II CG.

[207] L'aspect essentiel des règles du DIH ainsi que du droit relatif aux droits humains réside dans la protection de la dignité de la personne, qu'elle soit de sexe masculin ou féminin. Le principe général du respect de la dignité humaine est à la base du DIH et des droits de l'homme et en est, en fait, la raison d'être. Ce principe a pour but de protéger l'être humain de toute atteinte à sa dignité personnelle, que celle-ci découle de violences corporelles, d'humiliations ou de coups portés à l'honneur, au respect de soi ou au bien-être mental d'une personne. Voir : TPIY, affaire IT-95-17/1-7, 10 décembre 1998, *Le Procureur c. Anto Furundzija*, § 183. Ce raisonnement vise à renforcer l'idée de la complémentarité du DIDH et du DIH et, l'obligation absolue qui en résulte, de respecter les droits de l'homme dans les conflits armés, vis-à-vis de toute personne et quelle que soit sa situation par rapport au conflit.

complète des droits fondamentaux »[208] de la personne humaine.

Paragraphe II. La complémentarité des droits de l'homme en matière de protection

Le préambule de la Déclaration universelle des droits de l'homme de 1948 s'ouvre par la constatation que « *la reconnaissance de la dignité inhérente à tous les membres de la famille humaine et de leurs droits égaux et inaliénables constitue le fondement de la liberté, de la justice et de la paix dans le monde* ». Il s'agit du constat que tout être humain, quel qu'il soit, possède une égale dignité, de par son être même[209].

Aussi, le cinquième « *Considérant* » a proclamé la foi des peuples des Nations Unies « *dans les droits fondamentaux de l'homme, dans la dignité et la valeur de la personne humaine* ». L'article premier précise que « *tous les êtres humains naissent libres et égaux en dignité et en droits. Ils sont doués de raison et de conscience et doivent agir les uns envers les autres dans un esprit de fraternité* ». L'article 3 affirme que « *tout individu a droit à la vie, à la liberté et à la sûreté de sa personne* » ; l'article 5 stipule : « nul ne sera soumis à la torture, ni à des peines ou traitements cruels, inhumains ou dégradants » ; l'article 7 énonce que « *tous sont égaux devant la loi et ont droit sans distinction à une égale protection de la loi* ». Ces droits découlent de la reconnaissance de la dignité inhérente à tous les membres de la famille humaine.

---

[208] Rés S/RES/1483, CSNU, 23/05/2003.

[209] Thomas KONINCK, « Dignité humaine et fin de vie », in Tanella BONI, *Politiques de la dignité.* Actes du colloque international, Abidjan, Université Félix Houphouët-Boigny, 31 mai-04juin 2016, Nouvelles Éditions Balafons, 2018, p. 27.

Selon Thomas KONINCK, « *la nouveauté de la Déclaration universelle des droits de l'homme c'est l'affirmation que le droit à la vie, et tous les autres fondamentaux qui s'ensuivent, découlent nécessairement de l'égale dignité de tous les humains sans exception* »[210]. Ainsi, à travers les dispositions de cet instrument, les enfants sont protégés en tant que des êtres humains.

Les DIDH et le DIH sont considérés comme un ensemble de règles complémentaires ayant trait à la protection de la dignité de la personne humaine. Cette initiative est l'œuvre de la Conférence onusienne tenue à Téhéran (Iran), du 22 avril au 13 mai1968. Pour Mamadou Falilou DIOP, cette « *Conférence des Nations Unies [...] avait pour objectif de sensibiliser la communauté internationale sur la nécessité d'appliquer à la fois les Droits de l'Homme et le Droit International Humanitaire pour aboutir à une meilleure protection des droits fondamentaux lors des conflits armés* »[211]. Cette Conférence a abouti à l'adoption de la résolution XXIII sur « *le respect des droits de l'Homme en période de conflit armé* »[212].

Selon les recherches du professeur Gérard AIVO, « *cette résolution, qui traduit la volonté des Nations Unies de faire respecter les droits de l'Homme en période de Guerre, opère une véritable intrusion des droits de l'Homme dans une sphère qui était jusque-là presque exclusivement réservée au droit international humanitaire* »[213]. Depuis

---

[210] *Ibid*, p. 29.

[211] Mamadou Falilou DIOP, *Droit international des droits de l'Homme et Droit international humanitaire. Réflexion sur la complémentarité de deux faces d'une même médaille*, Paris, L'Harmattan, 2015, p. 33.

[212] AGNU, Rés 2442 (XXIII) du 19 décembre 1968 lors de la Conférence internationale des droits de l'Homme, portant sur la « Protection des droits de l'Homme en cas de conflit armé ».

[213] Gérard AIVO, « Convergences entre droit international humanitaire et droit international des droits de l'Homme : vers une assimilation des

lors, le principe de complémentarité entre les droits de l'homme et le DIH en matière de protection des civils en période de conflit armé n'a pas cessé d'évoluer.

De ce fait, l'idée de respect des droits de l'homme en période de conflit armé s'explique surtout par le fait que les conflits armés sont le théâtre de violations des droits fondamentaux ; violations constitutives à la fois d'atteintes aux DIDH et au DIH. Hans Joachim HEINTE pense que cette idée de complémentarité se justifie par le fait que « *les droits de l'Homme renforcent les règles du Droit International Humanitaire en reformulant de manière plus exacte les obligations à charge des États parties* [et le] *Droit International Humanitaire rend effectif le Droit International des Droits de l'Homme* »[214] en les appliquant à la situation des conflits armés en matière de protection des civils. De même, la « *doctrine montre que la protection des droits de l'homme partage non seulement une philosophie commune au DIH, mais qu'on peut également faire appel à elle pour compenser les déficits du DIH* »[215] en matière de protection des enfants contre l'EAS.

Ainsi, la réelle lutte en matière de protection des enfants contre les sévices sexuels en période de conflit armé sera véritablement influencée par l'adoption de la Convention des Nations Unies relative aux Droits de l'Enfant (CDE), considérée comme le premier instrument juridique contraignant, régissant les droits de l'enfant et qui accorde à l'enfant une protection de son intégrité physique et morale en tout temps (A). Ce combat en vue de la protection des enfants contre les agressions sexuelles en période de conflit

---

deux corps de règles ? », in *Revue trimestrielle des droits de l'homme*, N° 82, 2010, p. 426.

[214] Hans Joachim HEINTE, « Recoupement de la protection des droits de l'Homme et du droit international humanitaire dans les situations de crise et de conflit », in *Cultures & Conflits*, N° 60, 2005, p. 25.

[215] *Ibid*, p. 126.

armé sera également influencé par leur interdiction de la prostitution des enfants et la pornographie mettant en scène des enfants par les deux Protocoles facultatifs adoptés en 2000 (B).

A. La protection des enfants aux termes de la Convention relative aux droits de l'enfant

Avant d'examiner l'apport des dispositions de la CDE relative à la protection des enfants contre les exploitations et les violences sexuelles, il est important de noter que la réelle protection des enfants contre les exploitations sexuelles en période de conflit armé sera considérablement influencée par leur interdiction dans les normes des droits de l'homme. C'est ce qu'affirme Judith Gail GARDAM lorsqu'elle écrit que c'est le « *développement, au cours des 50 dernières années, des principes de la législation des droits de l'homme* [qui] *a exercé, et exerce encore, une influence déterminante [...] sur le droit international humanitaire en matière de lutte contre les violences sexuelles* »[216] des populations les plus vulnérables.

Dès lors, vont émerger d'importants corpus juridiques relatifs aux droits de l'homme, interdisant des violences sexuelles à l'égard des femmes et des enfants en tout temps. Une pluralité de textes des droits de l'homme se proposent de lutter et de protéger les enfants soit par une interprétation de dispositions générales, soit parce qu'ils sont élaborés pour lutter contre les violences sexuelles.

David MITCHELL estime que, d'une part, « *la Déclaration Universelle des Droits de l'Homme et le Pacte International relatif aux Droits Civils et Politiques, par exemple, auront leurs dispositions sur les traitements*

---

[216] Judith Gail GARDAM, « Femmes, droits de l'homme et droit international humanitaire », In CICR, *Revue Internationale de la Croix-Rouge*, N° 831, 1998, p. 187.

inhumains et dégradants interprétées de sorte d'en tirer une interdiction des violences sexuelles »[217] ; d'autre part, Gao MINGXUAN souligne que la Convention pour la répression de la traite des êtres humains et de l'exploitation de la prostitution d'autrui[218] permettront l'émergence d'une lutte contre ces violences sexuelles à part entière.

En effet, la communauté internationale a interdit depuis toujours les actes d'EAS des enfants autrefois appelés la traite des enfants. Dès 1926, la Société des Nations (SDN) a adopté la *Convention relative à l'abolition de l'esclavage qui interdisait la traite des êtres humains*. Cette Convention a été modifiée par l'AGNU le 23 octobre 1953 et reste en vigueur[219]. Trois ans plus tard, c'est-à-dire, le 30 avril 1956, le Conseil économique et social de l'ONU a adopté la *Convention supplémentaire relative à l'abolition de l'esclavage, de la traite des esclaves et des institutions et pratiques analogues à l'esclavage*. Le 2 décembre 1949, l'GNU a adopté la *Convention pour la répression et l'abolition de la traite des êtres humains et de l'exploitation de la prostitution d'autrui* qui réunit le contenu des conventions précédentes relatives à la traite des femmes et des enfants. Le 20 novembre 1989, l'AGNU a adopté la *Convention des Nations Unies relative aux droits de l'enfant* (CDE). Ces Conventions disposent toutes d'une manière précise l'interdiction de la traite des enfants.

---

[217] David S. MITCHELL, « The prohibition of rape in international humanitarian law as a norm of *jus cogens*: clarifying the doctrine », in *Duke Journal of comparative and international law*, Vol. 15, 2005, p. 245.

[218] NU, La *Convention pour la répression de la traite des êtres humains et de l'exploitation de la prostitution d'autrui*, New York, 02 décembre 1949.

[219] Gao MINGXUAN, *Vers des principes directeurs internationaux de droit pénal. Criminalité économique et atteintes à la dignité de la personne*, Paris, Éditions de la maison des sciences de l'homme, 1996, p. 137.

La Convention relative à l'abolition de l'esclavage de 1926 dispose, dans son article 2, que « *les États parties à la convention, dans le cas où ils n'ont pas encore pris les mesures nécessaires, promettent de prévenir et de réprimer, dans la limite de leur territoire et selon leurs pouvoirs de protection ou de contrôle, de faire disparaître peu à peu toute forme d'esclavage* »[220]. La Convention internationale pour la suppression de la traite des femmes et des enfants dispose, en son article 2, que « *les hautes Parties contractantes conviennent de prendre toutes mesures en vue de rechercher et de punir les individus qui se livrent à la traite des enfants de l'un et de l'autre sexe [...]* »[221]. Il en est de même de la Convention pour la répression et l'abolition de la traite des êtres humains[222] et de l'exploitation de la prostitution d'autrui de 1949 qui dispose dans son article premier que « *la traite des êtres humains à fins prostitutionnelles est interdite* ». La CDE pose les mêmes règles qu'il sied d'examiner.

La protection des enfants en période de conflit armé représente une préoccupation ancienne de l'ONU. La création du Fonds des Nations Unies pour l'Enfance (UNICEF) a été l'une de ses premières actions concrètes. Mais, « *cette préoccupation de la communauté internationale à l'égard de l'enfant précède même la création de l'ONU. En 1919, un Comité de protection de l'enfance a été créé pour la Société des Nations et en 1924, une première Déclaration des droits de l'enfant a été*

---

[220] *Idem.*

[221] Art. 2. Convention internationale pour la suppression de la traite des femmes et des enfants, 30 novembre 1921.

[222] La « *traite des êtres humains* » est le fait de soumettre une personne au pouvoir réel et illégal d'autres personnes en usant de violences ou de menaces ou en abusant d'un rapport d'autorité ou de manœuvres en vue notamment de se livrer à l'exploitation de la prostitution d'autrui, à des formes d'exploitation et de violences sexuelles. Elle constitue une atteinte à la dignité humaine.

adoptée le 26 septembre [de la même année]»[223] et affirme que « *l'humanité doit donner à l'enfant ce qu'elle a de meilleur* ». Cette Déclaration a été la première manifestation de la communauté internationale en faveur de l'enfance.

La Déclaration comporte cinq articles très courts et rédigés en des termes très généraux comme le démontre l'article premier : « *l'enfant doit être en mesure de se développer d'une façon normale, matériellement et spirituellement* ». À la sortie de la Seconde Guerre mondiale, les enfants bénéficient d'une considération importante des États. Le 11 décembre 1949, l'AGNU crée l'UNICEF dont le programme conduit à l'adoption de la *Déclaration des droits de l'enfant*, le 20 novembre 1959 par l'AGNU. Ce nouveau texte est plus pertinent que le précédent et comprend dix principes qui reconnaissent aux enfants des droits et assurent aux enfants « *une protection spéciale et de soins spéciaux* »[224]. Il s'agit notamment de protection contre toute forme d'exploitation, de négligence et de cruauté[225].

Afin de rendre plus efficace la protection des enfants, l'AGNU a adopté la CDE[226]. La CDE est considérée comme une norme de droit international juridiquement contraignante qui reconnaît à l'enfant des droits subjectifs, à travers « *des prérogatives attribuées à un individu dans son intérêt lui permettant de jouir d'une chose, d'une valeur ou d'exiger d'autrui une prestation* »[227]. Le texte est composé de cinquante-quatre articles. Certains articles

---

[223] Jean-Marc SOREL et Corneliu-Liviu POPESCU, *op.cit.*, p. 166.

[224] Préambule de la Déclaration des droits de l'enfant du 20 décembre 1959.

[225] Principe 9 de la Déclaration des droits de l'enfant du 20 décembre 1959.

[226] AGNU, Rés 44/25 du 20 novembre 1989 à la 44ème session de l'AGNU.

[227] Raymond GUILIEN et Jean VINCENT, *op.cit.*, p. 107.

reconnaissent des droits et d'autres obligent à la protection des enfants.

L'analyse de Guillemette MEUNIER révèle que « *l'innovation la plus importante de la Convention est simplement la reconnaissance du fait que les enfants peuvent prétendre jouir des droits de l'homme eux-mêmes et non par l'intermédiaire de leurs parents ou représentants légaux* »[228]. De cette assertion, il ressort que la particularité de la CDE tient du fait qu'elle est non seulement l'instrument juridique le plus internationalement ratifié et le premier instrument juridique qui incorpore les droits de l'homme, les droits civils et politiques, les droits économiques et socio-culturels pour les enfants, mais elle est aussi en fait, le seul traité de DIDH qui reprend certains dogmes du DIH, en l'occurrence la protection due à l'enfant en période de conflit armé.

Le préambule de la CDE, se référant à la Déclaration des droits de l'enfant de 1959, rappelle que « *l'enfant, en raison de son manque de maturité physique et intellectuelle, a besoin d'une protection spéciale et de soins spéciaux, notamment d'une protection juridique appropriée* ». Philippe BONFILS et Adeline GOUTTENOIRE plaident pour que ces droits soient mis en œuvre de manière spécifique parce que le sujet est une personne vulnérable et susceptible d'évolution[229]. S'inscrivant dans une optique protectrice, la CDE reconnaît que les exploitations sexuelles à l'égard des enfants constituent un phénomène à dimensions multiples qui revêt des formes très diverses et constitue un défi extrêmement complexe en période de conflit comme en période de paix. Face à une telle

---

[228] Guillemette MEUNIER, *L'application de la Convention des Nations Unies relative aux droits de l'enfant dans le droit interne des États parties*, Paris, L'Harmattan, Coll. « Logique juridique », 2002, p. 23.
[229] Philippe BONFILS et Adeline GOUTTENOIRE, *Droit des mineurs*, Paris, Dalloz, 2008, p. 57.

complexité, le respect de l'intérêt supérieur de l'enfant s'impose à tous.

L'article 34 de la CDE énonce que l'enfant doit être protégé « *contre toutes les formes d'exploitation et de violence sexuelle* ». Le même article stipule que « *les États doivent s'engager à protéger l'enfant contre toutes les formes d'exploitation sexuelle et de violence sexuelle* »[230]. À cette fin, les États prennent en particulier toutes les mesures appropriées sur le plan national, bilatéral et multilatéral pour empêcher : « *a. que des enfants ne soient incités ou contraints à se livrer à une activité sexuelle illégale ; b. que des enfants ne soient exploités à des fins de prostitution ou autres pratiques sexuelles illégales ; c. que des enfants ne soient exploités aux fins de la production de spectacles ou de matériel de caractère pornographique* »[231]. Cet article 34 consacre des droits des enfants à l'intégrité physique et morale contre les agressions sexuelles. Il vise à protéger les droits fondamentaux de l'enfant contre les exploitations sexuelles. De plus, la CDE prend en compte l'intérêt supérieur de l'enfant qui doit guider toutes les décisions et actions qui affecteraient sa situation[232], ou encore le respect des opinions de l'enfant[233].

Le droit inhérent à la vie, à la survie et au développement est consacré à l'article 6 qui est considéré comme un principe général garantissant le droit de l'enfant à la vie, droit suprême, indérogeable, même en période d'exception. En fait, cet article rejoint la formulation retenue dans le

---

[230] CDE, Art. 34.

[231] *Idem.*

[232] CDE, Art. 3. 1 dispose que « Dans toutes les décisions qui concernent les enfants, qu'elles soient le fait des publics ou privés de protection sociale, des tribunaux, des autorités administratives ou des organes législatifs, l'intérêt supérieur de l'enfant doit être une considération primordiale ».

[233] CDE, Art. 12.

préambule de la CDE qui énonce que l'enfant, en raison de son manque de maturité physique et intellectuelle, a besoin d'une protection spéciale et de soins spéciaux, notamment d'une protection juridique appropriée, avant et après la naissance.

Dans cette gamme de droits, l'on peut citer entre autres, « *le droit à une protection contre toutes les formes d'exploitation et de violence sexuelle* »[234] en tout temps. L'innovation la plus importante de cette disposition conventionnelle est la reconnaissance du fait que les enfants peuvent prétendre jouir des droits de l'homme eux-mêmes et qu'ils peuvent dénoncer ces abus aux représentants légaux.

Pour une mise en œuvre effective, la CDE exige des États l'obligation de mettre en œuvre tous les droits qu'elle consacre. Les États sont tenus de prendre « *toutes les mesures législatives, administratives et autres qui sont nécessaires* »[235] pour protéger les enfants contre « *toute forme de violence, d'atteinte ou de brutalités physiques ou mentales, d'abandon ou de négligence, de mauvais traitements ou d'exploitation, y compris la violence sexuelle* » [236] et veiller à ce que les victimes de tels actes bénéficient d'un recours légal et psychosocial. Il convient également de préciser que l'ensemble du texte de la CDE est articulé autour d'un principe cardinal du DIH et de la DIDH, consacré à l'article 2, engageant les États à respecter les droits qui sont énoncés dans la :

> Convention et à les garantir à tout enfant relevant de leur juridiction, sans distinction aucune, indépendamment de toute considération de race, de couleur, de sexe, de langue, de religion, d'opinion politique ou autre de l'enfant ou de ses parents ou représentants légaux, de leur origine

[234] CDE, Art. 34.
[235] CDE, Art 4.
[236] CDE, Art. 19.

nationale, ethnique ou sociale, de leur situation de fortune, de leur incapacité, de leur naissance ou de toute autre situation[237].

Avec cet effort de protection, la Convention a permis de franchir une nouvelle étape vers la réalisation des droits et de la protection de l'intérêt supérieur de l'enfant. Le concept d'« intérêt supérieur de l'enfant » est apparu en 1959 en tant que principe directeur de la Déclaration des droits de l'enfant des NU, instrument précurseur à la CDE de 1989 unanimement salué. Ce concept figure à présent à l'article 3 de la CDE qui exige que l'intérêt supérieur de l'enfant soit une considération primordiale dans toutes les décisions le concernant. Selon Geoffrey SHANNON, *« l'intérêt supérieur de l'enfant est décrit comme le principe à suivre par le pouvoir législatif, qui invite l'organe décisionnaire à faire usage de son pouvoir discrétionnaire pour les décisions concernant des enfants. Cela étant, le principe d'intérêt supérieur de l'enfant est internationalement admis et généralement bien connu »*[238] des États.

La prééminence du principe d'intérêt supérieur de l'enfant est pertinente dans l'affaire *Neulinger et Shuruk c.* Suisse, le président Costa a rappelé que les critères requis pour la mise en œuvre du principe d'intérêt supérieur de l'enfant dans des circonstances données doivent être évalués au cas par cas, l'ensemble des droits et intérêts protégés par la convention devant être mis dans la balance[239]. Dans ce dossier, la Cour a examiné l'arbitrage

---

[237] CDE, Art. 2.1.

[238] Geoffrey SHANNON, *al*, *Droit et pratique établis par la Convention européenne révisée en matière d'adoption des enfants*, Strasbourg, Conseil de l'Europe, 2014, p. 22.

[239] *Neulinger et Shuruk c. Suisse*, 2010, CEDH, N° 41615/07. Voir également les « Principes directeurs du HCR relatifs à la détermination de l'intérêt supérieur de l'enfant », 2008. Ce point est développé dans le chapitre 3 de la première partie.

du Tribunal fédéral suisse dans une affaire d'enlèvement d'enfants.

L'équilibre entre le principe de « retour immédiat » et celui « d'intérêt supérieur de l'enfant » a été étudié dans un contexte d'atermoiements judiciaires et à l'aune de l'article 13. b de la Convention de la Haye sur les aspects civils de l'enlèvement international d'enfants[240]. Il a été signalé que la Cour de cassation française, la Chambre des Lords britannique et la Cour suprême finnoise avaient toutes expressément intégré la notion « d'intérêt supérieur de l'enfant » dans leur mise en œuvre de l'exception fondée sur le « risque grave »[241] au sens de l'article 13.b de la Convention de la Haye sur l'enlèvement d'enfants.

B. L'apport du Protocole facultatif à la Convention relative aux droits de l'enfant

Le solide cadre normatif posé par la CDE de 1989 a été complété et renforcé par l'adoption du Protocole facultatif[242] de ladite Convention, concernant la vente d'enfants, la prostitution des enfants et la pornographie mettant en scène des enfants en 2000, et entré en vigueur en 2002. Les dispositions du Protocole sont essentielles pour protéger les enfants contre l'exploitation et les abus sexuels.

S'inscrivant dans le registre du « Protocole sur la traite »[243] qui considère l'exploitation de prostitution des

---

[240] Geoffrey SHANNON, *al*, *op.cit, idem.*

[241] *Idem.*

[242] Protocole facultatif à la CDE, concernant la vente d'enfants, la prostitution des enfants et la pornographie mettant en scène des enfants, Rés. AGNU 54/263. Doc. Off. AGNU, Supplément. N° 49, Doc. NU A/54/49, Vol. III, 25 mai 2000. Entrée en vigueur le 18 janvier 2002.

[243] Protocole additionnel à la Convention des Nations Unies contre la criminalité transnationale organisée visant à prévenir, réprimer et punir la traite des personnes, en particulier des femmes et des enfants (Protocole sur la Traite), adopté le 15 novembre 2000, AGNU. Rés.

personnes ou d'autres formes d'exploitation sexuelle comme de la traite, les dispositions du Protocole facultatif apportent aux États des orientations stratégiques et créent un pont entre les normes adoptées par la communauté internationale et la réalité sur le terrain. De plus, elles posent le principe de la responsabilité des États pour la réalisation des droits de l'enfant. Elles les protègent de la violence et de l'exploitation, tout en reconnaissant le rôle des acteurs non étatiques, y compris les acteurs privés, dans la poursuite de ces objectifs en matière de protection des enfants contre l'exploitation sexuelle.

C'est dans cette optique que l'article 1 du Protocole facultatif[244] à la CDE exige que « *les États parties interdisent [...] la prostitution des enfants et la pornographie mettant en scène des enfants conformément aux dispositions du présent Protocole* »[245]. Stéphanie DELANEY précise que la pornographie mettant en scène des enfants fait référence à toute représentation, par quelque moyen que ce soit, d'un enfant s'adonnant à des activités sexuelles explicites, réelles ou simulées, ou toute

---

55/25. Doc. Off. AGNU 45/49. Vol I, 2000, entré en vigueur le 25 décembre 2003. Le Protocole est parfois également appelé Protocole de Palerme. Il est disponible sur : http://www.ohchr.org/french/law/pdf/protocoltraffic_fr.pdf. Consulté le 26/07/2017.

[244] Le protocole facultatif a été adopté et ouvert à la signature, à la ratification et à l'adhésion par la Rés A/RES/54/263 adoptée par l'AGNU le 25 mai 2000. L'année 2017 marque le 17e anniversaire de l'adoption du Protocole facultatif concernant la vente d'enfants, la prostitution des enfants et la pornographie mettant en scène des enfants. La ratification de ce Protocole facultatif et sa mise en œuvre sont essentielles pour garantir la protection effective des enfants contre les violences, les abus et les exploitations sexuels.

[245] Protocole additionnel à la Convention des Nations Unies contre la criminalité transnationale organisée visant à prévenir, réprimer et punir la traite des personnes, en particulier des femmes et des enfants, Art. 1.

représentation des organes sexuels d'un enfant[246] par l'action d'un adulte. La caractéristique principale de la pornographie mettant en scène des enfants est qu'elle est produite en vue de la satisfaction de désirs sexuels de l'adulte. Elle inclut aussi des photographies, des représentations visuelles ou audio et des écrits tels que : revues, livres, dessins, films, cassettes vidéo, supports ou dossiers informatiques et images stockées dans des téléphones portables.

Cet article trouve sa justification dans le Préambule dudit Protocole qui énonce qu'« *un certain nombre de groupes particulièrement vulnérables, notamment les filles, sont davantage exposés au risque d'exploitation sexuelle, et que l'on recense un nombre anormalement élevé de filles parmi les victimes de l'exploitation sexuelle* »[247]. L'exploitation sexuelle dont il est question est considérée, de manière générale, comme « *n'importe quel abus de position de vulnérabilité, de pouvoir différent, ou de confiance à des fins sexuelles. Lorsqu'elle est pratiquée à des fins commerciales, elle est considérée comme la pire forme de travail par l'OIT et on la désigne comme une forme moderne d'esclavage* »[248].

Pour Ban Ki-MOON, les manifestations de phénomène vont de l'exploitation sexuelle mettant en scène des enfants à des formules plus floues selon lesquelles des adultes demandent à des enfants de leur rendre des services, sexuels ou autres, en échange de nourriture, de vêtements, d'un abri ou d'une forme de protection quelconque[249]. Mais, il s'agit

---

[246] Stéphanie DELANEY, *La protection des enfants contre l'exploitation sexuelle et la violence sexuelle lors des catastrophes et des situations d'urgence*, Bangkok, ECPAT International, 2006, p. 18.
[247] *Ibid*, Préambule.
[248] Convention 182 de 1999 de l'Organisation Internationale du Travail.
[249] Ban Ki-MOON, *Les enfants et les objectifs du millénaire pour le développement. Progrès accomplis dans l'édification d'un monde digne*

toujours fondamentalement d'une relation fondée sur l'exploitation, à partir de laquelle des personnes âgées usent de leur pouvoir physique ou financier supérieur pour faire en sorte que les enfants se plient à leur volonté.

Conscients de ces formes « *multiples* »[250] d'exploitation sexuelle infantile, les États parties au présent Protocole, considèrent que, pour aller de l'avant dans la réalisation des buts de la CDE et l'application de ses dispositions, en particulier des articles premiers, 11, 21, 32, 33, 34, 35 et 36[251], il serait approprié d'élargir les mesures que les États parties devraient prendre pour garantir la protection de l'enfant contre la prostitution des enfants et la pornographie mettant en scène des enfants.

Le Protocole facultatif présente un intérêt du point de vue de la qualification d'EAS à l'égard des enfants, dans la mesure où le Protocole impose, notamment aux États Parties d'ériger en crime l'exploitation sexuelle des enfants le fait d'obtenir, de procurer ou de fournir un enfant à des fins de prostitutions et enfin le fait de produire, de

---

des enfants, New York, Division de la communication, UNICEF, 2007, p. 58.

[250] Il existe plusieurs formes d'exploitation sexuelle à l'égard des enfants telles que la prostitution infantile, le tourisme sexuel impliquant des enfants, la pornographie mettant en scène des enfants, les mariages précoces ou mariages forcés, le trafic d'enfants, etc. Toutes ces formes d'exploitation relèvent de l'ampleur et de l'atrocité de ce fléau. Un fléau qui s'étend et se répand au-delà des frontières du fait des conflits armés, de la mondialisation, de la société de consommation dépourvue d'éthique, des zones de libre-échange et des nouvelles technologies (Internet). On entend par « tourisme sexuel » le déplacement vers les régions les plus pauvres de la planète, de ressortissants de pays plus riches, dans l'intention spécifique d'avoir des relations sexuelles avec des ressortissants du pays visité en temps de paix ou en période de conflit armé.

[251] NU, *Droits de l'Homme. Recueil d'instruments internationaux. Vol I (Première partie), Instruments universel*, Genève, Publication des Nations Unies, 2002, p. 225.

distribuer, de diffuser, d'importer, d'exporter et d'offrir, de vendre ou de détenir aux fins sus-mentionnées des matériels pornographiques mettant en scène des enfants. Les dispositions de l'article 3 du Protocole facultatif précisent que :

> 1. Chaque État Partie veille à ce que, au minimum, les actes et activités suivants soient pleinement couverts par son droit pénal, que ces infractions soient commises au plan interne ou transnational, par un individu ou de façon organisée :
> (a) Pour ce qui est de la vente d'enfants visée à l'article 2:
> (i) Le fait d'offrir, de remettre, ou d'accepter un enfant, quel que soit le moyen utilisé, aux fins:
> a. D'exploitation sexuelle de l'enfant;
> b. De transfert d'organe de l'enfant à titre onéreux;
> c. De soumettre l'enfant au travail forcé ;
> (ii) Le fait d'obtenir indûment, en tant qu'intermédiaire, le consentement à l'adoption d'un enfant, en violation des instruments juridiques internationaux relatifs à l'adoption ;
> (b). Le fait d'offrir, d'obtenir, de procurer ou de fournir un enfant à des fins de prostitution, tel que défini à l'article 2 ;
> c. Le fait de produire, de distribuer, de diffuser, d'importer, d'exporter, d'offrir, de vendre ou de détenir aux fins sus-mentionnées, des matériels pornographiques mettant en scène des enfants, tel que défini à l'article 2[252].

En plus de ces dispositions, le Protocole appelle à des réformes législatives en vue de l'interdiction et de la criminalisation de prostitution des enfants, de pornographie mettant en scène des enfants. C'est ce qu'énonce l'article 9

---

[252] Art. 3 du Protocole facultatif à la CDE, concernant la vente d'enfants, la prostitution des enfants et la pornographie mettant en scène des enfants.

du Protocole : « *Les État Parties adoptent ou renforcent, appliquent et diffusent des lois, mesures administratives, politiques et programmes sociaux pour prévenir les infractions visées dans le présent Protocole. Une attention spéciale est accordée à la protection des enfants particulièrement exposés à de telles pratiques* »[253]destructrices.

Par ailleurs, pour surmonter la difficulté liée au caractère clandestin et transnational de ces crimes et pour lutter contre l'impunité de chaque côté des frontières, le Protocole souligne la nécessité de la coopération et de l'assistance entre les organes judiciaires et les institutions chargées de l'application des lois. Et pour rompre le cycle de la marginalisation et de l'exploitation de l'enfant, le Protocole met en exergue le rôle de la prévention, soutient le rôle de la société civile et la participation des enfants et des adolescents aux initiatives de sensibilisation, d'information et d'éducation, afin de recueillir un plus large soutien en faveur de la protection des enfants contre l'exploitation sexuelle.

La réaffirmation de l'engagement de la communauté internationale à travers la ratification du Protocole facultatif a permis de protéger effectivement les enfants contre toutes les formes d'exploitation sexuelle. Avec la ratification universelle du Protocole facultatif concernant la vente d'enfants, la prostitution des enfants et la pornographie mettant en scène des enfants, la protection des enfants contre les abus et l'exploitation sexuels devient une priorité pour la communauté internationale.

Ces principes sont consacrés par l'article 10 qui exige que « *les États Parties prennent toutes les mesures nécessaires pour renforcer la coopération internationale par des accords multilatéraux, régionaux et bilatéraux ayant pour objet de prévenir, identifier, poursuivre et punir*

[253] *Ibid*, Art. 9.

les responsables d'actes liés [...] à la prostitution [et] à la pornographie »[254] d'enfant. Cette disposition présente un intérêt particulier en matière de coopération internationale afin de lutter contre les sévices sexuels à l'égard des enfants, montrant ainsi que la problématique de la protection des enfants contre les exploitations sexuelles exige des solutions qui dépassent le cadre des frontières nationales.

Il sied de noter qu'en 2002, l'Assemblée Générale des Nations Unies (AGNU) a adopté la Déclaration et le Plan d'action intitulés « *Un monde digne des enfants* »[255]. Parmi les objectifs à atteindre se trouve la protection des enfants contre les horreurs des conflits armés (§ 7, N° 7). Dans le plan d'action, au nombre des stratégies et mesures attendues jusqu'en 2015, outre celles ayant trait à la protection générale des enfants contre toute forme de maltraitance, d'exploitation et de violence, sont prévues toute une série de stratégies/mesures concernant particulièrement la protection des enfants contre les violences sexuelles en période de conflit armé.

C'est ce qui justifie l'insertion de cette question dans les pourparlers de paix et des accords qui en sont issus, la poursuite des responsables de génocide, crimes contre l'humanité ou crimes de guerre ; la prise en compte des violations des droits des enfants par la commission Vérité éventuellement établie ou encore la formation de tous les personnels participant aux opérations de maintien de la paix aux droits de l'enfant.

Il faut également préciser, du côté du droit non contraignant, la révision en 2007 des « Principes du Cap » et l'adoption des « Engagements et Principes de Paris »

---

[254] *Ibid*, Art. 10, alinéa 1.

[255] A/S-27/19/Rev.1. Disponible sur : http://www.unicel.org/french/specialsession/documentation/documents/A-S27-19-Rev1F-annex.pdf. Consulté le 27/07/2019.

relatifs aux enfants associés aux forces armées ou aux groupes armés[256]. Ils consacrent des principes dont l'inscription dans un instrument contraignant et universel n'est pas aisée, contribuant, ainsi, au renforcement progressif de la protection générale des enfants contre l'exploitation sexuelle. Tout en reconnaissant que les États sont tenus par des obligations différentes en droit international, les « Principes de Paris » plaident pour le renforcement de l'édifice juridique visant la protection de l'enfance contre les violences sexuelles en période de conflit armé.

Section II. Les instruments régionaux et nationaux de protection des enfants

La protection des enfants contre l'EAS suit l'évolution de la société. Les instruments juridiques régionaux et nationaux ne sauraient déroger à ce principe, sachant que les textes régionaux font partie des traités internationaux. Par conséquent, les règles instituées par le droit international dans le domaine de la protection des enfants s'appliquent également au niveau régional. Ainsi, la consécration évolutive des normes régionales de protection des enfants contre l'EAS s'impose à tous les continents. L'article 31 § 3 *c*) de la Convention de Vienne de 1969 sur le droit des traités dispose que pour interpréter un traité, « *il sera tenu en compte, en même temps que le contexte : de toutes règles pertinentes de droit international applicables dans les relations entre États parties* »[257].

Or, depuis 1948 et l'avènement de la Déclaration Universelle des Droits de l'Homme (DUDH) notamment,

---

[256] Jean-Marc SOREL et Corneliu-Liviu POPESCU, *La protection des personnes vulnérables en temps de conflits armés*, *op. cit*, p. 190.
[257] Mamadou Falilou DIOP, *Droit international des droits de l'Homme et Droit international humanitaire*, *op.cit*., p. 89.

les membres de la communauté internationale s'évertuent à rendre effective la protection des droits fondamentaux par le biais des instruments juridiques pertinents. Parmi ces règles du droit international figurent celles consacrées au niveau régional (Paragraphe 1er) et au cadre normatif national (Paragraphe 2nd).

Paragraphe I. Les normes régionales de protection des enfants contre les crimes sexuels

Il existe de nombreuses normes régionales de protection des enfants. Néanmoins, seules celles afférentes à la problématique de la protection des enfants contre l'EAS seront répertoriées dans cette étude. Ainsi, dans ce paragraphe, il s'agira d'examiner les instruments régionaux de protection des enfants contre l'EAS. Pour plus de précisions et de concisions, l'étude envisagée sera consacrée spécifiquement au cadre normatif européen (A) et au cadre normatif africain (B), notamment la Charte africaine des droits et du bien-être de l'enfant.

A. Le cadre européen de la protection des enfants contre les exploitations sexuelles

Le cadre normatif européen de protection des enfants contre les exploitations sexuelles est constitué d'une pluralité de conventions adoptées au début des années 2000 et qui ne peuvent être dissociées d'autres instruments couvrant un champ plus large, notamment en matière de coopération judiciaire. Il s'agit d'une combinaison de plusieurs instruments juridiques complexes, aux contours variables.

Les analyses d'Éric RUELLE relatent à ce sujet que « *le cadre normatif [européen] repose principalement sur trois conventions présentant des traits communs : la Convention sur la cybercriminalité (23 novembre 2001), la Convention sur la lutte contre la traite des êtres humains (16 mai 2005) et la Convention sur la protection des enfants contre l'exploitation et les abus sexuels (25 octobre 2007)* »[258]. Ces trois Conventions européennes contribuent à la protection des enfants contre l'EAS et couvrent des champs très étendus, qui vont de la prévention à la répression en passant par l'assistance aux victimes. « *La Convention sur la protection des enfants contre l'exploitation et les abus sexuels s'efforce de définir des formes d'abus sexuels, notamment avec la première définition agréée en droit pénal international de la " sollicitation de mineurs à des fins sexuelles " ou "grooming"* »[259]. Pour sa part, la Convention sur la lutte contre la traite des êtres humains appréhende des comportements qui se situent en amont mais qui mènent à l'exploitation de la personne humaine, notamment l'exploitation sexuelle[260].

La Convention sur la cybercriminalité prend en compte le recours fréquent aux nouvelles technologies de communication pour la commission des infractions d'abus sexuels sur les enfants et s'efforce d'y apporter des réponses adaptées. Ce sont donc des conventions complémentaires que l'Union européenne vient prolonger entre les États membres par de nouveaux instruments qui, à leur tour, inspirent des évolutions au sein du Conseil de l'Europe et devraient alimenter, à l'avenir, des processus de révision dynamique.

---

[258] Éric RUELLE, « Les violences sexuelles à l'égard des enfants : le cadre législatif au niveau européen. Présentation des conventions du Conseil de l'Europe et de la politique de l'Union européenne », in *La protection des enfants contre la violence sexuelle. Une approche globale*, Strasbourg, Éditions du Conseil de l'Europe, 2011, p. 61.
[259] *Ibid*, p. 79.
[260] *Idem*.

La Convention du Conseil de l'Europe sur la protection des enfants contre l'EAS est entrée en vigueur le premier juillet 2010. Cette Convention est le premier traité international qui érige en infraction pénale les diverses formes d'abus sexuels sur les enfants, dont les abus commis sous le toit familial ou par les proches[261]. Ainsi, elle viendra combler des lacunes dans la législation européenne et mettre en place un cadre juridique harmonisé pour lutter plus efficacement contre ce fléau qui affecte sérieusement des enfants en Europe.

Reflétant la nécessité d'une approche globale et pluridisciplinaire, la Convention sur la protection des enfants contre l'EAS associe des mesures de préventions, des mesures d'assistance aux victimes et des dispositions relatives à la mise en place d'autorités spécialisées et d'instances de coordination, telles que les institutions indépendantes de promotion et de protection des droits de l'enfant. En matière de protection et d'assistance aux enfants victimes d'exploitation et d'abus sexuels, elle énonce des obligations concernant, notamment, la Convention énonce des règles destinées :

- à faciliter le signalement des soupçons d'exploitation ou d'abus sexuels par les professionnels normalement liés par les règles du secret (par exemple, le personnel médical), ainsi que toute personne ayant connaissance ou suspectant de tels faits ;
- à développer des services d'assistance, tels que des lignes téléphoniques ou des services sur internet, destinés à prodiguer des conseils ;
- à faciliter leur rétablissement (soin d'urgence, assistance sur le plan psychologique, possibilité d'éloignement de l'auteur présumé des faits ou de

[261] Patricia BRANDER, Laure De WITTE, *al.*, *Repères. Manuel pour la pratique de l'éducation aux droits de l'homme avec les jeunes*, Strasbourg, Les Éditions du Conseil de l'Europe, 2012, p. 407.

la victime lorsque les faits ont été commis dans le milieu familial, etc.)[262].

Cet ensemble de propositions issues des trois conventions examinées montre bien que la protection des enfants contre l'EAS fait partie intégrante des domaines d'action juridique de l'Union européenne. Cependant, en matière de rapprochement des incriminations et des sanctions pénales des exploitations et d'abus sexuels à l'égard des enfants, l'instrument juridique le plus abouti et le plus contraignant au sein de l'Union européenne est la *Décision-cadre du 22 décembre 2003 relative à la lutte contre l'exploitation sexuelle des enfants et la pédopornographie*[263]. Cette *Décision-cadre* s'inscrit dans la continuité d'une série d'initiatives prises par les différentes institutions de l'Union européenne depuis le milieu des années 1990[264].

La *Décision-cadre* fait suite, en particulier, à l'*Action commune 97/154/JAI du Conseil de l'Europe du 24 février 1997 relative à la lutte contre la traite des êtres humains et l'exploitation sexuelle des enfants* qu'elle abroge, par ailleurs, au *Conseil européen de Tampere des 15 et 16 octobre 1999* lequel recommandait de prendre des mesures concrètes dans ce domaine. En effet, *« la Décision-cadre vise à compléter l'important dispositif formé par divers instruments de lutte contre l'exploitation sexuelle des enfants »*[265]. Pour cela, elle tend à réduire les disparités

[262] Éric RUELLE, *op.cit.*, p. 75.

[263] *Idem.*

[264] Anne WEYEMBERGH, « L'Union européenne et lutte contre la traite des êtres humains », in *Cahiers de droit européen*, 2000, N° 1-2, p. 216.

[265] Décision-cadre 2008/68/JAI du Conseil de l'Europe du 22 décembre 2003 relative à la lutte contre l'exploitation sexuelle des enfants et la pédopornographie, *J.O.*, N° L 13 du 20 janvier 2004, 13e considérant ; Décision du Conseil du 29 mai 2000 relative à la lutte contre la pédopornographie sur l'Internet, *J.O.*, N° L 138 du 9 juin 2000, p. 1 ; Décision 293/2000/CE du Parlement européen et du Conseil du 24

entre les approches juridiques des États membres et à contribuer au développement d'une coopération judiciaire et policière efficace contre l'exploitation sexuelle des enfants et la pédopornographie[266] en instaurant des règles minimales relatives aux éléments constitutifs de ces actes criminels[267].

S'inscrivant dans cette optique, l'article 2 de la Décision-cadre énumère des comportements qualifiés comme infractions à l'exploitation sexuelle des enfants. Il s'agit notamment des comportements suivants :

> a) Le fait de contraindre un enfant à se livrer à la prostitution ou à participer à des spectacles pornographiques ou d'en tirer profit ou d'exploiter un enfant de toute autre manière à de telles fins ;
> b) le fait de recruter un enfant pour qu'il se livre à la prostitution ou participe à des spectacles pornographiques ;
> c) le fait de se livrer à des activités sexuelles avec un enfant, en recourant à l'un des moyens suivants :
> i) en faisant usage de la contrainte, de la force ou de menaces ;
> ii) en offrant de l'argent ou d'autres formes de rémunération ou de paiement pour les activités sexuelles auxquelles se livre un enfant, ou,

---

janvier 2000 adoptant un programme d'action communautaire relatif à des mesures préventives pour lutter contre la violence envers les enfants, les adolescents et les femmes, programme DEPHENE I (2000-2003), *J.O.*, N° L 34 du 9 février 2000, p. 1. Cité par Isabelle WATTIER, « La lutte contre l'exploitation sexuelle des enfants et la pédopornographie et la majorité sexuelle. La consécration d'une disparité », in *Revue internationale de droit pénal* 2006/1. Vol. 77, p. 224. Disponible sur : https://www.cairn.info/revue-internationale-de-droit-penal-2006-1-page-223.htm. Consulté le 28/07/2019.

[266] *Décision-cadre* du 22 décembre 2003, *op.cit.*, 2e considérant.

[267] *Ibid.*, 3e considérant.

iii) en abusant d'une position reconnue de confiance, d'autorité ou d'influence sur un enfant[268].

Pour sanctionner les actes d'EAS à l'égard des enfants, « *la Décision-cadre consacre deux niveaux de peine principales privatives de liberté dont le taux maximal est déterminé par une fourchette minimale, respectivement au moins un à trois ans et au moins cinq à dix ans. On peut parler de " socle minimal de la peine maximale"* »[269]. L'application disjonctive de ces peines dépend tantôt de la nature de l'infraction, tantôt de l'une ou de plusieurs circonstances[270]. En ce qui concerne le champ d'application du premier niveau de peine, l'étude menée par Isabelle WATTIER aboutit à la conclusion selon laquelle, « *la peine privative de liberté maximale d'une durée d'au moins un à trois ans (art. 5.1.* [Décision-cadre]*) s'applique, de manière résiduaire, aux infractions d'exploitation sexuelle qui ne relèvent pas du second niveau. Les infractions liées à la pédopornographie relèvent, à défaut de circonstances aggravantes, de ce premier niveau de peine* »[271]. Le second niveau de peine s'applique tantôt au titre de peine principale, tantôt au titre de peine aggravée.

En tant que peine principale, cette sanction pénale vise exclusivement des infractions liées à l'exploitation sexuelle des enfants[272] au sens de contraindre un enfant à se livrer à la prostitution ou à participer à des spectacles pornographiques ; ou le fait de se livrer à des activités sexuelles avec un enfant en faisant usage de la contrainte,

---

[268] *Décision-cadre* du 22 décembre 2003, Art. 2.

[269] Stéphanie BOSLY et Matthieu van RAVENSTEIN, « L'harmonisation des incriminations », in *Actualités de droit pénal européen*, Les dossiers de la Revue de droit pénal et de criminologie, 2003, N° 9, p. 41.

[270] Isabelle WATTIER, *op.cit.* p. 227.

[271] *Idem.*

[272] *Ibid*, p. 228.

de la force ou de menace. Par ailleurs, en tant que peine aggravée, la même sanction pénale est applicable aux infractions assorties d'une des circonstances précisées ci-après : « *1° le fait de tirer profit ou d'exploiter de toute autre manière un enfant afin qu'il se livre à la prostitution ; 2° le fait de recruter un enfant pour qu'il se livre à la prostitution* »[273]. Ces deux infractions - lorsqu'elles sont assorties de l'une des circonstances où la victime est un enfant n'ayant pas atteint l'âge de la majorité sexuelle[274]

---

[273] Isabelle WATTIER, *op.cit*, p. 228.

[274] La *Décision-cadre* du 22 décembre 2003 met en exergue la majorité sexuelle conformément à la législation nationale. Selon les explications de Jean PRADEL et Michel DANTI-JUAN, *Manuel de droit pénal spécial*, Paris, 2e Édition Cujas, 2001, p. 476, en droit pénal français : « *Dès lors qu'un individu fête son quinzième anniversaire, il atteint du même coup ce que l'on pourrait appeler l'âge de la "majorité sexuelle". Le législateur présume alors qu'il est apte à éconduire les entreprises amoureuses auxquelles il ne consent pas sans qu'il soit en outre nécessaire de menacer ses soupirants des foudres de la répression* ». En droit belge, la notion de majorité sexuelle a parfois été utilisée dans ce sens, en demeurant cependant contestée aux plans terminologique et conceptuel. Quant aux âges et infractions corrélés à cette notion, notons, par exemple, que les seuils de 13, 14, 15 et 16 ans sont significatifs pour le viol suivant respectivement le droit espagnol, le droit allemand, le droit français ou finlandais. Voir : Isabelle WATTIER, « Responsabilité et responsabilisation du législateur. Le cas de l'irrecevabilité du consentement des mineurs et la notion de "majorité sexuelle" », in Françoise DIGNEFFE et Thierry MOREAU (Dir), *La responsabilité et la responsabilisation dans la justice pénale*, Bruxelles, De Boeck & Larcier, 2006, p. 387. Dans le cadre d'un exercice de droit comparé entre États membres de l'Union européenne dans le champ des infractions sexuelles, Etienne WÈRY précise qu'« *il y a en quelque sorte deux majorités sexuelles : celle à laquelle un enfant a suffisamment de discernement pour se livrer à une activité sexuelle, et celle à laquelle il peut y avoir une représentation de ces (ses) actes* ». Voir également Étienne WÈRY, *Le sexe en ligne : aspects juridiques et protection des mineurs*, Bruxelles, Larcier, 2004, p. 80. Par ailleurs, d'un point de vue de droit interne comme de droit comparé, la « majorité sexuelle » renvoie certes au critère de l'âge mais demeure un

l'auteur a délibérément ou par imprudence mis la vie de l'enfant en danger - ont été commises par recours à des violences graves ou ont causé un préjudice grave à l'enfant. Elles sont commises dans le cadre d'une organisation criminelle au sens de l'action commune, quel que soit le niveau de la sanction prévue dans ladite action commune. Que dit la Charte africaine des droits et du bien-être de l'enfant (CADBE) sur l'EAS ?

B. Le cadre normatif africain de la protection des enfants contre les exploitations sexuelles

Pour répondre à la problématique des abus contre les enfants et assurer une meilleure protection des enfants sur le continent, les États membres de l'OUA ont élaboré un cadre normatif[275]écrit Hakima ABBAS. La CADBE[276] est le premier instrument juridique africain qui proclame et protège les droits humains de l'enfant. Son adoption a étroitement suivi celle de la CDE et a été justifiée par plusieurs motifs entre autres la participation limitée des pays africains à la rédaction de l'avant-projet de la CDE, le manque de prise en compte des situations particulières sur le continent.

Ainsi, l'adoption de ce texte a été suivie de diverses initiatives politiques telles que la Résolution 1659 (LXIV) de 1996 du Conseil des ministres de l'OUA sur la situation critique des enfants africains dans les conflits armés. La Charte proclame une série de droits englobant les droits

---

concept dont la juridicité est inégale, le champ infractionnel incertain, et le seuil d'âge hétérogène.

[275] Hakima ABBAS, *Long trajet de l'Afrique vers les droits. Réflexions lors du 20ème anniversaire de la Commission africaine des droits de l'homme et des peuples*, Nairobi, Fahamu, 2007, p. 141.

[276] La CADBE a été adoptée lors de la 26ème Conférence des Chefs d'États et de Gouvernements de l'OUA, le 11 juillet 1990 et est entrée en vigueur le 29 novembre 1999.

civils et les libertés fondamentales, les droits économiques, sociaux et culturels, de même que les droits spécifiques à la protection de l'enfant. Elle est entrée en vigueur en 1999.

La Charte africaine des droits de l'homme et des peuples garantit "l'élimination de toute discrimination contre les enfants […] et la protection des droits de l'enfant[277]" ainsi que le droit à l'intégrité de la personne, le droit d'être libre " de toute forme d'exploitation et de dégradation", en particulier l'esclavage, le commerce des esclaves, la torture, les peines et traitements cruels, inhumains ou dégradants[278], montrant ainsi la volonté de la communauté africaine de protéger les enfants contre toutes formes d'exploitation.

Mais la thématique d'exploitation sexuelle en tant que telle est énoncée par l'article 27 de la Charte, considérée comme disposition spécifique consacrée à la protection des enfants contre les abus sexuels. L'article 27 de la CADBE énonce clairement :

> Les États parties à la présente Charte s'engagent à protéger l'enfant contre toute forme d'exploitation ou de mauvais traitements sexuels et s'engagent en particulier à prendre des mesures pour empêcher :
> a) l'incitation, la coercition ou l'encouragement d'un enfant à s'engager dans toute activité sexuelle ;
> b) l'utilisation d'enfants à des fins de prostitution ou de toute autre pratique sexuelle ;
> c) l'utilisation d'enfants dans des activités et des scènes ou publications pornographiques[279].

L'article 27 est adossé à l'article 16 qui exige que les États parties à la présente Charte prennent des mesures

---

[277] Charte Africaine [Banjul] relative aux droits de l'homme et des peuples, adoptée le 27 juin 1981 par l'Organisation de l'Unité Africaine, Doc. CAB/LEG/67/3 rev. 5, 21. L.M. 58. 1982, Art. 3.
[278] Charte africaine des droits de l'homme et des peuples, Arts. 4 et 5.
[279] CADBE, 1990, Art. 27.

législatives, administratives, sociales et éducatives spécifiques pour protéger l'enfant contre toute forme de tortures, traitements inhumains et dégradants, en particulier toute forme d'atteintes ou d'abus physiques et mental, de négligence ou de mauvais traitements y compris les sévices sexuels, lorsqu'il est confié à la garde d'un parent, d'un tuteur légal, de l'autorité scolaire ou de tout autre personne ayant la garde de l'enfant[280].

Si, pour Alain Didier OLINGA, la CADBE apparaît comme une manifestation importante de la protection des enfants dans les États africains[281], d'après les analyses du professeur Jean-Didier BOUKONGOU, « *elle constitue une illustration de l'intégration des États africains dans l'évolution du droit international des droits de l'homme* »[282]. Dans cette optique, l'article 27 de la Charte se comprend davantage en lien avec les dispositions de la Convention 182 du Bureau International du Travail (BIT) sur les pires formes d'exploitation des enfants par le travail (1999), la CDE, sachant que la CDE est renforcée par deux Protocoles facultatifs concernant, d'une part, la participation des enfants aux conflits armés, et d'autre part, la vente d'enfants, la prostitution d'enfants et la pornographie mettant en scène des enfants, datant tous deux de 2000.

Tout en insistant sur une protection spéciale de l'enfant africain, le Préambule de la CADBE reconnaît que l'enfant occupe une place unique et privilégiée dans la société africaine, et que, compte tenu des besoins liés à son développement physique et mental, il a besoin de soins

---

[280] *Ibid*, Art. 16.

[281] Alain Didier OLINGA, « La Charte africaine sur les droits et le bien-être de l'enfant : essai de présentation », in *Penant*, N° 820, 106e année, 1996, pp. 53-68.

[282] Jean-Didier BOUKONGOU, « Le système africain de protection des droits de l'enfant. Exigences universelles et prétentions africaines » in *CRDF*, N° 5, 2006, p. 98.

particuliers et d'une protection légale en toutes circonstances[283]. Les grandes catégories des droits de l'enfant proclamées dans la CADBE sont identiques à celles énoncées dans la CDE telles que « *le droit à la survie et au développement, le droit à la protection de l'intégrité physique, morale et spirituelle de l'enfant contre différentes formes de mauvais traitements, le droit de participation* »[284].

Ainsi, la Convention de l'UA sur la protection et l'assistance des personnes déplacées en Afrique[285] institue un régime de protection et d'assistance spécial au profit des enfants[286]. L'entrée en vigueur de cette Convention pourrait contribuer à résorber ou à atténuer l'impact de la violation des enfants déplacés. En effet, la protection des enfants au plan régional africain vise notamment les activités telles que :

> La collecte des documents et des informations ; les évaluations interdisciplinaires concernant les problèmes africains dans le domaine des droits et de la protection de l'enfant ; l'organisation de réunions ; l'appui aux institutions nationales et locales compétentes, les avis et recommandations aux gouvernements ; l'élaboration et la formulation de principes et règles visant à protéger les droits et le bien-être de l'enfant en Afrique. La coopération avec d'autres institutions et organisations africaines internationales et

---

[283] Ginette GOABIN CHANCOCO, *La problématique de l'effectivité du droit de l'enfant à la santé et à l'éduction dans les situations de conflits armés internes en Afrique : réflexions à la lumière de la crise en Côte d'Ivoire*. Mémoire de maîtrise en droit, Université de Montréal, 2014, p. 39. Disponible sur : https://papyrus.bib.umontreal.ca/xmlui/handle/1866/11935. Consulté le 29/07/2019.

[284] CADBE, Art. 7, 8 et 9.

[285] Convention de Kampala (Ouganda) adoptée le 22 octobre 2009.

[286] *Ibid*, Art. 9.2. c.

> régionales s'occupant de la promotion et de la protection des droits et du bien-être de l'enfant[287].

Reconnaissant les progrès accomplis par l'OUA en matière de protection des enfants, la Première Conférence Ministérielle de l'OUA sur les Droits de l'homme en Afrique, réunie à Grand Baie, à l'Ile Maurice, du 12 au 16 avril 1999, a pris la décision d'élaborer un Protocole à la Charte africaine afin de garantir une protection plus efficace des droits de l'enfant. À travers ce Protocole, Julia DOLLY JOINER estime que l'OUA exhorte tous les pays africains à œuvrer sans relâche à « *la protection des populations civiles, en particulier les enfants dans le conflit* »[288]. Elle recommande, en outre, aux États de prendre des mesures pour éradiquer la violence à l'encontre des femmes et des enfants, le travail des enfants, l'exploitation sexuelle et le trafic des enfants, et pour garantir la protection juridique des enfants dans les situations de conflit et des enfants réfugiés[289], montrant ainsi l'engagement de l'OUA à protéger les enfants contre l'exploitation sexuelle.

Dans le cadre normatif sous-régional, il est à noter que le Pacte sur la sécurité, la stabilité et le développement dans la Région des Grands lacs signé par onze États de la sous-région en 2006 et entré en vigueur en 2008 est assorti d'un Protocole sur le crime de génocide, les crimes contre l'humanité et les crimes de guerre, crimes auxquels l'on l'associe également, au regard du contexte particulier de la

---

[287] Organisation Internationale pour les Migrations (OIM), « Migrations et protection des droits de l'homme », In *Droit international de la migration* N° 3, Genève, Éditions Perruchoud, 2005, pp. 46-47.

[288] Julia DOLLY JOINER, *Sélection de documents-clé de l'Union africaine relatifs aux Droits de l'Homme*, Pretoria, Pretoria University Law Press, 2006, p. 73. Cf. *Déclaration et Plan d'Action de Grand Baie*. Le document a été adopté en 1999 par la Première Conférence Ministérielle de l'OUA sur les Droits de l'Homme en Afrique réunie à Grand Baie à l'Ile Maurice du 12 au 16 avril, § 6.

[289] *Idem.*

situation dans la Région des Grands lacs les violences sexuelles[290]. C'est également dans cette optique que, « *vingt-six pays d'Afrique de l'Ouest ont signé un traité sur la traite* [et ont mis] *en place un réseau régional d'informations pour prévenir et combattre des crimes tels que la traite, la prostitution des enfants et les sévices sexuels à l'égard des enfants* »[291], selon le bilan dressé par Ban Ki-MOON.

En Afrique du Sud, les stratégies de lutte contre les violences sexuelles s'appuient sur un cadre juridico-politique solide ainsi que sur des principes directeurs, la prévention du harcèlement et des abus sexuels à l'égard des enfants[292]. En plus de ces initiatives en faveur de la

---

[290] Le Pacte sur la Sécurité, la stabilité et le développement dans la Région des Grands Lacs adopté par la Conférence internationale sur la Région des Grands Lacs du 14 au 15 décembre 2006 contient en son article 8 un *Protocole sur la prévention et la répression du crime de génocide, des crimes de guerre et des crimes contre l'humanité et de toute forme de discrimination.* Aux termes dudit Protocole, « les États membres, conformément au Protocole sur la prévention et la répression du crime de génocide, des crimes de guerre et des crimes contre l'humanité et de toute forme de discrimination, reconnaissent que le crime de génocide, les crimes de guerre et les crimes contre l'humanité sont des crimes en droit international et contre les droits des peuples, et s'engagent en particulier… ». En ce qui concerne les violences sexuelles, l'article 11 du Pacte contient un Protocole sur la prévention et la répression de la violence sexuelle à l'égard des femmes et des enfants : « Les États membres s'engagent, conformément au Protocole sur la prévention et la répression de la violence sexuelle à l'égard des femmes et des enfants, à lutter contre ce fléau grâce à des mesures de prévention, de pénalisation et de répression en temps de paix comme en temps de guerre, conformément aux lois nationales et au droit pénal international.

[291] Ban Ki-MOON, *Les enfants et les objectifs du millénaire pour le développement. Progrès accomplis dans l'édification d'un monde digne des enfants*, New York, Division de la communication-UNICEF, 2007, p. 58.

[292] UNESCO, *Éducation pour tous 2000-2015 : Progrès et enjeux*, Paris, Éditions UNESCO, 2015, p. 180.

protection de l'enfant, il est important de souligner l'initiative prise par le biais de la *Consultation infrarégionale sur l'élaboration de stratégies pour lutter contre la traite des enfants à des fins d'exploitation, en Afrique centrale et de l'Ouest*, qui a débouché sur l'adoption d'un Plan d'action pour un certain nombre de pays de la région. Toutes ces initiatives ont pour but de protéger les enfants contre les agressions sexuelles des adultes.

Ces textes lancent un appel aux États africains afin qu'ils s'acquittent de leurs obligations découlant du droit international et qu'ils adoptent des mesures appropriées pour mettre fin aux exploitations et abus sexuels à l'égard des enfants en période de conflit armé. Cette préoccupation est également relayée par « *la Commission africaine des droits de l'homme et des peuples qui exhorte les États à la mise en place d'un mécanisme de protection spéciale des enfants dans les zones de conflit armé* »[293] contre les violences sexuelles. Outre ces initiatives, régionales, au niveau sous-régional, la Communauté économique des États d'Afrique de l'Ouest (CEDEAO) a décidé, en 2002, de créer un service de protection de l'enfance chargé d'évaluer les progrès réalisés en faveur des enfants en période de conflit armé[294].

Paragraphe II. La protection des enfants contre les abus sexuels en RCA et en RDC

La protection des enfants en période de conflit armé est assurée par les États parties, en principe sur leur territoire et, par exception, à l'étranger. En effet, la situation ordinaire est représentée par le territoire de l'État, quand

---

[293] Jean-Marc SOREL et Corneliu-Liviu POPESCU, *La protection des personnes vulnérables en temps de conflits armés*, *op.cit*, p. 196.
[294] *Idem*.

celui-ci y exerce pleinement sa souveraineté (sa juridiction). Dans ce cas, les enfants se trouvant sur le territoire de l'État relèvent de la juridiction de cet État, qui est obligé de les protéger. Deux situations d'exception sont possibles : la situation d'une partie du territoire de l'État non-soumise au contrôle effectif de l'État et celle de l'exercice extraterritorial de la juridiction étatique.

D'abord, « *il convient d'envisager l'hypothèse d'une partie du territoire national que l'État centrafricain ou l'État congolais ne contrôlent pas, à cause des rebelles. La juridiction de droit ne correspond plus au contrôle de fait sur ce territoire occupé* »[295]. Les enfants se trouvant sur cette partie du territoire national relèvent-ils encore de la juridiction de l'État centrafricain et de l'État congolais (RDC) ? La réponse est affirmative, mais nuancée. Il faut noter que, du point de vue du droit international public, l'expression « relevant de leur juridiction », doit être comprise comme signifiant que la compétence juridictionnelle d'un État est principalement territoriale, mais également en ce sens qu'il est présumé qu'elle s'exerce normalement sur l'ensemble de son territoire.

Cette présomption peut se trouver limitée dans des circonstances exceptionnelles, notamment lorsqu'un État est dans l'incapacité d'exercer son autorité sur une partie de son territoire : tel est le cas de la RCA et de la RDC. Cela peut être dû à une occupation des groupes militaires qui contrôlent effectivement ce territoire, à des actes de rébellion sur le territoire de l'État en question.

La souveraineté étant fondamentalement territoriale, tout ce qui se trouve ou se produit sur le territoire étatique

[295] Cornelui-Liviu POPESCU, « le rôle de la Cour européenne des droits de l'homme dans la protection de la population civile-développements jurisprudentiels récents », in Jean-Marc SOREL et Cornelui-Liviu POPESCU (Dir), *La protection des personnes vulnérables en temps de conflit armé,* Bruxelles, Bruylant, 2010, p. 131.

relève en principe de la compétence de l'État[296]. Par conséquent, si un État se trouve dans l'impossibilité d'exercer son autorité sur l'ensemble de son territoire en raison d'une situation de fait contraignante, comme l'occupation d'une force de rébellion, l'État ne cesse pas pour autant d'exercer sa juridiction sur la partie du territoire, même si, une telle situation factuelle a néanmoins pour effet de réduire la portée de cette juridiction.

Par conséquent, l'État en question se doit, avec tous les moyens légaux et diplomatiques dont il dispose, de continuer à garantir la protection des enfants. Dans le cas étudié, l'État centrafricain et l'État congolais restent soumis à certaines obligations positives d'assurer le respect des droits de l'homme pour les enfants se trouvant sur ledit territoire, continuant ainsi de relever de la juridiction de l'État. L'absence de contrôle effectif sur une partie du territoire ne signifie pas l'absence de juridiction de l'État sur ce territoire, mais diminue la portée des obligations positives de l'État.

Il est important de noter que la responsabilité juridique de protection des enfants contre les crimes sexuels incombe à des entités se trouvant à l'échelle des États. Plusieurs instruments juridiques du droit des conflits armés et du droit international des droits de l'homme ont énoncé le principe qui dispose qu'il appartient, avant tout, à l'État de protéger les enfants, membres de la population ainsi que toutes les personnes vivant sur son territoire contre les violations graves du DIH et du DIDH.

Pour ce faire, « *les États doivent veiller non seulement à ce que leurs forces armés, mais aussi d'autres sujets de droit, respectent les instruments fondamentaux du droit des conflits armés* »[297]. L'article 89 du premier Protocole

[296] Académie de droit international, *Recueil des Cours 1983-V*, t.183, Boston, Martinus Nijhoff Publishers, 1985, p. 93.
[297] Article 1er commun aux quatre CG de 1949 ; article 1, §.1 du PA I.

additionnel va un peu plus loin en exigeant que les États agissent, en cas de violations graves des CG et du premier Protocole additionnel, individuellement ou collectivement, en collaboration avec l'ONU. Cette règle est proche de l'article 56 de la Charte des NU qui oblige les États à « agir » en vue d'assurer le respect des droits de l'homme visé à l'article 55-c de la Charte[298].

Lors du Sommet mondial de 2005, les États membres des Nations Unies ont solennellement déclaré que « *c'est à chaque État qu'il incombe de protéger ses populations du génocide, des crimes de guerre, du nettoyage ethnique et des crimes contre l'humanité. Cette responsabilité consiste notamment dans la prévention de ces crimes, y compris l'incitation à les commettre, par les moyens nécessaires et appropriés. Nous l'acceptons et agirons de manière à nous y conformer* »[299]. Cette responsabilité des États de protéger les populations vulnérables contre les crimes du droit international humanitaire a été à plusieurs reprises réaffirmée par le CSNU à travers des résolutions[300].

La responsabilité des États de protéger les populations en général et les enfants, en particulier, couvre également la protection contre les crimes sexuels dans la mesure où la résolution 1325 (2000) énonce que « *tous les États ont l'obligation de mettre fin à l'impunité et de poursuivre en justice ceux qui sont accusés de génocide, de crimes contre l'humanité et de crimes de guerre, y compris toutes les formes de violence sexiste et autre contre les femmes et les petites filles* »[301]. Dans les résolutions ci-dessous portant

---

[298] Éric DAVID, *Principes de droit des conflits armés*, cinquième édition, Bruxelles, Bruylant, 2012, p. 644.

[299] ONU, AGNU, Document final du Sommet mondial de 2005, A/60/L.1, 20 septembre 2005, §. 138.

[300] Rés 1674 du 28 avril 2006, §. 4 ; Rés 1706 du 31 août 2006, Préambule, 2e considérant ; Rés 1894 du 11 novembre 2009, Préambule, 6e et 7e considérant.

[301] ONU, CSNU, Rés 1325 (2000), S/RES/1325, 31 octobre 2000, §.11.

sur la même thématique, le CSNU à clairement affirmer que « *c'est aux États qu'il incombe au premier chef de respecter et de garantir les droits de l'homme de leurs citoyens ainsi que de toutes les personnes se trouvant sur leur territoire, comme le prescrit le droit international applicable* »[302] aux États et organisations.

Le droit qui protège le corps humain est le droit à l'intégrité physique qui est un droit de la personnalité, incessible, insaisissable, imprescriptible, et intransmissible. Et le corps humain, pénalement, est protégé par les qualifications relatives à la personne[303]. Le corps humain est caractérisé par son inviolabilité, son intangibilité.

Ainsi, sans oublier les dispositifs ou les initiatives juridiques au niveau national en matière de protection des enfants, cette étude mettra à la fois en exergue le droit pénal, sachant que ce droit a une fonction essentiellement répressive, puisqu'il vise à sanctionner, par une peine, les personnes qui ont commis une infraction, c'est-à-dire qui ont transgressé les interdits dressés par la loi pénale.

En outre, le droit pénal a un rôle préventif non seulement envers le délinquant, où le prononcé d'une peine vise à éviter qu'il ne commette une nouvelle infraction, mais aussi envers l'ensemble des individus, où les peines encourues tendent à dissuader l'auteur de passer à l'acte. En cela, Harald RENOUT précise que le « *but du droit pénal est la défense de la société contre les comportements qu'elle interdit, la protection de l'ordre et de la sécurité publics* »[304]. Le droit pénal conduit également à protéger les

[302] Les préambules des résolution 1828 (2008) du 19 juin 2008 ; 1960 (2010) du 16 décembre 2010 ; 1888 (2009) du 30 septembre 2009.

[303] Xavier LABBÉE, *Condition juridique du corps humain avant la naissance et après la mort*, Presses Universitaires de Lille, 1990, p. 56.

[304] Harald RENOUT, *Droit pénal général*, Paris, Paradigme, 2009, p. 2.

membres de la société, notamment les plus faibles, à savoir les enfants.

En incriminant au sein du Code pénal de nombreux comportements portant atteinte au corps des enfants, le législateur l'érige en valeur sociale protégée. Dans ce paragraphe, il s'agira d'examiner les lois nationales relatives à la protection des enfants contre l'exploitation sexuelle en RCA (A) et en RDC (B).

A. La protection des enfants contre les violences sexuelles en droit positif centrafricain

En RCA, la protection des enfants contre les agressions sexuelles est consacrée par les lois et politiques nationales. La *Constitution* de la RCA contient des dispositions relatives à la protection de la dignité de l'enfant et assure également le respect de la dignité de toute personne humaine en vertu du principe « *Zo kwé zo* »[305], inscrit dans le *Préambule de la Constitution*[306]. Les réflexions de Guy AURENCHE, ancien président de la Fédération Internationale de l'Action des Chrétiens pour l'Abolition de la Torture (FIACAT) relatent que le principe « *Zo kwé zo* » est considéré comme « *la devise de la République Centrafricaine énonçant que tout homme est un homme ; signifiant à la fois la grandeur et l'irréductibilité de chaque personne* »[307] humaine dans laquelle se greffent les diverses dispositions internes de loi relative aux droits de l'enfant.

---

[305] « *Zo kwé zo* » est une expression issue de langue Sangho. Elle se traduit littéralement « Zo = Personne ; kwé = tous ; zo= personne ». « *Zo kwé zo* » signifie littéralement « Personne tous personne ». Autrement dit, « toute personne est une personne ». Mais souvent cette expression se traduit aussi comme « tout homme est un Homme ».

[306] Constitution de la République centrafricaine, adoptée le 14 décembre 2015, et promulguée le 27 mars 2016.

[307] Guy AURENCHE, *La dynamique des droits de l'homme*, Paris, Desclée de Brouwer, 1998, p. 21.

La grandeur et l'irréductibilité de chaque personne sont consacrées et considérées au titre de l'article premier de la Constitution comme une valeur sacrée et inviolable : « *La personne humaine est sacrée et inviolable. Tous les agents de la puissance publique, toute organisation, ont l'obligation absolue de la respecter et de la protéger* »[308]. La sacralité et l'inviolabilité de la personne humaine fondent le respect de la dignité de cette dernière et supposent que l'on puisse reconnaître à chacun le droit d'être protégé.

Cette disposition de la Constitution centrafricaine fait état du caractère sacré de la personne humaine, de l'obligation absolue de « *tous les agents de la puissance publique, toute organisation, ont l'obligation absolue de la respecter et de la protéger* » et de lui garantir un plein épanouissement lorsqu'il s'agit d'une personne plus vulnérable, les enfants. Cette disposition signifie que la personne humaine est hors du commerce, qu'elle ne peut pas faire l'objet d'exploitation et que sont interdites toutes les pratiques de nature à constituer un obstacle à l'épanouissement de la personne humaine.

L'article 1 de la nouvelle Constitution dispose que les êtres humains sont sacrés et inviolables. Tous les agents de l'État ont l'obligation absolue de protéger et de respecter ce droit. L'article 3 énonce que tout le monde bénéficie du droit *« à la vie et à l'intégrité corporelle* [et que] *nul ne sera soumis ni à la torture, ni au viol, ni à des services ou traitements cruels, inhumains, dégradants ou humiliants. Tout individu, tout agent de l'État, toute organisation qui se rend coupable de tels actes, sera puni conformément à la loi* »[309]. À la lecture de cette disposition, il est évident que la protection de l'intégrité physique est assurée réellement par le droit pénal centrafricain et constitue l'une des tâches

308 Constitution de la RCA de 2015, Art. 1.
309 *Ibid,* Art. 3.

essentielles que s'assigne, de longue date, l'État centrafricain.

Selon Véronique ZANETTI , « *l'intégrité corporelle fait l'objet d'une protection qui doit être garantie, en premier lieu par l'État puis, de manière subsidiaire, par la communauté internationale* »[310], le législateur centrafricain a intégré « le droit à la vie » dans sa loi afin de protéger la personne humaine contre les atteintes à l'intégrité corporelle de la part d'une autre personne. Irma ARNOUX précise que « *le droit à l'intégrité physique* [corporelle] *est une composante du droit à la vie* »[311].

Laurent MOREILLON insiste sur le fait que, « *la vie et l'intégrité corporelle caractérisent des droits absolus que l'on peut qualifier de fondamentaux. La vie et l'intégrité corporelle sont incontestablement les droits qui bénéficient de la protection la plus absolue* »[312] dans la mesure où le droit au respect de l'intégrité corporelle, c'est-à-dire le droit au maintien du caractère intact de son corps est considéré comme l'une des facettes du droit à la vie privée dont l'enfant bénéficie de la protection.

L'objectif de cet article 3 est de garantir à chaque individu le respect de son intégrité physique dans la mesure où le droit absolu à la vie et à l'intégrité corporelle caractérise un droit subjectif que l'enfant peut invoquer pour se protéger contre les agresseurs. L'article 6 spécifie que « *la protection de la femme et de l'enfant contre la violence et l'insécurité, l'exploitation [...] est une obligation pour l'État et les autres collectivités publiques.*

---

[310]Véronique ZANETTI, *L'intervention humanitaire. Droits des individus, devoirs des États*, Fribourg, Éditions Labor et Fides, 2008, p. 119.

[311] Irma ARNOUX, *Les droits de l'être humain sur son corps*, Presses Universitaires de Bordeaux, 2003, p. 347.

[312] Laurent MOREILLON, *L'infraction par omission. Étude des infractions à la vie et à l'intégrité corporelle en droits anglais, français, allemand et suisse*, Genève, Librairie Droz, 1993, p. 182.

Cette protection est assurée par des mesures et des institutions appropriées de l'État et des autres collectivités publiques »[313]. Cette disposition a pour but de mettre en exergue l'obligation de l'État centrafricain et celle des autres organes publics en matière de protection des enfants contre les sévices.

Ce droit implique qu'il ne doit pas y avoir de coercition sur le corps et cultive l'idée que les personnes soient protégées contre les agressions violentes, le viol, l'exploitation et les abus sexuels dans la mesure où, « *en vertu du Code de la famille, toute personne humaine a la personnalité juridique à compter de sa naissance* »[314] et doit être protégée en tout temps.

Outre ces dispositions évoquées ci-dessus, le code pénal révisé en 2010 contient plusieurs dispositions générales et importantes pour la protection des enfants en période de paix comme en temps de conflit armé. Le chapitre V de la *Loi N° 10.001 du 06 janvier 2010 portant Code pénal centrafricain*, intitulé « *des attentats aux mœurs* », mérite d'être examiné du point de vue de la protection des enfants contre les exploitations sexuelles.

À cet effet, l'article 85, 1 du Code pénal centrafricain dispose : « *toute personne qui aura commis un outrage à la pudeur dans un lieu public sera punie d'un emprisonnement d'un mois et un jour à six mois et d'une amende de 100.002 à 300.000 francs* »[315]. Il faut une condition nécessaire pour que le délit prévu par cet article existe. Et la condition est que l'outrage à la pudeur ait lieu en public ; l'outrage à la pudeur qui n'aurait pas ce caractère aurait servi de prétexte à la loi. Si l'outrage à la « pudeur » doit avoir lieu dans un

---

313 Constitution de la RCA de 2015, Art. 6.

314 *Loi N° 97. 013 portant Code de la famille*, 11 novembre 1997, arts. 1 & 2, Bangui, Édition spéciale.

315 *Loi N° 10.001 du 06 janvier 2010 portant Code pénal*, Art. 85, 1. Bangui, Édition spéciale.

espace public pour être punissable, il est aussi important de souligner que cet outrage à la pudeur ne consiste que dans les faits actions ou gestes.

D'une manière spécifique, l'article 86 pénalise « *tout attentat à la pudeur consommé ou tenté sans violence sur la personne d'un enfant de l'un ou de l'autre sexe* [qui], *sera puni d'un emprisonnement d'un mois et un jour à cinq ans et d'une amende de 100.002 à 800.000 francs* »[316], tandis que l'article 87 pénalise le viol, y compris l'attentat à la pudeur sur les enfants de moins de quinze ans qu'il considère comme un viol, par une peine d'emprisonnement. Les faits élémentaires du délit sont : l'attentat à la pudeur et la personne d'un enfant (son âge). En principe, pour que le crime d'attentat à la pudeur soit punissable, il aurait fallu qu'il fût consommé ou tenté sans violence sur la personne d'un enfant, fille ou garçon. Le but de cette disposition est la défense de l'intégrité physique de l'enfant contre les comportements qu'elle interdit. Et cette interdiction concerne « tout attentat à la pudeur », consommé ou tenté sans violence sur la personne d'un enfant.

Même si l'attentat à la pudeur est sans violence, celui-ci reste un attentat en raison de la faiblesse relative à l'âge de l'enfant. Reprenant à son compte l'impératif de protection consacré par l'article 19 de la Convention des Nations Unies relative aux droits de l'enfant (CDE), énonçant que « *les États parties prennent toutes les mesures législatives [...] appropriées pour protéger l'enfant contre toutes formes de violence, d'atteinte ou de brutalités physiques ou mentales [...] de mauvais traitements ou d'exploitation, y compris la violence sexuelle* »[317], l'article 86 du Code pénal centrafricain met à la charge de l'État une obligation positive d'ériger en infraction certaines atteintes portées sur la personne d'un enfant.

---

[316] *Ibid*, Art. 86.

[317] Art. 19 de la CDE.

L'article 87 est consacré au viol et l'attentat à la pudeur sur la personne d'un enfant de moins de quinze ans, et précise : « *Quiconque aura commis le crime de viol sera puni des travaux forcés à temps* ». Il ajoute que « *si le crime a été commis sur la personne d'un enfant en dessous de l'âge de 18 ans accomplis, le coupable subira le maximum de la peine des travaux forcés à temps. Tout attentat à la pudeur consommé ou tenté sur la personne d'un enfant de moins de quinze ans de l'un ou l'autre sexe est réputé de viol* »[318]. En principe, pour que le crime de viol ou d'attentat à la pudeur soit punissable, il faut qu'il soit consommé ou tenté avec violence ; mais lorsque ces crimes sont commis sur la personne des enfants au-dessous de dix-huit ans, le coupable subira le maximum de la peine des travaux forcés à temps. Ainsi, aux termes de l'article 91, « *la peine sera d'un emprisonnement de trois à dix ans et d'une amende de 200.000 à 2.000.000 de francs dans les cas où : 1. Le délit a été commis à l'égard d'un mineur ; 2. Le délit a été accompagné de contraintes, d'abus d'autorité* »[319] sur l'enfant.

L'article 96 est consacré à une série de délits d'exploitations et d'abus sexuels et prend en compte *« le fait de harceler autrui en usant d'ordres, de menaces, de contraintes ou de pressions graves, dans le but d'obtenir des faveurs de nature sexuelle par une personne abusant de l'autorité que lui confèrent ses fonctions, est puni d'un an d'emprisonnement et de 50.002 à 500.000 francs d'amende* ». L'objectif du législateur est de réprimer le délit de harcèlement sexuel. En effet, le délit de harcèlement sexuel dont il est question suppose la réunion de trois éléments constitutifs qui enferment l'infraction dans une définition et un contexte précisément circonscrits ; puisque le harcèlement sexuel est défini au titre de ce même article

---

[318] *Code pénal de la RCA* de 2010, Art. 87.

[319] *Ibid,* Art. 91.

comme « *le fait de harceler autrui en usant d'ordres, de menaces, de contraintes ou de pressions graves, dans le but d'obtenir des faveurs de nature sexuelle par une personne abusant de l'autorité que lui confèrent ses fonctions* ». Le seul élément matériel du délit incriminé par l'article 96 du Code pénal est le « fait de harceler autrui dans le but d'obtenir des faveurs sexuelles par une personne abusant de l'autorité que lui confèrent ses fonctions ».

Au fond, le harcèlement sexuel vise essentiellement l'abus d'autorité et permet de sanctionner ceux qui, usant de leur pouvoir, exercent des pressions sur une personne (un enfant), afin d'obtenir « des faveurs de nature sexuelle ».

Le Code pénal réaffirme que « *les infractions graves aux conventions de Genève et toutes violations graves des lois coutumières applicables aux conflits armés, y compris [...] les dispositions du droit humanitaire international, constituent des crimes de guerres* »[320]. Abordant la même thématique, Roselyne NERAC-CROISIER a rappelé que le « *Code pénal avait pour vocation première de protéger l'être humain et qu'il devrait renforcer cette protection pour les personnes les plus vulnérables* »[321]. En qualité d'être humain, l'enfant est protégé et cette protection est spécifique puisque son intégrité corporelle est une valeur particulièrement défendue dans le Code pénal centrafricain. Dans la même perspective envisagée par le Code pénal centrafricain, l'article 23 de la *Loi n° 06.032 du 27 décembre 2006 portant protection de la femme contre les violences en République centrafricaine*, prescrit :

> Sera puni de travaux forcés à temps, quiconque aura commis le crime de viol sur [...] une mineure de moins de quatorze ans, soit sous la menace d'une arme, soit par deux ou plusieurs auteurs ou complices, soit par un ascendant légitime, naturel

[320] *Ibid*, Art. 154.

[321] Roselyne NERAC-CROISIER (Dir), *Le mineur et le droit pénal*, Paris, L'Harmattan, 1997, p. 13.

> ou adoptif de la victime ou par une personne qui a abusé de l'autorité que lui confèrent ses fonctions. La tentative de viol sera punie comme le viol lui-même[322].

En vertu de l'article 27 de ladite loi, la peine sera d'un emprisonnement de trois (3) à cinq (5) ans et d'une amende de cinq cent mille (500.000) à trois millions (3.000.000) francs CFA dans le cas où, le délit a été commis à l'égard d'une mineure ; le délit a été accompagné de contrainte, d'abus d'autorité ; l'auteur du délit était porteur d'une arme apparente ou cachée ; l'auteur du délit est appelé à participer de par ses fonctions à la lutte contre la prostitution, à la protection de la santé ou au maintien de l'ordre public[323].

Outre cette disposition, l'article 28 dispose que « *sera puni d'un emprisonnement de 1 à 3 ans et d'une amende de 500.000 à 1.000.000 de francs CFA, quiconque aura attenté aux mœurs en incitant à la débauche [...] des mineures* ».[324] Les dispositions de cette loi prennent en compte la vulnérabilité et l'extrême fragilité de l'enfant lorsqu'elles condamnent les délits sexuels commis à son égard. Conformément au Statut de Rome de la CPI, ratifié par la République centrafricaine en 2001, le Code pénal Centrafricain inclut le viol et d'autres formes de violences sexuelles parmi les crimes de guerre et crimes contre l'humanité, lorsqu'ils sont commis dans le cadre d'une attaque généralisée ou systématique contre les civils.

En plus du cadre normatif examiné dans le chapitre précédent, d'autres mesures législatives sont établies pour combattre la violence sexuelle en République centrafricaine. De plus, un *Décret du Gouvernement*, signé le 8 janvier 2015, crée une unité d'intervention rapide au

---

[322] *Loi N° 06.032 du 27 décembre 2006 portant protection de la femme contre les violences en République Centrafricaine,* art. 23.

[323] *Ibid*, art. 27, alinéa 1, 2, 3 et 5.

[324] *Ibid*, art 28, alinéa 1.

sein de la police et de la gendarmerie avec mandat de prévenir et de poursuivre toutes formes de violence sexuelle[325]. En somme, les dispositions examinées montrent bien comment le législateur centrafricain protège les enfants contre les infractions qui peuvent l'atteindre directement ou indirectement, contre les agissements susceptibles de compromettre l'intégrité physique et morale de l'enfant en temps de paix ou en temps de conflit armé interne.

B. La protection juridique des enfants contre les abus sexuels en droit congolais

En plus des obligations qui lui incombent en vertu du droit international, l'arsenal juridique consacre, aux termes des lois propres, des dispositions pouvant prévenir et punir les actes d'exploitation et les abus sexuels qui rongent la société congolaise. C'est ainsi qu'en 2006, le parlement congolais a adopté une nouvelle loi relative à la violence sexuelle.

Pour la première fois, la loi criminalise expressément des actes tels que la mutilation sexuelle et l'esclavage sexuel. « *Elle définit que toute relation sexuelle avec un mineur est constitutive de viol. Les peines pour viol vont de cinq à vingt ans mais sont doublées dans certains cas, par exemple lorsque le viol est commis par un agent public, par plusieurs personnes, avec usage ou menace d'une arme, ou sur des personnes captives* »[326]. Joseph Kazadi MPIANA rappelle que lors de l'adoption de la loi sur les violences sexuelles en 2006, les parlementaires étaient sensibles à la

[325] Décret N°15007 du 8 janvier 2015 portant création d'une Unité mixte d'intervention rapide et de répression des violences sexuelles faites aux femmes et aux enfants (UMIRR), RCA.

[326] *Loi N° 06/018 modifiant et complétant le Code pénal congolais*, 20 juillet 2006.

question de protection des enfants contre les crimes liés aux violences sexuelles[327].

Dans cet élan, l'article 15 de la Constitution du 18 février 2006 stipule : « *les pouvoirs publics veillent à l'élimination des violences sexuelles. Sans préjudice des traités et accords internationaux, toute violence faite sur toute personne, dans l'intention de déstabiliser, de disloquer une famille et de faire disparaître tout un peuple est érigée en crime contre l'humanité puni par la loi* »[328]. Cet article érige en crime contre l'humanité une forme particulière de violences sexuelles. Il n'est pas une simple métaphore, ni un document juridique pour inspirer un argument. Il est l'expression de la volonté des juristes congolais d'envisager les normes juridiques relatives à la protection des enfants contre les sévices sexuels en RDC.

Une telle disposition permet au Gouvernement de la RDC de demander au parlement de prendre des mesures qui sont normalement du domaine de la loi afin de protéger la population et lutter contre les violences sexuelles. De plus, une loi séparée de la procédure pénale précise que les victimes ont le droit d'être vues par un médecin et un psychologue, que la durée des procédures juridiques ne doit pas dépasser trois mois, et que la sécurité et le bien-être psychologique des victimes et des témoins doivent être garantis[329].

En plus de cette disposition constitutionnelle, la *loi n° 09/001 du 10 janvier 2009 portant protection de l'enfant*[330]

---

[327] Joseph Kazadi MPIANA, *La position du droit international dans l'ordre juridique congolais et l'application de ses normes,* Paris, Éditions Publibook, 2013, p. 339.

[328] Art. 15 de la *Constitution du 18 février 2006*, (J.O.R.D.C.) N° spécial du 18 février 2006.

[329] *Loi N° 06/018 modifiant et complétant le Code pénal congolais*, 20 juillet 2006.

[330] *Loi N° 09/001 du 10 janvier 2009 portant protection de l'enfant,* N° spécial du 25 mai 2009.

contient des dispositions en rapport avec l'interdiction des violences sexuelles sur les enfants. Ainsi, la protection de l'enfant contre toute forme d'exploitation et de violences, le harcèlement sexuel ainsi que les formes d'exploitation et de violences sexuelles sont respectivement consacrées par les articles 57, 60, 61 et 62. L'article 57 dispose, à son alinéa premier, que « *l'enfant a droit à la protection contre toute forme d'exploitation et de violences* »[331]. Ainsi, cette disposition rappelle la fonction régalienne de l'État congolais envers les enfants. L'État doit protéger l'enfant contre toute forme de brutalités, des mauvais traitements et des exploitations, que cela vienne de ses parents ou de toute autre personne. L'État congolais fera en sorte d'éviter que des actes d'exploitations et de violences ne se produisent à l'égard des enfants.

L'article 60 de cette même loi dispose que « *le harcèlement sexuel, sous toutes ses formes, exercé sur l'enfant, est interdit* »[332]. Selon Natacha CHETCUTI et Maryse JASPARD, le harcèlement sexuel est défini, selon cette disposition, comme une agression sexuelle qui affecte la personne par des remarques sexistes, des plaisanteries obscènes, des affichages pornographiques. Il englobe aussi un chantage sexuel sous formes de sollicitations sexuelles implicites ou explicites, accompagnés de promesses ou de menaces sur l'enfant, un service ou sur la sécurité de la personne[333] de l'enfant. Le propre d'un tel harcèlement est de porter atteinte à la liberté, à la dignité, à l'intégrité physique et morale ainsi qu'au bien-être de l'enfant. Cette forme de harcèlement porte également atteinte à la dignité sexuelle de l'enfant.

---

[331] *Ibid*, art. 57, alinéa 1.

[332] *Ibid*, art. 60.

[333] Natacha CHETCUTI et Maryse JASPARD (Dir), *Violences envers les femmes. Trois pas en avant deux pas en arrière*, Paris, L'Harmattan, 2007, p. 17.

Ainsi, l'érection du harcèlement sexuel en infraction pénale illustre bien la démarche contemporaine du droit pénal congolais tendant à prendre davantage en compte la protection de l'intégrité physique et psychologique de l'enfant. Car le harcèlement sexuel est un comportement non souhaité à teneur et le législateur congolais a raison de le reconnaître en tant que forme de violation des droits fondamentaux des enfants.

Plus particulièrement, la protection des enfants contre l'exploitation et les violences sexuelles est explicitement consacrée par l'article 61 de *Loi N° 09/001 du 10 janvier 2009 portant protection de l'enfant,* qui dispose :

> Sans préjudice des dispositions du Code pénal, l'enfant est protégé contre toutes formes d'exploitation et de violences sexuelles.
> Sont interdits notamment :
> 1. l'incitation, l'encouragement ou la contrainte d'un enfant à s'engager dans une activité sexuelle ;
> 2. l'utilisation, le recrutement ou l'offre d'un enfant à des fins de pédophilie ;
> 3. la diffusion de films pornographiques à l'intention des enfants ;
> 4. l'exposition d'un enfant à des chansons et spectacles obscènes[334].

La disposition de la *Loi N° 09/001 du 10 janvier 2009 portant protection de l'enfant* en matière d'exploitation et des violences sexuelles rejoint la Convention des Nations Unies relative aux droits de l'enfant. Celle-ci protège les enfants contre toutes les formes d'exploitation et de violences sexuelles, contre les traitements cruels ou inhumains. Elle intègre les dispositions pertinentes de la

---

[334] Art. 61 de la *Loi N° 09/001 du 10 janvier 2009 portant protection de l'enfant,* N° spécial du 25 mai 2009. Selon l'article 62 (6), l'enfant est considéré comme un être vulnérable en situation difficile et bénéficie d'une protection spéciale. Il est aussi protégé contre l'exploitation économique et sexuelle.

CDE, telles que celles prévues aux articles 1, 11, 21 et 32 à 37, formulés en termes généraux. Cette disposition démontre aussi l'engagement du législateur congolais à prendre des mesures pour empêcher l'incitation, la coercition ou l'encouragement d'un enfant à s'engager dans toute activité sexuelle ; l'utilisation d'enfants à des fins de prostitution ou toutes autres pratiques sexuelles ; l'utilisation d'enfants dans des activités et des scènes ou spectacles pornographiques.

L'article 61 garantit le droit des enfants à une protection contre les dangers physiques et offre à ces derniers une large protection contre toutes les formes d'exploitations et de violences sexuelles. Cet article est complété par les dispositions du Code de la famille, celles du Code pénal et celles du Code pénal militaire de la RDC.

Selon les recherches de Ann-Charlotte NILSSON, l'« *article 174 f de la loi sur les violences sexuelles énonce : sans préjudice de l'article 336 du Code de la famille, sera punie d'une peine de un an a douze ans de servitude pénale et d'une amende ne pouvant être inférieure à cent mille francs congolais, toute personne, exerçant l'autorité parentale ou tutélaire sur une personne mineure ou majeur* »[335]. Le même article précise également (174 g) que sera puni d'une peine de servitude pénale de deux à cinq ans et d'une amende de deux cent mille francs congolais constants, quiconque aura posé un acte qui porte atteinte à l'intégrité physique ou fonctionnelle des organes génitaux d'une personne. Lorsque la mutilation a entraîné la mort, la peine est de servitude pénale à perpétuité[336].

En introduisant des modifications au Code pénal, le législateur congolais a veillé à ce que le crime de violence sexuelle soit défini de manière adéquate et que l'existence

---

[335] Ann-Charlotte NILSSON, *Children and youth in armed conflit*, vol. I, Boston, Martinus Nijhoff publishers, 2013, p. 58.
[336] *Idem.*

de nouvelles formes de violence sexuelle soit reconnue, renforçant par conséquent la protection juridique accordée aux victimes[337]écrit Zainab HAWA BANGURA. Ces lois congolaises sont appliquées par les juridictions civiles et militaires. « *Le Code pénal militaire congolais définit les crimes de guerre et les crimes contre l'humanité, y compris les crimes sexuels. Toutes les violations des lois survenant pendant la guerre pendant la guerre, et non justifiées par les lois ou coutumes de guerre, sont définies comme étant des crimes de guerre* »[338]. Lorsqu'ils sont commis dans le cadre d'une attaque généralisée ou systématique contre la population civile ou le pays, le viol, l'esclavage sexuel, la prostitution forcée, la grossesse forcée et autres formes de violences sexuelles sont définis comme étant des crimes contre l'humanité[339]. La loi précise que les supérieurs hiérarchiques peuvent être poursuivis en tant que complices dans la mesure où ils ont toléré les agissements de leurs subordonnés[340].

La réflexion menée par l'ONG Human Rights Watch relative aux *Violences sexuelles et réforme militaire en République démocratique du Congo*, en juillet 2009 relate qu'il existe « *depuis 2003, un projet de loi relatif à la mise en œuvre du Statut de Rome dans la loi congolaise.* [Et que] *ce projet de loi codifie les crimes contre l'humanité et les crimes de guerre, y compris les crimes sexuels, et étend la compétence du pouvoir judiciaire civil aux crimes de guerre et aux crimes contre l'humanité perpétrés par des*

---

[337] Zainab HAWA BANGURA, *Bulletin des arrêts de la haute cour militaire : La lutte contre les violences sexuelles*, N° spécial, Paris, L'Harmattan, 2016, p. 9.

[338] *Loi N° 024/2002 portant Code pénal militaire*, 18 novembre 2002, art. 173.

[339] *Ibid*, art. 169.

[340] *Ibid*, art. 175.

membres des forces armées »[341]. Son adoption incorporerait dans la loi congolaise des normes juridiques internationales relatives aux crimes les plus graves et transférerait des juridictions militaires aux tribunaux civils la responsabilité de poursuivre ces crimes[342]. L'ensemble de ces dispositions - qui constituent l'arsenal juridique congolais - montre effectivement que « *la législation congolaise a quand même évolué dans ce domaine à travers la loi sur les violences sexuelles qui réprime le trafic et l'exploitation d'enfants à des fins sexuelles* »[343] en tous temps et tous lieux.

Conclusion du chapitre

Au sens littéral, la protection juridiction des enfants prend en compte l'ensemble des droits dont ces derniers sont titulaires. Au sens strict, ce sont des protections consacrées par les droits spécifiques reconnus aux enfants considérés comme une catégorie particulière de droits de l'homme. « *Sujets de droit à part entière, les enfants sont en effet titulaires des mêmes droits et libertés fondamentales que les adultes. Les sources juridiques de protection des enfants sont diversifiées : elles sont à la fois consacrées par des conventions générales et par des conventions spécifiques* »[344]écrit Joël ANDRIANTSIMBAZOVINA. Les unes et les autres contiennent à la fois des protections spéciales des enfants et

[341] Human Rights Watch, *Les soldats violent, les commandants ferment les yeux. Violences sexuelles et réforme militaire en République démocratique du Congo*, Juillet 2009, p. 20.
[342] *Idem.*
[343] NU, *Rapport alternatif présenté au Comité des droits de l'enfant des Nations Unies : Les droits de l'enfant toujours mis à rude épreuve en RDC*, Septembre 2008, p. 67.
[344] Joël ANDRIANTSIMBAZOVINA, *Dictionnaire des Droits de l'Homme*, Paris, Puf, 2008, p. 367.

des protections générales mises en œuvre spécifiquement lorsqu'ils concernent des enfants. Ainsi, parti de l'examen de la thèse selon laquelle le fondement du droit positif de l'enfant contre l'exploitation et l'abus sexuels (EAS) réside dans « *une théorie des obligations à l'égard des enfants* », le premier chapitre a cherché à démontrer l'existence d'un *corpus* juridique en faveur de la protection générale des enfants contre les agressions sexuelles.

L'étude du dispositif normatif en matière de protection des enfants contre les sévices sexuels laisse apparaître une évolution du *corpus* juridique de protection des enfants contre l'exploitation et les abus sexuels en période de conflit armé. Le cadre normatif existant trouve ses sources principales dans le droit international humanitaire, le droit international des droits de l'homme et le droit international pénal. C'est dans cette optique que les règles énoncées dans les Conventions de Genève du 12 août 1949 et leurs Protocoles additionnels du 8 juin 1977 assurent la protection des enfants contre les violences sexuelles dans les conflits armés internationaux (CAI) et dans les conflits armés non internationaux (CANI).

La protection des enfants contre les agressions sexuelles est à la fois une protection générale de l'enfant en tant que membre de la population civile et une protection spéciale qui lui accordée en raison de son âge et de sa vulnérabilité. Les règles établies par les Conventions de Genève de 1949 et leurs Protocoles additionnels de 1977 sont renforcées et complétées par plusieurs autres instruments du droit international des droits de l'homme tels que la Convention des Nations Unies relative aux droits de l'enfant de 1989 (CDE) et le Protocole facultatif du 25 mai 2000 se rapportant à la CDE. En protégeant l'enfant contre l'exploitation et les violences sexuelles, ces instruments défendent à la fois ses droits, la sauvegarde de son humanité et de son intégrité physique et morale en temps de paix comme en période de conflit armé.

Outre cet arsenal juridique de protection des enfants contre les sévices sexuels consacrés par le droit international humanitaire et le droit international des droits de l'homme en des termes généraux, il existe de nombreux instruments juridiques régionaux de protection des enfants contre l'exploitation et les abus sexuels. Sans examiner toutes les normes régionales, et pour plus de spécificité et de concision, l'étude menée s'est consacrée spécifiquement au cadre normatif européen et au cadre normatif africain. Le cadre normatif européen et africain de protection des enfants contre les exploitations sexuelles est constitué d'une pluralité de conventions qui ne peuvent être dissociées d'autres instruments couvrant un champ plus large. Il s'agit d'une combinaison de plusieurs instruments juridiques complexes, aux contours variables.

Bien qu'elle soit encore à ses premiers balbutiements normatifs, l'analyse exégétique de l'arsenal juridique centrafricain révèle qu'il existe un ensemble d'instruments juridiques pouvant protéger les enfants contre les agressions sexuelles en tout temps. Ainsi, les instruments juridiques dont certaines dispositions protègent les enfants contre l'exploitation et les violences sexuelles sont : la *Constitution de la République centrafricaine de 2010* ; la *Loi N° 97. 013 portant Code de la famille de 1997* ; la *Loi N° 10.001 du 06 janvier 2010 portant Code pénal* ; la *Loi N° 06.032 du 27 décembre 2006 portant protection de la femme contre les violences en République centrafricaine* ; *la Loi N° 15.003 du 03 juin 2015 portant création, organisation et fonctionnement de la Cour pénale spéciale* et *le Décret N° 15. 007 du 08 janvier 2015 portant création d'une unité mixte d'intervention rapide et de répression des violences sexuelles faites aux femmes et aux enfants*.

Tout comme le cadre normatif centrafricain, en plus des obligations qui lui incombent en vertu du droit international, l'arsenal juridique congolais comporte des lois et des dispositions issues des instruments juridiques divers qui protègent les enfants contre les agressions sexuelles. Il s'agit notamment de : la *Loi N° 06/018 modifiant et complétant le Code pénal congolais du 20 juillet 2006* ; la *Loi N° 09/001 du 10 janvier 2009 portant protection de l'enfant* du 25 mai 2009 ; la *Loi N° 024/2002 portant Code pénal militaire* du 18 novembre 2002. L'ensemble de ces instruments témoignent de l'existence d'un *corpus* juridique centrafricain et congolais (RDC) en faveur de la protection des enfants contre l'EAS en temps de paix comme en période de conflit armé.

Chapitre II. Le cadre institutionnel de protection des enfants contre l'exploitation et les abus sexuels

Ce chapitre, consacré au cadre institutionnel de la protection des enfants contre l'EAS en période de conflit armé, s'assigne comme objectif d'examiner l'ensemble des institutions publiques et privées qui jouent un rôle stratégique dans la charte protectrice des enfants en général, et en particulier dans la protection des enfants contre l'exploitation et les abus sexuels en période de conflit armé. Les institutions protectrices dont il est question constituent un cadre qui oriente les acteurs de la protection des enfants. C'est au sein de ces institutions que se développent des dispositifs de protection des enfants. Ainsi, l'étude envisagée fera l'objet d'un développement en deux étapes.

La première étape est intitulée : *Les organes de protection des enfants contre l'exploitation et les abus sexuels.* Il s'agira essentiellement d'analyser l'apport des organes internationaux, régionaux et nationaux en matière de protection des enfants contre l'exploitation et les abus sexuels en période de conflit armé, en partant de l'impulsion du Comité de suivi de la mise en œuvre de la CDE. De plus, il sera question d'examiner les institutions de protection des enfants en Afrique, le Sommet de G8 tenu à Londres relatif à la prévention des violences sexuelles dans les conflits armés, la Conférence arabo-africaine contre l'exploitation et les abus sexuels, ainsi que le cadre institutionnel centrafricain et congolais (RDC) relatif à la protection des enfants contre les sévices sexuels (Section I).

La deuxième étape est consacrée aux institutions de protection contre l'EAS. L'intérêt sera accordé à la contribution des organes judiciaires capables de protéger les enfants contre l'EAS. Geert-Jean Alexander KNOOPS fait savoir que la raison d'un tel enracinement judiciaire trouve son sens dans le fait que « *lorsque les Nations Unies reçoivent la permission de stationner une force armée sur le territoire d'un État, la compétence criminelle sur les actes d'exploitation et d'abus sexuels devient l'affaire de plusieurs juridictions nationales* »[345]. Dès lors, il est important d'analyser les compétences juridictionnelles de l'État hôte, des États contributeurs de troupes et tiers, ainsi que celles des juridictions internationales *ad hoc* existantes qui militent en faveur de la protection des enfants contre l'EAS (Section II). Par ailleurs, la relation entre le cadre institutionnel et la pratique de la protection des enfants par les acteurs doit se comprendre comme une interaction.

Section I. Les organes de protection des enfants contre l'exploitation sexuelle

Cette première section a pour but d'étudier les actions menées par le Comité de protection des droits de l'enfant. Il s'agira notamment d'analyser la contribution des organes internationaux et africains, ainsi que les apports des Congrès mondiaux et africains relatifs à la protection des enfants contre l'exploitation et les abus sexuels en période de conflit armé (Paragraphe 1er). Nous examinerons ensuite le cadre institutionnel de la protection des enfants contre l'EAS en RCA et en RDC (Paragraphe 2nd).

Paragraphe I. L'apport des Comités de protection des enfants et des Congrès mondiaux

Ce paragraphe sera consacré à la surveillance internationale et régionale des droits de l'enfant. Il s'agira avant tout de réfléchir sur l'apport du Comité international

---

[345] Geert-Jean Alexander KNOOPS, *The prosecution and defense of peacekeepers under international criminal law*, Ardsley, New-York, Transnational Publishers, 2004, p. 242.

de contrôle de la CDE ainsi que sur la contribution des Comités africains relative à la protection des enfants (A). Ensuite, il sera posé le diagnostic de l'impulsion du Congrès mondial, du Sommet du G8 en 2013 en lien avec les recommandations issues du Comité sur l'élimination de toutes les formes de discriminations à l'égard des femmes (CEDAW) ainsi que celui de la contribution des Congrès africains relatifs à la problématique (B).

A. L'apport du Comité international et africain relatif à la protection des enfants

Les souffrances causées aux enfants à la suite de la Première Guerre mondiale ont poussé la Société internationale, jadis en phase d'institution, à s'intéresser de plus près au sort de ces êtres vulnérables. Selon Mamoud ZANI, « *la Société des Nations (SDN) a créé en 1919 un Comité de protection de l'enfance pour ainsi affirmer que les États ne sont plus seuls souverains en matière des droits de l'enfant* » [346]. Au niveau mondial, le Comité des droits de l'enfant des Nations Unies est l'organe spécialisé de référence dans la protection des enfants. Il est institué par la CDE du 20 novembre 1989. Il a été institué en tant que mécanisme de suivi de la mise en œuvre de la CDE par les États[347], en vertu de l'article 43 de la CDE.

Kathia Martin CHENUT estime que le Comité joue le rôle de garant de la CDE, rôle qui consiste à assister les États dans la mise en œuvre des dispositions de la CDE,

---

[346] Mamoud ZANI, *La Convention internationale des droits de l'enfant : Portée et limites*, Paris, Publisud, 1996, p.1.

[347] Ameth Fadel KANE, *La protection des droits de l'enfant pendant les conflits armés en droit international.* Thèse de doctorat, Université de Lorraine, 13 juin, 2014, p. 151. Disponible sur : docum.univ-lorraine.fr/public/DDOC_T_2014_0122_KANE.pdf. Consulté, le 11/08/2019.

principalement par le truchement de rapports périodiques[348] sur les mesures mises en place pour l'application, au plan interne, de la CDE. Initialement composé de dix experts[349], leur nombre a été élargi à dix-huit experts qui sont élus par les États parties parmi leurs ressortissants pour une durée de quatre ans renouvelables[350].

L'article 44 de la CDE dispose, dans son paragraphe premier, que les « *États parties s'engagent à soumettre au Comité, par l'entremise du Secrétaire général de l'Organisations des Nations Unies, des rapports sur les mesures qu'ils auront adoptées pour donner effet aux droits reconnus dans la présente Convention et sur les progrès réalisés dans la jouissance de ces droits* ». Quant au Comité, « *le processus d'établissement d'un rapport à son intention constitue une bonne occasion de procéder à un examen global des diverses mesures prises pour harmoniser la législation et les politiques nationales et pour suivre les progrès réalisés dans la jouissance des droits reconnus par cet instrument* »[351] de protection des enfants.

En vertu des articles 2, 3, 6 et 12 de la CDE posant des principes généraux, le Comité est chargé de surveiller la

---

[348] Kathia Martin CHENUT, « La protection des enfants en temps de conflit armé », in Corneliu-Liviu POPESCU et Jean-Marc SOREL (Dir), *La protection des personnes vulnérables en temps de conflit armé*, Bruxelles, Bruylant, 2010, p. 218.

[349] CDE, Art. 43.2.

[350] La CDE ne fait pas expressément référence aux observations générales, mais l'article 45 (d) prévoit que « *le Comité peut faire des suggestions et des recommandations d'ordre général, fondées sur les renseignements reçus en application des articles 44 et 45 de la présente Convention* ».

[351] Comité des droits de l'enfant, Directives générales concernant la forme et le contenu des rapports initiaux que les États parties doivent présenter conformément au paragraphe premier a) de l'article 44 de la CDE, In NU, *Droits de l'homme : Les droits de l'enfant*, Fiche d'information N° 10, (Annexe III), Genève, 1997, p. 46.

mise en œuvre de ladite Convention par l'examen des rapports que lui soumettent les États parties. C'est ce qu'énoncent les dispositions suivantes :

> Article 2 : non-discrimination – tous les droits prévus par la convention doivent être respectés et garantis à tous les enfants dans la juridiction d'un État sans discrimination d'aucune sorte ;
> article 3 : l'intérêt supérieur de l'enfant doit être une considération primordiale dans toutes les décisions qui concernent les enfants ;
> article 6 : le droit à la vie et le droit à un développement harmonieux : les États parties doivent garantir « dans toute la mesure possible la survie et le développement de l'enfant » ;
> article 12 : les États parties doivent garantir à l'enfant le droit d'exprimer librement son opinion sur toute question l'intéressant, les opinions de l'enfant étant dûment prises en considération eu égard à son âge et à son degré de maturité[352].

De ces dispositions, il ressort deux fonctions essentielles : examiner les rapports périodiques établis par les États parties et assister ces derniers pour concrétiser les droits énoncés dans la Convention. Prenant en compte les quatre articles cités ci-haut, l'article 43 (paragraphe 1) de la CDE, définit la fonction principale du Comité qui consiste à examiner les rapports établis par les États partis, concernant les mesures adoptées pour donner effet aux droits reconnus dans la Convention et sur les progrès réalisés dans la jouissance de ces droits.

En vertu de l'article 44 alinéa 2, les rapports des États doivent indiquer les facteurs et les difficultés qui les empêchent de s'acquitter de leurs obligations découlant de la Convention et contenir des informations suffisantes pour donner au Comité une idée précise de l'application de la Convention dans le pays concerné. Pour ce faire, les États

---

[352] CDE, Art. 2, 3, 6 et 12.

sont encouragés à exposer ouvertement les entraves qu'ils rencontrent dans la mise en œuvre de la CDE et de ses protocoles, « *dans une atmosphère dépourvue d'antagonisme, plutôt que sur un climat de dénonciation et de mise en accusation* »[353].

Pour rendre effective cette tâche des États parties dans la rédaction de leurs rapports, le Comité des droits de l'enfant a adopté, le 15 octobre 1991, des directives générales concernant la forme et le contenu de ces derniers. Elles comprennent les points suivants :

> 1. des mesures d'application générales où les États parties doivent d'une part, donner des renseignements sur les mesures prises au niveau administratif et législatif pour mettre en lumière les droits de la Convention (article 4), et d'autre part, décrire les méthodes envisagées pour assurer une large diffusion de la Convention et de leurs rapports (articles 42 et 44) ;
> 2. une définition de l'enfant. Les États parties doivent fournir des informations sur la définition de l'enfant dans leurs législations respectives tout en indiquant l'âge de la majorité ainsi que l'âge minimum déterminant la capacité de l'enfant dans certains domaines tels que l'emploi, le mariage et la justice ;
> 3. les principes généraux : il s'agit là de préciser les mesures législatives et administratives mises en œuvre concernant la non-discrimination, l'intérêt supérieur de l'enfant et le droit à la vie ;
> 4. Les libertés et droits civils où les États doivent fournir des informations sur les mesures prises afin de concrétiser certains droits tels que la préservation de l'identité, le nom et la nationalité, la liberté de pensée, de conscience et de religion ainsi que la liberté d'expression ;
> 5. le milieu familial et la protection de remplacement : des informations doivent être

---

[353] UNICEF, « La Convention : des paroles aux actes », in *Dossier d'information*, N° 4, février 1990, p. 5.

fournies sur les mesures prises en ce qui concerne l'intérêt supérieur de l'enfant, le respect de ses opinions, l'adoption, la réunification familiale et la responsabilité parentale ;
6. la santé et le bien-être : des informations doivent être mentionnées sur l'infrastructure mise en place sur le plan de la santé et au niveau des droits que sont la survie et le développement, les enfants handicapés, le niveau de vie et la sécurité sociale ;
7. l'éducation, les loisirs et les activités culturelles : les États doivent apporter des précisions sur les mesures prises pour mettre en œuvre certains droits tels que l'éducation, les loisirs et les activités culturelles ;
8. des mesures spéciales de protection de l'enfance : il s'agit de donner des informations sur les enfants en situation d'urgence tels que les enfants en conflit avec la loi et les enfants exploités[354].

En plus, le Comité des droits de l'enfant exerce un rôle d'assistance auprès des États parties. Afin d'aider les États, surtout les pays en voie de développement, à mieux assurer la réalisation des droits énoncés dans la CDE, le Comité peut, en application de l'article 45, paragraphe B de ladite Convention, introduire auprès des institutions spécialisées, l'UNICEF ainsi que d'autres organismes compétents, une demande d'assistance financière pour les États qui sollicitent une aide, à sa demande expresse avec les raisons d'une telle requête. Les analyses de Anne-Sophie TERCIER relatent que « *le Comité des droits de l'enfant soumet conformément à l'article 44, paragraphe 5 de la Convention, un rapport d'activités à l'Assemblée générale tous les deux ans. En ce qui concerne la Convention relative*

[354] NU, Comité des droits de l'enfant, *Directives générales concernant la forme et le contenu des rapports initiaux : 30/10/91*, CRC/C/5, paragraphe 9 à 23.

aux droits de l'enfant, les États parties envoient leurs rapports au Comité des droits de l'enfant dans les deux ans »[355], à partir de la date d'entrée en vigueur de la Convention pour l'État intéressé et par la suite, tous les cinq (5) ans.

Le Comité des droits de l'enfant a toujours interprété la Convention comme exigeant l'interdiction de toute punition physique des enfants. En juin 2006, il a adopté l'Observation générale n° 8[356] sur le droit de l'enfant à une protection contre les châtiments corporels et les autres formes cruelles ou dégradantes de châtiments, réaffirmant ainsi la condamnation de toutes les formes de punition physique des enfants et l'obligation pour les États parties de les interdire et de les éliminer par des mesures législatives, administratives et d'autres mesures éducatives et de sensibilité.

L'Observation générale n° 8 sur le droit de l'enfant à une protection contre les châtiments corporels et les autres formes cruelles ou dégradantes de châtiments inclut la violence sexuelle dans la série de châtiments corporels infligés aux enfants (Art. 19, 28, 37)[357]. Elle vise à mettre en lumière l'obligation de tous les États parties de prendre des dispositions aux fins d'interdire, d'éliminer tous les châtiments corporels, les autres formes cruelles ou dégradantes de châtiments à l'égard des enfants et d'exposer dans leurs grandes lignes les mesures

---

355 Anne-Sophie TERCIER, *Être enfant en Inde. Faiblesse des politiques publiques, dynamisme des ONG locales*, Paris, Karthala, 2009, p. 78.

356 L'Observation générale N° 8, adoptée par le Comité en sa 42e session, tenue à Genève en mai-juin 2006. Cf. http://www.unhchr.ch/tbs/doc.nsf/(Symbol)/CRC.C.GC.8.Fr?OpenDocument. Consulté le 20/08/2019.

357 Conseil de l'Europe, *L'abolition des châtiments corporels. Un impératif pour les droits de l'enfant en Europe*, Strasbourg, Éditions du Conseil de l'Europe, 2007, p. 41.

législatives, qu'il appartient aux États de prendre. En plus d'être une obligation incombant aux États parties, en vertu de la Convention relative aux droits de l'enfant, s'attaquer au problème des châtiments corporels des enfants et éliminer cette pratique est un moyen stratégique déterminant sur la voie de la prévention de toutes les formes de violence à l'égard des enfants. Le Comité insiste sur le fait que la révision législative doit s'accompagner d'activités de sensibilisation, d'orientation et de formation, étant donné que le premier objectif d'une telle révision consiste à prévenir la violence contre les enfants en faisant évoluer les attitudes et la pratique, en insistant sur le droit des enfants à une protection contre les agressions physiques et mentales.

C'est dans cette optique que « *le Comité contre la torture, chargé de contrôler l'application de la Convention des Nations Unies contre la torture et autres peines ou traitements cruels, inhumains ou dégradants, a également condamné les châtiments corporels infligés aux enfants* »[358]. Car « *toute forme de châtiment corporel des enfants est contraire à l'interdiction de la torture et des autres peines cruelles, inhumaines ou dégradantes, y compris les agressions sexuelles* »[359].

C'est ainsi que le rapporteur spécial de la Commission des droits de l'homme sur la torture a demandé aux États de prendre les mesures requises, en particulier, juridiques et éducatives, pour « *que le droit des enfants à l'intégrité physique et mentale soit protégé, dans la vie publique et dans la vie privée. Il aimerait également être informé par des sources gouvernementales et non gouvernementales des mesures qui ont été prises pour éliminer la pratique*

---

[358] Les archives Off. AGNU, 50e sessions, A/50/44, 1995, § 177, et A/51/44, 1996, § 65, i.

[359] Conseil de l'Europe, *L'abolition des châtiments corporels. Un impératif pour les droits de l'enfant en Europe*, *op.cit.*, p. 58.

consistant à infliger des châtiments corporels aux enfants »[360] en temps de conflit armé comme en temps de paix.

Comme il a été mentionné plus haut, l'exploitation sexuelle des enfants dans les conflits armés est très vite devenue l'une des principales préoccupations du Comité. Outre ces démarches visant à l'adoption d'un protocole facultatif à la CDE en la matière, la question des violences sexuelles à l'égard des enfants en période de conflit armé est un objet constant de contrôle tant dans l'analyse des rapports périodiques rendus par les États au titre de l'article 44 de la CDE que dans l'examen des rapports relatifs à son protocole facultatif. Il faut rappeler que dans son rapport de 1996 avant l'adoption du protocole facultatif à la CDE, Graça Michel recommandait au Comité des droits de l'enfant, compte tenu des articles 38 et 39 de la CDE, d'inclure dans son rapport à l'AGNU des informations spécifiques touchant les mesures adoptées par les États parties pour protéger les enfants contre l'exploitation sexuelle en période de conflit armé.

De son côté, le Comité International de la Croix-Rouge (CICR) a joué un rôle important dans l'adoption du texte de 1924 et en collaboration avec l'Union internationale de Secours aux Enfants, il élabora en 1939 un projet de Convention pour la protection des enfants en cas de conflit armé[361] écrit André DURAND. Le déclenchement de la Seconde Guerre mondiale devait empêcher son adoption. Pourtant, au lendemain de cette guerre, le CICR a repris ses travaux en vue de l'élaboration de dispositions spéciales relatives à la protection des enfants en période de conflit armé international et de conflit armé non international. Pour

---

[360] Idem.

[361] André DURAND, *Histoire du Comité international de la Croix-Rouge-De Sarajevo à Hiroshima*, vol. 2, Genève, Institut Henry-Dunant, 1978, p. 133.

Sandra SINGER, les dispositions élaborées par le CICR furent incluses « *dans la quatrième Convention de Genève de 1949 consacrée à la protection des personnes civiles en temps de guerre, qui reconnaît une protection générale aux enfants en tant que personnes civiles ne prenant pas part aux hostilités, ainsi qu'une protection spéciale* »[362] en leur faveur du fait de leur vulnérabilité.

En tant qu'organisation internationale non gouvernementale établie à Montréal depuis sa création en 1994, le Bureau international des droits des enfants (IBCR) possède un statut consultatif dans la catégorie spéciale pour le Conseil économique et social des Nations Unies (ECOSOC). Sa mission est de contribuer au respect et à la promotion des droits de l'enfant, conformément aux engagements prescrits par la CDE et à ses protocoles facultatifs. L'expertise de l'IBCR vise à sensibiliser les individus chargés de prendre des décisions, pour les encourager à adopter des lois et des programmes respectant davantage les droits de l'enfant.

En tant qu'institutions de protection des enfants en Afrique, deux principaux organes méritent d'être présentés : la Commission africaine des droits de l'homme et des peuples (CADHP) d'une part, et le Comité africain d'experts sur les droits et le bien-être de l'enfant (CAEDBE) d'autre part. Établie en 1987, la CADHP est régie par la Charte africaine de 1981 et le règlement intérieur adopté le 13 février 1988. Les principaux mécanismes de la Commission sont établis au titre des articles 47, 48, 49, 55 et 62 de la Charte[363].

---

[362] Sandra SINGER, « La protection des enfants dans les conflits armés », in *RICR*, N° 759, mai-juin 1986, p. 135. Voir également Denise PLATTNER, « La protection de l'enfant dans le droit international humanitaire », in *RICR*, N° 747, mai-juin, p. 148.

[363] Organisation internationale pour les migrations (OIM), « Migrations et protection des droits de l'homme », *op.cit*, p. 47.

L'article 47 traite de la communication et de la négociation. La communication consiste, pour les États parties à la Charte qui soupçonnent un autre État partie de violer les dispositions de celle-ci, en la faculté d'attirer, par voie de communication écrite, l'attention de cet État sur la question. L'État en question a un délai de trois mois pour réagir en fournissant des explications écrites permettant d'élucider la question. Cette procédure est réglée dans le détail par le règlement intérieur de la Commission (Art. 48 et 49) portant voie de négociation bilatérale.

Aux termes de l'article 62 de la Charte, les États parties doivent présenter tous les deux ans un rapport sur les mesures d'ordre législatif ou autre, prises en vue de donner effet aux droits et libertés reconnus et garantis dans la Charte. Le rapport doit indiquer les facteurs et difficultés qui affectent la mise en œuvre des dispositions de la Charte.

D'une manière spécifique, le CAEDBE est l'organe superviseur de la Charte, mandaté pour promouvoir et protéger les enfants en Afrique. L'article 32 de la CADBE crée le CAEDBE dont le mandat est, entre autres, de suivre la mise en œuvre de la CADBE, la promotion et la protection des droits qui y sont inscrits. Ainsi, les articles 43, 44 et 45 de la CADBE prévoient une série de trois mécanismes destinés à assurer une meilleure protection des droits de l'enfant.

L'article 43, traitant de la soumission de rapports par les États parties, exige des États de soumettre des rapports au Comité. L'alinéa 2 du même article insiste sur le caractère suffisant des informations fournies, tout en demandant aux États d'indiquer, le cas échéant, les facteurs et les difficultés qui entravent le respect des obligations prévues par la Charte. Les articles 44 et 45 mettent en exergue des communications émanant d'individus, de groupes ou organisations non-gouvernementales et la procédure d'investigation.

Selon le Rapport de la Mission de plaidoyer pour l'évaluation de la situation des enfants en RCA, l'ampleur des défis humanitaires en RCA a des implications sur la protection et le bien-être des enfants[364]. C'est dans cette optique que le CAEDBE a adopté une résolution sur la situation des enfants en République du Sud Soudan et en RCA, au cours de sa 23ème session ordinaire qui s'est tenue à Addis-Abeba, en Éthiopie, du 7 au 16 avril 2014 et a décidé d'entreprendre une mission dont l'objectif principal est d'apporter des réponses et de préconiser des solutions pour améliorer la protection des enfants affectés par le conflit armé en RCA : « *Spécifiquement, la mission a pour objectif d'évaluer l'impact du conflit armé sur les enfants et de déterminer les principales capacités et les insuffisances en termes de ressources pour la prévention et les solutions à apporter aux enfants affectés par les conflits armés* »[365].

Le rapport énonce également que « *des informations collectées par la délégation du Comité font état de plus de 550.000 enfants en situation de détresse psychosociale ou souffrant de troubles mentaux pour avoir été sujets ou témoins d'actes de violences extrêmes ou de scènes émotionnellement insupportables. Les récits des enfants rencontrés font état des viols qu'ils ont subis* »[366].

Pour Hakima ABAS, les organisations inter-gouvernementales, les institutions nationales de droits humains, les individus ou les ONG pertinentes accréditées à l'UA ou à ses organes et la CAEDBE auront le droit de soumettre à la Cour des cas portant sur toute violation d'un droit garanti par la Charte africaine, par la CADBE, le

---

364 CAEDBE, *Rapport de la Mission du CAEDBE pour l'évaluation de la situation des enfants touchés par le conflit en République Centrafricaine*, Éthiopie, Éditions CAEDBE, décembre 2014, pp. 1-2.
365 *Ibid*, p. 3.
366 *Ibid*, p. 19.

Protocole à la Charte africaine des droits humains et des peuples relatif aux droits de la femme en Afrique, ou tout autre instrument juridique pertinent pour les droits humains, ratifié par les États parties concernés[367].

En tant qu'organe judiciaire central de l'UA, la Cour de justice et de droits humains aide à renforcer la valeur juridique des recommandations adoptées par le CAEDBE, en rapport avec les cas de violations des enfants en Afrique. La Cour des droits humains, quant à elle, après avoir établi les violations de droits humains ou des peuples, pourrait ordonner les mesures appropriées en vue de remédier à la situation, et ceci peut inclure l'octroi d'une juste compensation.

B. L'impulsion des Congrès mondiaux et africains contre l'exploitation sexuelle des enfants

La lutte mondiale contre l'EAS des enfants a commencé avec le premier Congrès mondial contre l'exploitation sexuelle des enfants à des fins commerciales qui s'est tenu du 27 au 31 août 1996 à Stockholm en Suède. Ce premier Congrès a conduit à l'adoption d'un plan d'actions qui est le fondement d'un partenariat mondial contre l'exploitation sexuelle des enfants. Le plan visant trois axes principaux : souligner les engagements au niveau international, identifier les actions prioritaires et assister la mise en application des instruments internationaux. Le Congrès a connu la participation des délégués de cent vingt-deux (122) Gouvernements.

Cinq ans après, un nouveau Congrès mondial s'est tenu, à Yokohama, au Japon, en décembre 2001 et a donné naissance au *Yokohama Global Commitment 2001*. Ce

---

[367] Hakima ABAS, *Long trajet de l'Afrique vers les droits. Réflexions lors du 20e anniversaire de la Commission africaine des droits de l'homme et des peuples, op.cit*, p. 146.

second Congrès rappelle la nécessité de mettre en œuvre des mesures concrètes contre l'exploitation sexuelle des enfants à l'échelle internationale. Il a aussi permis de partager des expériences et des connaissances plus approfondies.

Après le deuxième Congrès, des réunions-bilans à mi-parcours ont eu lieu dans chaque région, de 2004 à 2005. Les évaluations présentées lors de ces réunions ont émis des recommandations pour des réformes juridiques afin de protéger les enfants contre les EAS. De plus, un troisième Congrès de même nature s'est tenu du 25 au 28 novembre 2008, à Rio de Janeiro, au Brésil. Le Congrès a été consacré aux moyens permettant de protéger les enfants contre les diverses formes d'EAS comme le mariage précoce, l'industrie du sexe, la pornographie mettant en scène des enfants et l'EAS des enfants sur l'internet. Les enfants étaient particulièrement représentés à ce Congrès dont la préoccupation majeure était la protection des enfants contre les exploitations sexuelles.

Cinq ans après le troisième Congrès tenu en 2008 à Rio de Janeiro au Brésil sur les moyens de protection des enfants contre les diverses formes d'EAS, les pays membres du G8 réunis à Aylesbury, près de Londres au Royaume Uni, ont adopté le 11 avril 2013 la Déclaration sur la prévention des sévices sexuels en période de conflit armé.

Les analyses d'Abdul OUANDAOGO relatent que « *c'est un document de 15 points qui fait l'état des lieux de lutte contre la violence sexuelle et propose des mesures visant à prévenir cette violence* »[368] à l'égard de la population civile, notamment les enfants. Il convient de noter que « *la Déclaration a salué les efforts déployés par les acteurs internationaux et nationaux pour prévenir les*

---

[368] Abdul OUANDAOGO, *La protection des civils contre les violences sexuelles en période de conflit armé en Afrique*, *op.cit*, p. 235.

violences des enfants dans les conflits armés et y apporter une réponse »[369]. Au fond, la Déclaration a permis de constater et d'affirmer que les agressions sexuelles à l'égard des enfants continuent d'être commises en période de conflit armé. Souvent, elles sont « *systématiques ou commises à grande échelle, atteignant des niveaux de brutalité terrifiants* »[370]. Elle souligne également que les agressions sexuelles comptent parmi les atteintes les plus graves du DIH et du DIDH » et pour ce faire, leur prévention relève tant « du respect des droits humains universels que du maintien de la sécurité internationale comme l'énonce la résolution 1820 du CSNU.

Réfutant le mythe selon lequel les violences sexuelles dans les conflits armés sont un phénomène culturel, une conséquence inévitable de la guerre ou un crime mineur[371], les participants du G8 d'avril 2013 ont réaffirmé l'interdiction, de longue date, de violences sexuelles dans les conflits armés par le DIH[372]. Rappelant les résolutions pertinentes du CSNU, ils ont affirmé que les agressions sexuelles, lorsqu'elles sont commises dans le cadre d'une attaque généralisée ou systématique dirigée contre une population civile, peuvent constituer un crime contre l'humanité et un élément constitutif du crime de génocide[373]. Ils ont aussi rappelé que le viol et les autres formes de violences sexuelles graves commis lors des

---

369 39ème Sommet du G8, Déclaration sur la prévention des violences sexuelles dans les conflits, Londres, 11 avril 2013. Disponible sur : http://www.g8.utoronto.ca/foreign/formin130411-psvi-fr.html, point N°1. Consulté le 28 septembre 2019.

370 *Idem.*

371 *Idem.*

372 *Ibid*, point N° 2.

373 Abdul OUANDAOGO, Abdul OUANDAOGO, *op.cit*, p. 236.

conflits armés constituaient des crimes de guerre ainsi que des violations graves des CG et de leurs PA[374].

En ce qui concerne les mesures concrètes visant à l'EAS des enfants en période de conflit armé, les auteurs de la Déclaration ont affirmé la nécessité de promouvoir et de protéger « *l'ensemble des droits humains et des libertés fondamentales des femmes et des enfants* »[375]. Vu la gravité de ce phénomène, les pays membres du G8 ont également reconnu l'urgence de prendre des mesures au niveau international pour mettre un terme aux EAS des enfants en période de conflit armé et lutter contre l'impunité.

Cela exige de faire en sorte qu'aucun auteur d'exploitation et d'abus sexuels à l'égard des enfants ne puisse trouver « *refuge nulle part* »[376] et d'exclure « *les crimes de nature sexuelle commis lors des conflits armés des dispositifs d'amnistie* »[377]. Les auteurs de la Déclaration ont aussi insisté sur « *la nécessité de prévoir les financements appropriés pour le soutien des victimes sur les plans médical, psychologique, juridique et économique* »[378]. Dans cette perspective, ils préconisent l'intensification de mobilisation des ressources dès le commencement du conflit armé. Ces ressources devront profiter aux programmes qui apportent un soutien aux victimes, tel que le Fonds au profit des victimes de la Cour pénale internationale et permettre de mieux financer la prévention[379].

Dans la perspective de la prévention des EAS à l'égard des enfants en période de conflit armé, il faut relever la Recommandation N° 30 adoptée, le 18 octobre 2013, par le

---

374 39ème Sommet du G8, Déclaration sur la prévention des violences sexuelles dans les conflits, point N° 4.

375 *Ibid*, point N° 3.

376 *Ibid*, point N° 4.

377 *Ibid*, point N° 10.

378 *Ibid*, point N° 8.

379 *Ibid*, point N° 9.

Comité sur l'élimination de toutes les formes de discriminations à l'égard des femmes (CEDAW). Rappelons que le Comité CEDAW est un organe composé d'experts internationaux, créé en vertu de l'article 7 de la Convention sur l'élimination de toutes les formes de discriminations à l'égard des femmes du 18 décembre 1979, (juste après l'adoption de la Convention). Il est composé de vingt-trois (23) experts internationaux sur les droits des femmes à travers le monde.

Selon Diane ROMAN, la mission de ce Comité est de surveiller la mise en œuvre de ladite Convention et de faire « *des suggestions et des recommandations générales fondées sur l'examen des rapports et des renseignements reçus des États parties* »[380]. C'est dans cette optique que fut adoptée lors de la cinquième session du Comité CEDAW, la Recommandation générale N° 30 dont le but est de fournir aux États parties « *des orientations faisant autorité quant aux mesures législatives, politiques et autres mesures appropriées à même de garantir le plein respect de l'obligation prévue à la Convention de protéger, respecter et faire respecter les droits fondamentaux des femmes, notamment en ce qui concerne la prévention et le traitement de la violence sexuelle* »[381].

En d'autres termes, la Recommandation sert de guide aux États membres « *dans l'exercice de leur obligation de diligence raisonnable à l'égard des actes de particuliers ou d'entités privées qui portent atteinte aux droits consacrés dans la Convention et présente des suggestions sur la façon*

---

[380] Diane ROMAN (Dir), *La Convention pour l'élimination des discriminations à l'égard des femmes*, Paris, Pédone, 2014, p. 294.

[381] Amnesty International, *La lutte contre les violences sexuelles dans les conflits : recommandations aux États participant au Sommet mondial pour mettre fin aux violences sexuelles dans les conflits* (10 au 13 juin 2014), Index : IOR 53/006/2014 French, AI Publication 2014, mai 2014, p. 4.

dont les acteurs non étatiques peuvent traiter les droits des femmes dans les zones de conflit »[382] armé.

Bien que la Recommandation du Comité porte spécifiquement sur « *les femmes dans les conflits, les conflits et les situations d'après conflit* »[383], celle-ci accorde une place de choix à la protection des enfants contre les violences sexuelles en période de conflit armé et de l'après- conflit. C'est pourquoi, le Comité CEDAW invite les États parties à tenir compte « *des droits et des besoins des filles touchées par les conflits du fait de la discrimination fondée sur le sexe* »[384]du mineur. Il précise également que « *l'obligation de protéger les civils* [en particulier les enfants] *incombe en premier chef à l'État sur le territoire duquel se déroule le conflit et recommande aux États parties en cas de non-respect de cette obligation, d'assurer une réparation aux victimes d'actes commis par des particuliers ou des entités privées* »[385] participant au conflit en tant qu'acteur armé ou civil. S'adressant aux États parties à la Convention, le Comité CEDAW les invite à interdire expressément, par l'adoption de lois, politiques et dispositions pénales pertinentes, les actes de violence sexiste par des acteurs étatiques et non étatiques[386]. Ils sont également invités à appliquer une *politique de tolérance zéro* à l'égard de tels actes en insistant notamment sur la prévention et la sanction des auteurs[387].

---

[382] Comité pour l'élimination de la discrimination à l'égard des femmes, *Recommandation générale N° 30 sur les femmes dans la prévention des conflits, les conflits et les situations d'après conflit*, CEDAW/C/GC/30, 18 octobre 2013, §. 3.

[383] *Ibid*, §. 1.

[384] *Ibid*, §. 7.

[385] *Ibid*, §. 17-a.

[386] *Ibid*, §. 38-a.

[387] *Ibid*, §. 38-b. Ce point fera l'objet d'un développement dans le chapitre 3 de cette première partie.

Quant aux acteurs non étatiques des conflits armés, le Comité CEDAW les exhorte « *à s'engager à respecter les codes de conduite, concernant les droits de l'homme et l'interdiction de toutes formes de violence sexuelle et sexiste* »[388] en période de conflit armé et après le conflit. En résumé, la Recommandation générale N° 30 du Comité CEDAW oblige les États parties à la Convention de respecter et de s'assurer que les acteurs étatiques et non étatiques devraient être tenus pour responsables des crimes sexuels qu'ils commettraient éventuellement en période de conflit armé. « *Elle invite aussi les États membres à favoriser le respect des droits de l'homme et des règles d'égalité, et de veiller à ce que les femmes et les enfants ne soient pas victimes de discrimination* »[389] et faire en sorte que cette catégorie vulnérable ne soit pas soumise à l'EAS en période de conflit armé.

Au niveau africain, il est important de souligner que dans le cadre du suivi de Stockholm et du processus du Congrès de Yokohama, le Maroc s'est engagé à être un point focal pour la région Arabo-Africaine. C'est ainsi que du 14 au 16 décembre 2004 s'est tenue, à Rabat, une conférence qui, en plus de l'analyse des progrès accomplis et des difficultés rencontrées relativement aux engagements de Yokohama, a mis en exergue deux points fondamentaux :

> 1). La protection des enfants et des jeunes en situation de vulnérabilité contre le phénomène d'EAS : enfants privés d'environnement familial, conflits armés, VIH/SIDA, migration, trafic, travail des enfants, etc. 2). La formation multisectorielle ciblant tous les acteurs intervenant dans ce domaine : police, justice, corps soignant, éducateurs, enseignant, ONG, presse, etc. La finalité de cette Conférence consiste à contribuer à l'amélioration et à la mise

[388] *Ibid*, § 18-b.
[389] *Ibid*, §. 81-l.

> en œuvre d'une politique de prévention, de protection et de prise en charge des enfants vulnérables victimes d'exploitation sexuelle ou à risque de l'être[390].

Il s'agit de préserver les enfants contre les agressions sexuelles qui les rendent plus vulnérables. Ces deux points évoqués insistent sur la mise en œuvre d'un programme de formation visant à protéger des enfants contre le phénomène d'EAS. Un tel programme de formation multisectorielle prendra en compte la protection sanitaire, judiciaire et sécuritaire. Il s'ouvrira également aux acteurs humanitaires tels que le corps enseignant, les ONG, la presse qui jouent un rôle important dans la protection des enfants contre l'EAS en période de conflit armé. Qu'en est-il de la protection des enfants réfugiés ou déplacés en période de conflit armé ?

D'après le Comité exécutif du HCR, « *les enfants et les adolescents constituent la majorité des réfugiés et des autres personnes relevant de la compétence du HCR* »[391] et « *en raison de leurs besoins et de leur vulnérabilité spécifiques au sein de la population réfugiée, ils doivent être parmi les premiers à recevoir protection et assistance dans toute situation de réfugiés* »[392]. L'intervention en soi repose sur cinq priorités à savoir la séparation d'avec les familles et les tuteurs, l'exploitation sexuelle, les abus et la violence, le recrutement militaire, l'éducation et les préoccupations particulières des adolescents[393].

Tout comme la protection des enfants réfugiés, celle de l'enfant déplacé trouve son fondement dans le document de

---

[390] UNICEF, « Un monde digne des enfants », www. Unicef.org/worlddfoforchildren/files/Moroco_WFFC5, Consulté le 02/05/2019.

[391] Comité exécutif. N° 84 (XLVIII), 1997, 17 octobre 1997, § 1.

[392] *Ibid*, § 2.

[393] UNHCR, *La stratégie et les activités du HCR concernant les enfants réfugiés*, Genève, octobre 2005, p. 27.

Francis DENG intitulé « *Compilation et analyse des normes juridiques se rapportant aux besoins et aux droits des personnes déplacées à l'intérieur de leur propre pays et aux devoirs et obligations correspondants des États et de la communauté internationale pour ce qui est d'aider et de protéger ces personnes* »[394]. Les principes évoqués dans ce document constituent le premier instrument international visant à répondre aux besoins particuliers des personnes déplacées à l'intérieur de leur propre pays sans préjudice des autres dispositions du droit international applicables, montrant ainsi que la Convention relative aux droits de l'enfant condamne clairement et fermement toutes les formes de violence, d'EAS des enfants en temps de conflit armé et en temps de paix. Cette convention invite à protéger les enfants contre ces fléaux.

Paragraphe II. L'apport des institutions de la RCA et de la RDC

Ce second paragraphe est consacré à l'ensemble des institutions publiques qui jouent un rôle juridique et stratégique dans la protection des enfants contre l'EAS, au niveau interne. Les institutions qui seront examinées constituent un cadre approprié dans lequel et par lequel les acteurs nationaux protègent les enfants ; s'y développent des normes et dispositions de protection des enfants contre l'EAS en Centrafrique (A) et en RD-Congo (B).

A. Le cadre institutionnel de la protection des enfants contre les abus sexuels en RCA

---

[394] NU, *Rapport de Francis DENG*, représentant du SGNU, présenté conformément à la rés 1997/39 de la Commission des droits de l'homme, Doc. ONU E/CN. 4/1998/53/Add.2, 16 octobre 1998, note d'introduction, § 5.

La RCA, faisant partie des États membres des NU, a signé ladite CDE, le 30 juillet 1990 et l'a ratifiée le 25 juillet 1991. L'instrument de ratification a été déposé au SGNU le 23 avril 1992 et la CDE est entrée en vigueur en RCA le 23 mai 1992. Cette appartenance engendre les engagements que la RCA est tenue de satisfaire : l'élaboration et la soumission des rapports de mise en œuvre de la CDE, au Comité des droits de l'enfant, le respect du principe de la primauté de la CDE sur les lois internes. De plus, elle crée l'obligation pour elle d'harmoniser ses textes nationaux aux dispositions de la CDE afin de prouver le respect de sa parole donnée et sa bonne foi. Il s'agit ici d'examiner l'organe principal de protection des enfants en Centrafrique et les autres institutions de protection des enfants.

La Commission Nationale de Suivi de la CDE (CNSCDE) a été créée le 17 avril 1993[395]. Elle est composée de membres élus et de membres de droit. Elle a pour objet principal la surveillance de la mise en œuvre de la CDE. Cet organe de suivi est, en quelque sorte, une représentation nationale du comité des droits de l'enfant. Trois objectifs essentiels président à la création de cette Commission : elle doit avant tout veiller à l'application de la CDE, de la CADUP et du CADBE; ensuite contribuer à l'exécution du Plan national d'action en faveur de la survie, de la protection des droits et du développement de l'enfant ; elle doit enfin favoriser la coordination des actions des associations, des pouvoirs publics et des ONG œuvrant dans le domaine de l'enfance en suggérant aux pouvoirs publics toutes mesures visant une meilleure protection des droits de l'homme, en organisant ou en proposant des séminaires et colloques, en encourageant l'enseignement, la diffusion de toute information sur les droits de l'homme et

[395] Loi N° 93.009 portant création d'une Commission nationale des droits de l'homme en RCA, 1993.

en contribuant à l'éducation du citoyen centrafricain sur ses droits et ses devoirs.

En 2000, le Comité des enfants a recommandé à la RCA de donner la possibilité à la CNSCDE de recevoir les plaintes et d'y donner suite. Il a également recommandé à l'État de prendre les mesures nécessaires pour renforcer la Commission nationale, en particulier d'assurer la totale indépendance de la Commission et de la doter des ressources, par exemple pour la traduction et la reproduction des documents, et des pouvoirs nécessaires pour qu'elle puisse fonctionner efficacement et recevoir et examiner les plaintes concernant des violations des droits des enfants. Le Comité recommande également à l'État centrafricain d'envisager d'autres moyens afin d'améliorer le suivi et l'utilisation des données recueillies aux fins d'une meilleure application de la Convention.

En ce qui concerne la protection des enfants contre l'EAS, il est important de préciser que « *le Comité recommande à l'État centrafricain de détecter et de traiter tous les cas de vente ou de prostitution d'enfants et d'envisager de ratifier le Protocole facultatif à la Convention relative aux droits de l'enfant concernant la vente d'enfants, la prostitution d'enfants et la pornographie impliquant des enfants* »[396]en temps de paix ou de conflit armé.

Pour nourrir cette recommandation, la CNSCDE, le ministère des affaires sociales et l'UNICEF, suite à une étude sur les exploitations sexuelles et la traite de l'enfant réalisée en 2006, ont proposé la création d'un comité interministériel chargé de la protection des enfants placé sous l'autorité directe du Premier Ministre, chef du gouvernement. La CNSCDE œuvre avec ses antennes

---

[396] NU, Rapport du Comité des droits de l'enfant, 25e session, *Examen des rapports présentés par les États parties en application de l'article 44 de la Convention,* point 85.

décentralisées à recevoir des signalements des cas de violence des enfants sur tout le territoire national, d'en traiter et d'en orienter, soit aux tribunaux pour enfant lorsque l'enfant est auteur de l'infraction, soit aux juridictions de droits communs lorsque l'enfant est victime ou partie au procès, soit aux services de prise en charge lorsque la situation s'impose.

Notons que la « *CNSCDE compte 16 comités préfectoraux et huit comités d'arrondissement de Bangui chargés du suivi des droits de l'enfant. Ils sont coordonnés par le Secrétaire général de la CNSCDE. La CNSCDE est autonome et dispose d'une liberté d'action et de l'accès aux médias publics et privés lorsqu'un enfant est victime de mauvais traitement* »[397] portant atteinte à sa vie physique et morale.

L'État Centrafricain a mené, par l'intermédiaire de la CNSCDE, diverses activités visant à promouvoir les droits de l'enfant. Il a notamment diffusé des informations sur le rôle et la place de l'enfant désormais sujet de droit. Par ailleurs, les actions de la CNSCDE ont abouti à l'adoption du décret N° 04.392 27 du décembre 2004 portant promulgation de la Constitution consacrant des garanties de protection spécifique en faveur des enfants ; adoption de la *Loi N° 02. 011 du 25 juillet 2002 portant organisation et fonctionnement des tribunaux pour enfants* ; création du parlement pour enfant en 1998 ; plan d'action national pour la prévention et la protection des enfants contre l'abus, l'exploitation sexuelle et la traite en RCA en 2007 ; création de 14 centres d'accueil, d'écoute et d'orientation des orphelins et autres enfants vulnérables en situation difficile construits dans chaque préfecture sauf les préfectures de la Vakaga et du Haut Mbomou ; création du service des

---

[397] Ministère des affaires sociales, de la solidarité nationale et de la promotion du genre, *Rapport périodique sur les droits de l'enfant*, Bangui, Imprimerie Saint-Paul, 2015, p. 10.

mineurs au sein de la direction des services de police judiciaire. Il convient toutefois de reconnaître que les enfants sont largement garantis dans l'ordre juridique national et qu'il existe un large éventail d'institutions qu'il faut présenter.

En plus des activités de la CNSCDE, il existe au sein du Ministère des affaires sociales un comité de pilotage dans lequel sont planifiés et coordonnés les travaux visant à élaborer, promouvoir des projets de loi, harmoniser les lois existantes afin de garantir et renforcer le respect des droits fondamentaux des enfants. En RCA, la protection des enfants est assurée par plusieurs institutions ministérielles en charge des enfants. Il s'agit du Ministère de la famille et des affaires sociales, du Ministère de la santé et de la population d'une part et du tribunal pour enfants[398], du parlement des enfants et des ONG, d'autre part.

En plus de ce cadre institutionnel, il existe une Unité Mixte d'Intervention Rapide et de Répression des violences sexuelles faites aux femmes et aux enfants (UMIRR) au sein de la police et de la gendarmerie qui a pour mandat de prévenir et de poursuivre toutes formes de violence sexuelle[399]. L'unité d'intervention a la tâche de réagir rapidement aux cas présumés de violence sexuelle en collectant et en préservant les preuves, en interrogeant les victimes, en documentant les cas et en orientant les victimes vers les services sociaux. L'unité d'intervention est en train d'être mise en place et devrait être composée de quinze (15) policiers et de quinze (15) gendarmes.

En République Centrafricaine, les violences sexuelles se présentent sous trois formes, notamment au niveau

---

[398] Loi N° 02.011 du 25 juillet 2002 portant organisation et fonctionnement des tribunaux pour enfants.

[399] Décret N°15007 du 8 janvier 2015 portant création d'une Unité mixte d'intervention rapide et de répression des violences sexuelles faites aux femmes et aux enfants.

conjugal, sociétal et les violences sexuelles liées aux conflits armés.

La première forme est dite conjugale, c'est-à-dire entre l'homme et la femme vivant en couple sous un même toît. Ces violences sexuelles sont quasiment régulières et visibles et se révèlent lorsque l'un des partenaires et dans la plupart des cas, l'homme éprouve le désir sexuel et veut satisfaire ce désir. Lorsqu'il fait face à une opposition de la part de sa conjointe ou de son partenaire, l'homme a tendance à brutaliser sa conjointe ou son partenaire et la femme finit par capituler en devenant victime de violence sexuelle. Au niveau conjugal, beaucoup d'homme ne perçoivent pas la brutalisation de la femme ou de leur conjointe comme un problème. Certains hommes estiment que le consentement au mariage n'a pas besoin d'être renouvelé à chaque fois, c'est-à-dire si l'un ou l'autre des partenaires se trouve dans le besoin, alors il n'a pas besoin que le consentement soit renouvelé. Et dans la plupart des cas, l'homme viole la femme, et cela n'est pas considéré comme une violence sexuelle et parfois les parents viennent prodiguer des conseils à la femme. Or, ces conseils constituent, dans une certaine mesure, des stéréotypes qui encouragent ces violences sexuelles au niveau conjugal.

Il est important de noter, qu'en plus de violence sexuelle entre l'homme et sa conjointe ou son partenaire, dans la société centrafricaine, les violences sexuelles se font surtout entre les jeunes, notamment entre les adolescents en âge de puberté.

La troisième forme de violence sexuelle est liée aux conflits armés. C'est le fait d'un membre de groupe armé ou des membres d'un groupe armé de se saisir des femmes d'une localité occupée et d'en abuser sous prétexte que ces femmes appartiennent au camp ennemi ou à une communauté ethnique/religieuse qui se trouve dans leur viseur. Ainsi, les membres de ces groupes armés se saisissent d'elles et font d'elles les esclaves sexuels. Souvent, le membre d'un groupe armé peut faire irruption dans un village, une ville ou une famille, et à l'occasion, il viole par force la femme ou les jeunes filles qui s'y trouvent. Dans le cas de violence sexuelle liée au conflit, le communiqué conjoint, signé entre le gouvernement centrafricain et les Nations Unies en date du 31 juillet 2019, fait état d'extrême gravité de violence sexuelle liée au conflit en République Centrafricaine.

En RCA, les pesanteurs culturelles font que les violences sexuelles se trouvent parfois encouragées dans certaines familles et zones urbaines. Dans certaines cultures, la femme légalement mariée n'a pas droit de dire non à une avance sexuelle de son mari au nom soi-disant de respecter l'homme et la tradition. L'autre aspect est qu'en Centrafrique tout comme en RDC nous avons encore des sociétés patriarcales. Dans certaines zones urbaines et dans les villages, ces phénomènes sont visibles, manifestes et constituent une violation grave des droits de l'homme. Encourager la violence sexuelle sous cet angle culturel revient à promouvoir une culture qui normalise la violence sexuelle et canonise la supériorité de l'homme par rapport à la femme dans la société et surtout dans le foyer.

La violence sexuelle est encore d'actualité et des pistes de solution se dégagent pour faire face à ce phénomène. On peut envisager deux types d'actions : d'abord au niveau de l'État et au niveau de la société civile.

Au niveau de l'État, des textes de loi existent ainsi que des institutions chargées de protéger les enfants, les filles, les garçons et les femmes contre les violences sexuelles. Pour illustration, en 2006, deux lois ont été promulguées pour protéger les enfants, les filles, les garçons et les femmes contre les violences sexuelles. Il s'agit de la *loi n° 0006.032 du 15 décembre 2006 portant protection des femmes contre les violences* et la *loi n° 06.005 du 20 juin*

2006 relative à la santé de reproduction dite « loi Bangayassi » qui protègent la femme contre toutes les formes de violence sexuelle. En plus de ces deux textes, la constitution centrafricaine au sommet de la pyramide protège les enfants, les filles, les garçons et les femmes contre toute forme de violence qui peuvent se manifester à leur égard.

Le cadre institutionnel de la protection des enfants en RCA prend également en compte la protection, l'expertise des ONG tant nationales qu'internationales. Ce point sera développé plus loin (dans le troisième chapitre de la première partie). Toutefois il est important d'évoquer quelques ONG à caractère social qui œuvrent dans la protection des enfants. Il s'agit entre autre de : L'association des enfants dénommée *Fondations les enfants d'abord* dont objectif est de promouvoir et de protéger les enfants en RCA ; le *Parlement pour enfants*, le Centre de la mère et de l'enfant, la Caritas, les Enfants Sans Frontières et l'UNICEF. Ces ONG protègent les enfants par le biais de l'éducation, l'initiation aux petits métiers, l'insertion familiale, l'écoute et l'orientation, la coopération avec les tribunaux.

La protection sociale constitue l'ensemble des mesures ou actions mises en œuvre par les pouvoirs publics pour sortir les groupes vulnérables de la misère absolue. Mais « *en RCA, ces dispositifs de protections sont inopérants, car l'encadrement juridique et institutionnel ainsi que les possibilités d'emploi font défaut. Les principales raisons tiennent aux difficultés d'ordre socio-politique et économique auxquelles font face les Centrafricains* »[400]. L'amenuisement des revenus, tant au niveau de l'État qu'au

[400] Roger YELE, Paul DOKO et Abel MAZIDO, *Les défis de la Centrafrique : Gouvernance et stabilisation du système économique. Recherche de canevas pour amorcer la croissance*, Dakar, CODESRIA, 2011, p. 21.

niveau des parents, ne pourrait permettre de créer des structures adéquates d'assistance et d'encadrement des groupes vulnérables. En somme, la protection des enfants en période de conflit armé a un cadre juridique avéré. Il existe effectivement un cadre institutionnel de la protection des enfants en RCA.

Cependant, il revient à l'État de doter les institutions en place, notamment les juridictions nationales et surtout l'UMIRR qui a une compétence nationale ; même si, sur le terrain, l'UMIRR n'a qu'une compétence qui se manifeste exclusivement au niveau de la capitale. Selon le texte fondateur, il est prévu que l'UMIRR a une compétence nationale. Mais dans la pratique, cette institution n'est opérationnelle qu'à Bangui et n'est pas visible à l'intérieur du pays. Par conséquent, il est important de la part de l'État d'instaurer des pôles, c'est-à-dire chaque unité d'UMIRR, des brigades d'UMIRR au niveau de chaque province. Et l'autre problème c'est l'effectivité, l'applicabilité des textes juridiques. Par ailleurs, nous constatons qu'il y a un décalage entre la théorie juridique et la pratique sur le terrain. En effet, adopter une loi qui protège la personne humaine est une bonne chose, mais la mise en pratique de cette loi est une autre réalité.

Au niveau politique, l'État doit veiller à une application effective des règles de droit qui visent à protéger la population vulnérable et renforcer également en ressource humaine, financière et matérielle les institutions comme l'UMIRR, dédiée à la protection des enfants et des femmes contre les violences sexuelles.

Au niveau de la société civile, il faut qu'il y ait des campagnes de sensibilisation à l'intérieur du pays, dans les quartiers et les arrondissements afin de sensibiliser la société en profondeur et extirper dans les citoyens la culture de la violence, pour qu'ils soient préparés à accepter la culture de tolérance et de dialogue.

En ce qui concerne les orientations opérationnelles en matière d'assistance des victimes, qui ont besoin par exemple d'une assistance judiciaire, il est nécessaire de signaler ici, l'importance de chaque cas selon la gravité des faits. Lorsqu'il s'agit d'une simple mésentente entre un homme et une femme au niveau conjugal, ou entre une fille et son conjoint, il est préférable de les orienter au niveau de l'Association des Femmes Juristes de Centrafrique (AFJC) qui n'est pas une juridiction (AFJC ne rend pas de jugement). Elle peut écouter la victime, ensuite elle peut inviter l'auteur de l'acte afin de tenter une médiation et de rechercher avec eux une solution à leur problème au regard de droit (code de la famille) en essayant d'expliquer au conjoint les principes juridiques en la matière. Une telle procédure permettra au conjoint de prendre acte et de s'engager à corriger son tort.

Par contre si c'est une affaire pénale, comme le cas de viol ou de violence physique, il est important d'orienter automatiquement la victime, soit au niveau du parquet en saisissant le Procureur de la République à travers une plainte, soit au niveau de l'UMIRR en saisissant le Directeur de l'UMIRR à travers une autre plainte, mais que la plainte soit déposée à l'UMIRR ou bien au parquet, toutes ces deux procédures sont complémentaires, elles ne sont pas concurrentielles.

B. Le cadre institutionnel de la protection de l'enfant contre les abus sexuels en RDC

Le premier organe de protection des enfants, en tant que citoyens, est la Commission nationale des droits de l'homme (CNDH). C'est une institution d'appui à la démocratie prévue par l'article 222, alinéa 3 de la Constitution Congolaise. « *Elle est conçue comme un organe consultatif et indépendant devant appuyer les pouvoirs publics dans le respect des droits de l'homme. La CNDH est régie par la loi organique N°13/011 du 21 mars 2013 portant institution, organisation et fonctionnement de la Commission nationale des droits de l'homme* »[401]. Cette instance est composée de membres représentants la société civile congolaise choisis par l'Assemblée nationale et investis par ordonnance du président de la République pour un mandat de cinq ans.

La CNDH doit veiller au respect des droits de l'homme, entre autres : « *enquêter et orienter les individus dans les cas de violation des droits de l'homme ; faire connaître aux citoyens leurs droits fondamentaux ; formuler des recommandations, avis et propositions au parlement et aux pouvoirs publics pour renforcer le cadre juridique des droits de l'homme en RDC* »[402]. Celle-ci est chargée de dresser des rapports sur l'état d'application des normes nationales et internationales des droits de l'homme. C'est dans cette optique que la CNDH est appelée à jouer un rôle dans la protection des droits de l'enfant. La loi attribue d'ailleurs spécifiquement à la « *CNDH la tâche de veiller au respect des droits de la femme et de l'enfant, et crée en son sein une sous-commission permanente chargée de traiter spécifiquement des droits de la femme et de l'enfant* »[403]. Elle garantit leurs protections en temps de paix comme en période de conflit armé.

En plus de cet organe qui accorde une protection générale à l'enfant, l'article 75 de la Loi portant protection de l'enfant en RDC attribue au Conseil national de l'enfant

---

[401] Bureau international des droits des enfants (IBCR), *État des lieux du système de protection de l'enfant et de la formation des policiers, du personnel judiciaire et des travailleurs sociaux en République Démocratique du Congo*, Montréal, IBCR, 2016, p. 39. Disponible sur : www.ibcr.org/wp-content/uploads/2016/12/Etat-des-lieux-CONGO-int_Web.pdf. Consulté le 01/10/2019.

[402] *Idem.*

[403] *Idem.*

la responsabilité de conseiller le gouvernement et de mettre en œuvre sa politique en matière de promotion et de protection des droits de l'enfant. Ce second organe est placé sous la tutelle du Ministère du Genre, de la famille et de l'enfant, sachant que la mise en place de cette structure exige le décret de la primature congolaise. En tant qu'organe spécifique, le Conseil national de l'enfant a pour but de jouer un rôle stratégique central en matière de politique de protection nationale de l'enfant. Il est aussi l'instance de coordination des efforts accomplis en matière de droits de l'enfant, du respect des droits de l'enfant et du suivi des mesures mises en place.

Le troisième organe de la protection des enfants qui mérite d'être examiné est le Ministère des affaires sociales, action humanitaire et solidarité nationale (MINAS). En matière de protection des enfants, ledit ministère a des responsabilités de coordination, de supervision et de suivi des actions en faveur des enfants en situation difficile et des enfants qui ont des dossiers en justice. Il appartient au MINAS de mettre en place des politiques, des programmes et des structures qui contribuent à garantir le bien-être des enfants.

Le ministère comporte une direction spéciale de protection de l'enfant, appelée « *Direction des interventions sociales pour la protection de l'enfant (DISPE). Cette Direction élabore les politiques et réglementations, réalise des interventions spéciales en faveur des enfants en situation difficile et mène des actions de sensibilisation à la protection de l'enfant* »[404]. Le ministère est également l'organe de tutelle du corps des assistants sociaux qui sont appelés à intervenir auprès des tribunaux pour les enfants. Le MINAS est représenté en

---

[404] IBCR, *État des lieux du système de protection de l'enfant et de la formation des policiers, du personnel judiciaire et des travailleurs sociaux en RDC*, *op.cit*, p. 40.

province par les divisions des affaires sociales, qui sont des services déconcentrés[405].

Le ministère du Genre, de la famille et de l'enfant (MGFE) dispose aussi des attributions relatives avec la protection et la promotion du statut de l'enfant en collaboration avec les autres ministères sus-mentionnés. Ce quatrième organe a pour mandat de piloter la stratégie nationale de lutte contre les violences sexuelles et basées sur le genre, ainsi que le plan national de la résolution 1325[406]. En effet, les deux types de domaines évoqués sont importants dans la mesure où les violences sexuelles et celles basées sur le genre atteignent également les filles et les garçons.

Outre ce ministère, le cadre juridique institutionnellement pertinent en matière de protection des enfants est le ministère de la justice et des droits humains (MJDH). Ce cinquième organe est en charge de l'administration de la justice, ainsi que de la promotion et de la protection des droits humains et des libertés fondamentales. Il s'agit en fait d'une institution qui est appelée à jouer un rôle essentiel dans le système de protection des enfants tant à un niveau politique que dans l'organisation de la justice en RDC. « *Le MJDH est une Direction de la protection de l'enfant, des victimes et de l'assistance judiciaire, qui a pour responsabilité d'assurer la correcte prise en charge des enfants en conflit avec la loi par le système de justice pour les enfants et les questions de*

[405] *Idem.*

[406] Cette résolution permet d'insister de nouveau sur l'importance du rôle de la femme dans la prévention et la résolution des conflits, dans les processus de négociation et de garantie de paix, de réponse humanitaire, de reconstruction post-conflit. Tiré de OSAGI, *Landmark Resolution on Women, Peace and Security*. Disponible en ligne : http://www.un.org/womenwatch/osagi/wps. Consulté le 01/10/2019.

réinsertion sociale »[407] de ces derniers dans des conditions qui respectent leur dignité en tant que personne humaine à part entière.

En plus de ces organes examinés ci-haut, la police nationale congolaise (PNC) assure la sécurité des personnes sur l'ensemble du territoire de la RDC. Selon l'article 2 de la loi organique N° 11/013 du 11 août 2011 portant organisation et fonctionnement de la PNC énonce que cette dernière est « *un service public, civil, accessible, à l'écoute de la population et chargé de la sécurité et de la tranquillité publique, de la sécurité des personnes et de leurs biens, du maintien et du rétablissement de l'ordre public. Elle exerce les fonctions de police administrative et judiciaire. L'article 14 de ladite loi attribue explicitement à la PNC une mission de protection de l'enfant* »[408] sur le territoire congolais. D'une manière spécifique, certaines directions sont directement concernées par la protection des enfants. Il s'agit de :

> La direction de la sécurité publique, qui exerce une mission de police administrative, et en particulier le département de protection de l'enfant et de la prévention des violences sexuelles ; la direction de la police technique et scientifique ; la direction de la lutte contre la criminalité, qui comprend un bureau enfants spécialisé dans les enquêtes impliquant des enfants[409].

Hormis les organes sus-mentionnés, il est significatif de révéler les principaux acteurs œuvrant en faveur de la

---

[407] IBCR, *État des lieux du système de protection de l'enfant et de la formation des policiers, du personnel judiciaire et des travailleurs sociaux en RDC*, *op.cit*, p. 40.

[408] Loi organique N° 11/013 du 11 août 2011 portant organisation et fonctionnement de la Police Nationale Congolaise, art. 2 et 14.

[409] IBCR, *État des lieux du système de protection de l'enfant et de la formation des policiers, du personnel judiciaire et des travailleurs sociaux en RDC*, *op.cit*, p. 41.

protection des enfants en RDC. Il s'agit notamment des acteurs du secteur de la justice et des acteurs du secteur de la sécurité. Au niveau de la justice, notamment du siège ou du parquet, le magistrat joue un rôle clef dans la protection des enfants, dans la mesure où il est acteur de la procédure judiciaire, de la phase pré-juridictionnelle jusqu'au jugement du coupable d'agressions sexuelles à l'égard des enfants. Le juge pour enfant fait partie des magistrats qui jouent un rôle spécifique dans les tribunaux pour enfants chargés de prendre des mesures susceptibles de protéger l'enfant et garantir ses droits. Cet organe travaille en collaboration avec le *comité de médiation*[410] en matière de justice pour enfant. Le comité de médiation dont il est question est composé de trois membres, à savoir un représentant du Conseil national de l'enfant, un assistant social et un représentant d'une ONG active dans le secteur de la protection des enfants en RDC.

En ce qui concerne les acteurs du secteur de la sécurité, il convient de souligner, qu'au-delà de la mission que les policiers doivent accomplir en fonction du service auquel ils se trouvent rattachés, « *l'article 45 de la loi N° 13/013 impose aux policiers le devoir de veiller à la protection des droits de la personne vulnérable. Il s'agit notamment de la protection de la femme et de l'enfant, en tout temps et en tout lieu* »[411]. Le devoir d'une telle protection de l'enfant qui incombe aux policiers est fondamental dans la mesure où les policiers sont les premiers acteurs du système de justice et, à ce titre, ils se trouvent en première ligne de la protection de l'enfant dans l'espace public ou dans les

---

410 Le Comité de médiation est régi par l'arrêt interministériel N° 490/CAB/MIN/JDH/2010 et N° 011/VAB/MIN.GEFAE du 29 décembre 2010 portant composition, organisation et fonctionnement des comités de médiation en matière de justice pour mineurs.

411 *Loi N° 13/013 du 1er juin 2013 portant statut du personnel de carrière de la police nationale*, art. 48.

situations où l'enfant est en danger. C'est le cas de la prostitution.

Dans cette perspective, « *la PNC a créé des escadrons chargés de la protection de l'enfant et prévention des violences sexuelles (PEPVS) au niveau territorial et provincial, conformément au décret N° 15/027 du 09 décembre 2015 portant organisation et fonctionnement des commissariats provinciaux, ainsi que décret N° 15/028 du 09 décembre 2015 pour organisation et fonctionnement des unités territoriales et locales* »[412]. Les escadrons de la PEPVS sont créés au sein des différents commissariats pour gérer les cas impliquant des enfants victimes (ou auteurs) de violences sexuelles. Ils sont placés sous la responsabilité d'un commandant d'unité et se composent d'officiers de police judiciaire (OPJ).

Cette analyse permet d'affirmer l'existence d'un cadre institutionnel relatif à la protection des enfants contre l'exploitation et les abus sexuels. Toutefois, la protection institutionnelle des enfants contre les sévices sexuels tient compte de la compétence des institutions juridictionnelles pénales capables de poursuivre, juger et condamner les casques bleus, auteurs d'EAS.

Section II. Les compétences pénales envers les forces de la paix, auteurs de crimes sexuels

Il est avéré que la pluralité des pays hôtes et celle des pays contributeurs de troupes aux opérations de maintien de la paix ainsi que le caractère international des missions de l'ONU dans le monde, et particulièrement en RCA et en RDC, font que plusieurs États peuvent potentiellement

---

[412] *Décret N° 15/027 du 09 décembre 2015 portant organisation et fonctionnement des commissariats provinciaux*, art. 6, 19, 32 et 33. *Décret N° 15/028 du 09 décembre 2015 pour organisation et fonctionnement des unités territoriales et locales*, art. 17 et 22.

exercer une compétence pénale à l'égard des actes d'EAS imputables aux soldats de la paix, du fait qu'ils proviennent de plusieurs États. Il est important de poser la question fondamentale à laquelle cette seconde section doit répondre : quelles sont les juridictions compétentes pour la poursuite des actes d'EAS commis par les soldats du maintien de la paix ?

En effet, lorsqu'un soldat de la paix commet une infraction criminelle dans un lieu de mission qui n'est pas celui de sa nationalité, plusieurs institutions juridictionnelles peuvent entrer en jeu. Pour démonter cette assertion, la seconde section explorera, de façon théorique, les juridictions compétentes susceptibles d'engager des poursuites pénales contre les soldats de la paix, auteurs d'infraction d'EAS à l'égard des enfants en période de conflit armé. Ainsi, l'étude menée traitera plus en détail les compétences juridictionnelles pénales nationales (Paragraphe 1er), avant d'examiner ensuite les compétences juridictionnelles pénales internationales susceptibles d'engager des poursuites pénales contre les soldats de la paix, auteurs d'EAS à l'égard des enfants en période de conflit armé (Paragraphe 2nd).

Paragraphe I. Les compétences juridictionnelles nationales

Les casques bleus des NU proviennent de plusieurs États et travaillent également dans plusieurs pays. Et lorsqu'un casque bleu commet une infraction criminelle dans un pays de mission qui n'est pas celui de sa nationalité, plusieurs juridictions peuvent entrer en jeu afin d'engager des poursuites pénales contre le casque bleu, auteur d'infraction d'EAS. Cela demandera, dans un premier temps, une analyse des compétences juridictionnelles de la *Cour Pénale Spéciale* de RCA et celle de la Cour spécialisée mixte en RDC (A). Ensuite, il s'agira de réfléchir sur les compétences juridictionnelles des États contributeurs et tiers (B).

A. La compétence de la Cour Pénale Spéciale de RCA et de la Cour spécialisée en RDC

En général, et dans les circonstances ordinaires, la compétence juridictionnelle nationale doit être la règle. Selon Al Hadji GUISSE et Louis JOINER, « *l'État a le monopole de l'action répressive* »[413]. Il lui incombe l'obligation de juger les auteurs de violations des droits fondamentaux. Dès lors, la poursuite et le jugement des auteurs de ces violations constituent une responsabilité et un devoir de l'État[414]. La juridiction nationale doit normalement juger ces personnes. La possibilité de recours à une juridiction internationale ne doit être que subsidiaire[415].

De manière générale, la doctrine juridique africaine semble admettre sensiblement les mêmes fondements de compétence qu'en Europe où la compétence est d'abord territoriale, mais peut aussi être justifiée par la nationalité, des considérations de sécurité nationale, ou encore la nécessité de fonctionnement du service public y compris à

---

[413] Al Hadji GUISSE et Louis JOINER, *L'administration de la justice et les droits de l'Homme des détenus. La question des droits de l'Homme dans le cas des personnes soumises à une forme quelconque de détention ou d'emprisonnement.* Rapport préliminaire sur la question de l'impunité des auteurs de violations des droits de l'Homme, établi par GUISSE et JOINET en application de la résolution 1992/23 de la Sous-Commission de la lutte contre les mesures discriminatoires et de la protection des minorités, E/CN.4/Sub.2/1993/6, 19 juillet 1993, p. 2. Disponible sur : www.un.org. Consulté le 04/10/2019.

[414] Nada YOUSSEF, *La transition démocratique et la garantie des droits fondamentaux, esquisse d'une modélisation juridique,* Saint-Denis, Éditions Publibook, 2011, p. 316.

[415] *Idem.*

l'étranger. C'est le cas du droit diplomatique au sens où les immunités de juridiction des diplomates doivent avoir pour contrepartie leur assujettissement aux juridictions de leurs pays d'origine, voire, peut-être dans certains cas, universelles.

Les compétences juridictionnelles pénales des États hôtes fonctionnent avec des principes. Anthony AUST estime que « *le principe fondamental en ce qui concerne la compétence juridictionnelle est celui de la territorialité* »[416]. Selon ce principe, tout État souverain est libre de créer et d'appliquer des lois sur son territoire. Certaines limitations existent, toutefois, par exemple, lorsque cette liberté est restreinte par un traité[417]. Néanmoins, les États possèdent la compétence juridictionnelle sur les actes criminels existant dans la législation locale et commis à l'intérieur de leur territoire.

De plus, un État est généralement en droit d'appliquer sa législation sur toute personne se trouvant sur son territoire, incluant les personnes de nationalité étrangères[418], bien que « *la règle de la territorialité est incontestée et incontestable* »[419]. Tom Vander BEKEN pense que « *le principe de territorialité se révélerait une application schématisée du principe de protection* »[420] de la population civile, notamment en matière de protection des enfants contre les EAS.

L'adoption ou la conservation générale du principe de territorialité présente, pour tous les États, l'avantage que « *la protection pénale des intérêts appartenant à sa sphère*

---

[416] Anthony AUST, *Handbook of international Law*, Cambridge, Cambridge University Press, 2005, p. 44.
[417] *Idem.*
[418] *Idem.*
[419] Tom Vander BEKEN, *Le droit pénal international. Recueil d'études en hommage à Jacob Maarten Van BEMMELEN,* Leyde (Pays-Bas), Leiden, E.J. Brill, 1965, p. 18.
[420] *Ibid*, p. 22.

juridictionnelle est assurée à l'étranger par l'entrée en jeu des autorités locales, et, par conséquent, de la façon la plus efficace, cela naturellement en tant qu'il s'agit de faits universellement considérés comme punissables »[421]. Issu du droit pénal classique, l'expression de la souveraineté étatique, s'est construite sur la base d'un espace qui se voulait homogène[422]. Cet espace est celui du territoire national, comme l'implique le principe de territorialité du droit pénal qui veut que la loi nationale s'applique à toutes les infractions commises à l'intérieur des frontières du pays, mais qu'elle se désintéresse des infractions commises à l'étranger[423].

Partant de cette base, « *il est reconnu que les fonctionnaires internationaux et le personnel militaire des missions de la paix doivent respecter la législation locale* »[424] lorsque cette dernière ne viole pas les standards de droits humains[425]. Autrement dit, lorsqu'un soldat de la paix ou un casque bleu des Nations Unies commet une infraction pénale dans le pays où il travaille, le pays hôte possède, en théorie, la compétence territoriale pour poursuivre cette catégorie de personne. Pour atteindre un tel objectif, il a été créé, en Centrafrique, une *Cour Pénale*

---

421 *Ibid*, p. 23.

422 François OST et Michel van de KERCHOVE, *De la pyramide au réseau ? Pour une théorie dialectique du droit*, Bruxelles, Publications des Facultés universitaires Saint-Louis Bruxelles, 2002, p. 248.

423 *Idem*.

424 International Civil Service Commission, *Normes de conduite requises des fonctionnaires internationaux*, §. 39. Disponible sur : http://icsc.un.org/org/resources/pdfs/general/standardsF.pdf. Consulté le 05/10/2019. Voir également : SGNU, *Projet révisé de modèle de mémorandum d'accord entre l'Organisation des Nations Unies et* [l'État participant] *fournissant des ressources à une opération de maintien de la paix des Nations Unies,* Doc. Off. AGNU, 61e Session., Ordre du jour, point 33, Doc. NU A/61/494 (2006), p. 6.

425 *Département des opérations de maintien de la paix, United Nations Peacekeeping Operations : Principles and guidelines*, 2008, p. 81.

Spéciale (CPS) en plus des juridictions classiques existantes dans le pays.

La *Cour Pénale Spéciale* (CPS) est une juridiction spéciale au sein de la justice centrafricaine créée par la *Loi organique N° 15.003 du 03 juin 2015*[426] afin d'enquêter, instruire et juger les violations graves des droits humains et du droit international humanitaire commis sur le territoire en temps de paix tout comme en période de conflit armé. La création de cette institution juridictionnelle pénale fait suite, en avril 2014, à une Cellule spéciale d'enquête et d'instruction chargée d'enquêter sur les violations graves des droits humains et poursuivre les responsables de ces crimes.

Composée du personnel national et international, la CPS a une durée limitée à cinq ans renouvelables. « *L'organisation de la CPS avec la présence de juges et de personnels internationaux permettra à celle-ci de fonctionner et d'être perçue comme offrant davantage d'indépendance et d'impartialité que les autres cours du système judiciaire centrafricain* »[427]. De surcroît, la CPS prévoit de plus grandes garanties pour que les poursuites et les jugements soient conduits conformément aux dispositions du droit international qui sont relatives à l'équité des procès[428]. Une telle organisation renforcera à la fois les mesures de sécurité et les mesures de protection en faveur des victimes et des témoins.

Les règles de base de compétence juridictionnelle de cette institution sont exposées aux articles 3, 4 et 5 qui stipulent que :

---

[426] *Loi organique N° 15.003 portant création, organisation et fonctionnement de la Cour pénale spéciale.* Arts 3 à 5.

[427] Amnesty International, *République Centrafricaine. Le long chemin vers la justice. L'obligation de rendre des comptes*, Londres, Amnesty International (AI), 2017, p. 36.

[428] *Idem.*

La Cour Pénale Spéciale est compétente pour enquêter, instruire et juger les violations graves des droits humains et les violations graves du droit international humanitaire commis sur le territoire de la République Centrafricaine depuis le 1er janvier 2003, telles que définies par le Code pénal centrafricain et en vertu des obligations internationales contractées par la République Centrafricaine en matière de droit international, notamment le crime de génocide, les crimes contre l'humanité et les crimes de guerre objets des enquêtes en cours et à venir (art 3, alinéa 1).
Les crimes relevant de la compétence de la Cour Pénale Spéciale sont imprescriptibles (art 3, alinéa 2).
En cas de conflit de compétence avec une autre juridiction nationale, la Cour Pénale Spéciale a la primauté pour enquêter, instruire et juger les crimes et délits connexes qui relèvent de sa compétence (art 3, alinéa 3).
La Cour Pénale Spéciale peut se référer aux normes substantives et aux règles de procédure établies au niveau international, lorsque la législation en vigueur ne traite pas d'une question particulière, qu'il existe une incertitude concernant l'interprétation ou l'application d'une règle de droit centrafricain ou encore que se pose la question de la compatibilité de celui-ci avec les normes internationales (art 3, alinéa 4).
La Cour Pénale Spéciale veille particulièrement à la protection des victimes et des témoins par des mesures spécifiques définies précisément par le règlement des preuves et procédure de la Cour et comprenant entre autre, la tenue d'audiences à huis-clos et la protection de l'identité des victimes et des témoins (art 3, alinéa 5).
Art. 4.
La compétence de la Cour Pénale Spéciale s'étend sur l'ensemble du territoire national et aux actes de coaction et de complicité commis sur le territoire des États étrangers avec lesquels l'État centrafricain est lié par des accords d'entraide judiciaire (art 4, alinéa 1).

> A défaut d'accords bilatéraux, les règles de procédure en matière de coopération pénale internationale s'appliquent pour les enquêtes, l'instruction, le jugement et l'incarcération des auteurs identifiés des infractions de la compétence matérielle de la Cour Pénale Spéciale (art 4, alinéa 2).
> Art. 5.
> Sous réserve des dispositions spécifiques contenues dans la présente loi et dans les règles pris pour son application, les règles de procédure applicables devant la Cour Pénale Spéciale sont celles prévues par le Code de procédure pénale de la République Centrafricaine (art 5).

Il est à noter que, pour certains actes comme l'EAS commis par les soldats de la paix à l'égard des enfants en période de conflit en RCA, en tant qu'actes très graves, la condition restrictive relative à la double incrimination ou plainte préalable, est écartée par le Code Pénal Centrafricain. En vertu de ces dispositions sus-mentionnées, la CPS est compétente pour enquêter, instruire et juger les soldats de la paix ou les casques bleus qui ont commis des actes d'EAS à l'égard des enfants en période de conflit armé en RCA. Qu'en est-il de la compétence juridictionnelle de la Cour spécialisée mixte de la République Démocratique du Congo ?

Gilda NICOLAU et Fabrice HOURQUEBIE pensent que même si « *au plan pénal, les tribunaux de paix ont le pouvoir de statuer sur toutes les infractions punissables au maximum de cinq ans de servitude pénale principalement (emprisonnement et d'une peine d'amende, quel que soit son taux, ou de l'une de ces peines seulement* »[429], ils peuvent également mettre à la disposition du gouvernement tout individu tombant sous l'application de la législation sur

---

[429] Gilda NICOLAU et Fabrice HOURQUEBIE (Dir), *Dire le droit, rendre la justice*, Paris, Karthala, 2009, p. 150.

le vagabondage[430] sexuel à l'égard des enfants. Les infractions les plus courantes sont punies de moins de cinq ans ou de cinq ans au maximum d'emprisonnement, et partant, relèvent de la compétence de ces tribunaux. Il est important de souligner que la *Cour spécialisée* est compétente pour enquêter, poursuivre et juger les responsables de crimes les plus graves comme les EAS.

En effet, face aux défaillances de la justice congolaise pour répondre efficacement et en toute indépendance au besoin de vérité, de justice et de réparation de nombreuses victimes de crimes internationaux en RDC, ces dernières décennies, ainsi qu'au champ limité de l'action de la CPI[431], un mécanisme alternatif et complémentaire de lutte contre l'impunité des crimes les plus graves tels que les crimes de guerre, crimes contre l'humanité, crimes de génocide, y compris les crimes sexuels est apparu, comme une solution. Car, le besoin d'une juridiction susceptible de répondre efficacement au besoin de vérité, justice et réparation, exprimé depuis tant d'années par les victimes de crimes internationaux en RDC, auquel les tentatives de commissions vérité et réconciliation de 2003 à 2006 n'ont pas réussi à répondre, est plus que prégnant. C'est ainsi que « *la société civile congolaise, avec l'appui d'organisation non gouvernementales (ONG) internationales, s'est engagée depuis plusieurs années dans un plaidoyer pour la mise en place d'un tribunal spécialisé et mixte, qui connaîtrait des crimes internationaux, et avec une composante à la fois congolaise et internationale* »[432] basé en RDC.

---

[430] *Idem.*

[431] FIDH, *République Démocratique du Congo. Recommandations pour une Cour spécialisée mixte indépendante et efficace*, Paris, fidh mars 2012, p. 3. Cf : https://fidh/org/IMG/pdf/rdcjustice585f.pdf. Consulté le 08/10/2019.

[432] *Idem.*

Concernant la compétence matérielle de la Cour spécialisée, l'article 16 du projet précise que « *la Cour exerce la compétence première à l'égard des crimes prévus par la présente loi. Elle apprécie souverainement la gravité des faits constitutifs de ces crimes et se réserve le droit, au cas où ces faits lui paraissent de faibles gravité et que les auteurs ne comptent pas au nombre de ceux qui assument la plus lourde responsabilité, de les transférer aux juridictions ordinaires compétentes* »[433]. Cette disposition indique que la Cour spécialisée peut, selon les cas, renvoyer des affaires de moindre gravité.

Si en vertu de la Constitution congolaise, les juridictions militaires ont compétence pour connaître de toutes les « *infractions commises par les membres des forces armées et de Police nationale, voire, en cas de guerre, des infractions commises par des civils* »[434], la Cour spécialisée est compétente pour traiter les dossiers concernant des crimes internationaux impliquant des membres des forces armées ou de la police nationale, du fait que la Cour spécialisée a « *compétence pour les crimes précités commis par des civils, militaires ou policiers* »[435]. En vertu des

---

[433] Le projet de loi analysé est celui adopté par le Conseil des ministres le 30 juillet 2011 et transmis au Sénat le 2 août 2011. Art. 16.

[434] L'art. 156 de la Constitution congolaise stipule : « *les juridictions militaires connaissent des infractions commises par les membres des Forces armées et de la Police nationale. En temps de guerre ou lorsque l'état de siège ou d'urgence est proclamé, le Président de la République, par une décision délibérée en Conseil des ministres, peut suspendre sur tout ou partie de la République et pour la durée et les infractions qu'il fixe, l'action répressive des Cours et Tribunaux de droit commun au profit de celle des juridictions militaires. Cependant, le droit d'appel ne peut être suspendu. Une loi organique fixe les règles de compétence, d'organisation et de fonctionnement des juridictions militaires* ».

[435] Le projet de loi énonce par ailleurs en son article 3 que : « *Chaque fois qu'un membre des forces armées de la République Démocratique du Congo ou de la police nationale sera [...] poursuivi du chef des*

articles 21, 22 et 24 du projet de loi, la Cour spécialisée a compétence sur les crimes de génocide[436], crimes contre l'humanité[437] et crimes de guerre[438].

En plus des crimes évoqués, « *les auteurs de crimes sexuels, crimes introduits dans le code pénal congolais par la loi d'août 2006, pourront également, et grâce à ce projet de loi, être poursuivis pour crimes contre l'humanité et/ou crimes de guerre, en conformité avec le Statut de la CPI* »[439]. Cela permet de faire en sorte que la compétence de la Cour spécialisée en matière de tous les crimes internationaux soit effective. Et en vertu de ces dispositions, la RDC pourrait, grâce à la Cour spécialisée, enquêter, poursuivre et juger les personnes responsables de crimes de génocide, de crimes contre l'humanité, de crimes de guerre qui s'appliquent à la RDC, même si en vertu de la compétence temporelle, la Cour spécialisée n'exerce sa compétence à l'égard des crimes commis qu'à partir de 1990.

En matière de compétence universelle ou extraterritoriale, « *la Cour spécialisée est compétente pour connaître des crimes internationaux qui ont été commis sur le territoire de la République Démocratique du Congo, qu'ils aient été commis par des Congolais ou par des étrangers* »[440]. Outre cette disposition consacrée à la compétence universelle de la Cour, les dispositions

---

infractions visées par la présente loi, un magistrat militaire de carrière fera du siège en première instance et en appel ».

436 *Ibid*, art. 21.

437 *Ibid*, art. 22.

438 *Ibid*, art. 24.

439 FIDH, *République Démocratique du Congo. Recommandations pour une Cour spécialisée mixte indépendante et efficace*, *op.cit*, p. 19.

440 Art. 39 du projet de loi explicite ce qu'on entend par le territoire de la RDC et indique que « *ces crimes sont réputés commis sur le territoire de la République dès lors que l'un de leurs faits constitutifs a eu lieu sur ce territoire* ».

introduisant une compétence extra-territoriale sont regroupées sous la section 10 du projet de loi intitulée « De la compétence universelle de la Cour ». Il s'agit en fait de règles de compétence extraterritoriale. Au fond, le principe fondamental en ce qui concerne la compétence juridictionnelle est celui de la territorialité.

En effet, tout État souverain est libre de créer et d'appliquer des lois sur son territoire. Certaines limitations existent, lorsque cette liberté est restreinte par un traité. Néanmoins, les États possèdent la compétence juridictionnelle sur les actes criminels existant dans la législation locale et commis à l'intérieur de son territoire. En clair, « *un État est généralement en droit d'appliquer sa législation sur toute personne se trouvant sur son territoire, incluant les personnes de nationalité étrangère* »[441]. Mais qu'en est-il des juridictions des États contributeurs de troupes et tiers ?

B. Les compétences juridictionnelles des États contributeurs de troupes et tiers

En principe, les fonctionnaires internationaux et le personnel militaire des missions de la paix doivent respecter la législation locale « *lorsque cette dernière ne viole pas les standards de droits humains* »[442]. Ainsi, lorsqu'un fonctionnaire des NU commet une infraction pénale dans le pays hôte différent de son pays d'origine, le pays hôte possède, en théorie, la compétence territoriale pour poursuivre cette personne. Dans cette perspective, un État peut également mettre en marche sa machine judiciaire lorsqu'un crime est commis à l'extérieur de son territoire.

---

441 Anthony AUST, *Handbook of international law*, *op.cit*, p. 44.

442 DOMP, *United Nations peacekeeping operations: principles and guidelines*, 2008, p. 21. Cf. http://www.peacekeepingbestpractices.unlb.org/Pbps/Library/Capston-Doctrine_END.pdf. Consulté le 27/04/2019.

Certains principes de droit international sous-tendent l'existence d'une compétence extraterritoriale d'un État lorsqu'un crime est commis à l'extérieur de son territoire. Le principe de la nationalité est aussi appelé compétence personnelle active. Il permet à l'État d'affirmer sa compétence en matière pénale pour la conduite de ses nationaux à l'étranger.

D'après le *Modèle d'accord sur le statut des forces*[443], les militaires des contingents nationaux sont soumis à ce principe pour les actes criminels qu'ils commettent lors de missions de la paix. Les militaires auteurs d'actes d'EAS pourront ainsi faire face au droit pénal ou militaire de leur pays d'origine dans la mesure où ces derniers comportent des dispositions appropriées relatives aux actes d'EAS commis. De plus, en vertu de ce principe et du *Modèle*, le pays de citoyenneté d'un militaire ayant commis un acte d'EAS lors d'une mission de paix et dont l'acte est l'objet de sanctions pénales dans ce pays, possède la compétence judiciaire pour engager des poursuites pénales contre l'auteur de l'infraction. Cette option exige que les États appliquent leur droit pénal et/ou militaire à leurs contingents à l'étranger[444].

Si, le principe de la nationalité, aussi appelé compétence personnelle active, permet à l'État d'affirmer sa compétence « *en matière pénale pour la conduite de ses*

---

[443] *Accord entre l'organisation des Nations Unies et les gouvernements de la République de Croatie relatif aux forces et aux opérations des Nations Unies en Croatie relatif aux forces et aux opérations des Nations Unies en Croatie relatif aux forces et aux opérations des Nations Unies en Croatie*, signé à Zagreb, 15 mai 1995. Cf. http://untreaty.un.org/unts/120001_144071/7/00015003.pdf. Consulté le 28/04/2019.

[444] Julie ROY, *Les crimes sexuels et la responsabilité pénale du personnel du maintien de la paix des Nations Unies*, *op.cit*, p. 54.

nationaux à l'étranger »[445], en vertu du *Modèle d'accord sur le statut des forces*, les militaires des contingents nationaux sont soumis à ce principe pour les actes criminels qu'ils commettent lors des missions de paix. Les militaires auteurs d'actes d'EAS pourront ainsi faire face au droit pénal ou militaire de leur pays[446] d'origine dans la mesure où ces derniers comportent des dispositions appropriées relatives aux actes d'EAS commis.

En vertu de ce principe et du Modèle, « *le pays de citoyenneté d'un militaire ayant commis un acte d'EAS lors d'une mission de la paix et dont l'acte est l'objet de sanctions pénales dans ce pays, possède la compétence judiciaire pour engager des poursuites pénales contre l'auteur de l'infraction* »[447]. Cette option judiciaire est fort prometteuse dans la mesure où les États contributeurs de troupes peuvent appliquer leur droit pénal et/ou leur droit militaire à leurs contingents ayant commis des actes d'EAS à l'étranger. C'est le cas du Canada qui prévoit dans sa « *Loi sur la défense nationale qu'un acte ou omission constituant une infraction en vertu du droit criminel canadien et survenu à l'étranger est punissable au Canada* »[448]. Cela permettra à ce que « *les infractions pénales commises par des fonctionnaires des Nations Unies ne restent pas impunies* »[449]. En effet, cet engagement vigoureux permet aux États contributeurs de troupes d'enquêter, de

[445] SGNU, *Question de la responsabilité des fonctionnaires de l'ONU et des experts en mission ayant commis des infractions pénales dans le cadre d'opérations de maintien de la paix,* Doc. Off. AGNU, Ordre du jour, point 32, Doc. NU A/60/980, 2006, pp. 14 et 15.

[446] Julie ROY, *op.cit*, p. 54.

[447] *Idem.*

[448] *Loi sur la défense nationale*, L.R.C., 1985, C.N-5, art. 130, Canada.

[449] AGNU, *Responsabilité pénale des fonctionnaires et des experts en mission des Nations Unies*, Résolution. AG 63/119, Doc. AGNU, 63e Session, Doc. NU A/RES/63/119, 2009, p. 3.

poursuivre et de juger leurs soldats ayant commis des infractions sexuelles à l'étranger.

La compétence personnelle passive permet, quant à elle, à l'État national de la victime d'une infraction commise par un étranger à l'étranger d'adopter et d'exercer sa compétence sur le fautif[450]. Dans certaines circonstances, il est aussi loisible à un État d'établir sa compétence juridictionnelle sur un étranger responsable d'infractions à l'étranger[451] et dont les actions sont préjudiciables aux intérêts essentiels (et en particulier ceux qui sont liés à la sécurité nationale) de l'État considéré[452]. Dans la pratique, le principe de protection permet d'établir et d'exercer une juridiction extraterritoriale, même si l'acte d'EAS reproché à son auteur n'est pas une infraction en vertu du droit interne de l'État où se trouve le soldat accusé.

Si également, la théorie des effets, aussi appelée territorialité objective, permet à un État d'affirmer sa compétence « *sur des actes commis en dehors de son territoire, mais qui ont ou visent à avoir des effets substantiels à l'intérieur de son territoire* »[453], il est admis en droit international que la compétence universelle ou quasi-universelle permet à un « *État de se déclarer compétent à l'égard de l'auteur présumé d'une infraction commise à l'extérieur de ses frontières, indépendamment de sa nationalité, de son pays de résidence ou de tout autre lien qu'il aurait avec l'État qui exerce la poursuite* »[454].

---

[450] SGNU, *Question de la responsabilité des fonctionnaires de l'ONU et des experts en mission ayant commis des infractions pénales dans le cadre d'opérations de maintien de la paix, op.cit*, p. 15.
[451] Antony AUST, *Handbook of international Law*, Cambridge, Cambridge University Press, 2005, p. 46.
[452] SGNU, *Question de la responsabilité des fonctionnaires de l'ONU et des experts en mission ayant commis des infractions pénales dans le cadre d'opérations de maintien de la paix, op. cit*, p. 15.
[453] *Idem.*
[454] *Idem.*

Une telle compétence vise spécifiquement les crimes dits internationaux, tels la torture, les crimes de guerre, les crimes de génocide, les crimes contre l'humanité et autres crimes graves comme l'EAS. En effet, ces crimes sus-mentionnés sont si « *préjudiciables aux intérêts de l'ensemble des États que le droit coutumier leur permet d'engager des poursuites criminelles contre les auteurs, indépendamment de leur nationalité ou de celle de la victime et du pays où a lieu l'infraction reprochée* »[455] aux soldats de la paix.

Le principe de la compétence universelle est explicitement adopté dans les CG de 1949. Ces Conventions créent, pour les parties contractantes, un devoir d'élaborer et de mettre en œuvre la législation nécessaire à des sanctions pénales pour les infractions graves du DIH. Pour cela, les Conventions obligent les parties contractantes à adopter et exercer cette compétence universelle sur les infractions graves :

> Les Hautes Parties contractantes s'engagent à prendre toute mesure législative nécessaire pour fixer les sanctions pénales adéquates à appliquer aux personnes ayant commis, ou donné l'ordre de commettre, l'une ou l'autre des infractions graves à la présente Convention définies à l'article suivant.
>
> Chaque Partie contractante aura l'obligation de rechercher les personnes prévenues d'avoir commis, ou d'avoir ordonné de commettre, l'une ou l'autre de ces infractions graves, et elle devra les déférer à ses propres tribunaux, quelle que soit leur nationalité. Elle pourra aussi, si elle le préfère, et selon les conditions prévues par sa propre législation, les remettre pour jugement à une autre Partie contractante intéressée à la poursuite, pour autant que cette Partie contractante ait reconnu contre lesdites personnes des charges suffisantes.

---

[455] Antony AUST, *Handbook of international Law*, *op.cit*, p. 46.

> Chaque Partie contractante prendra les mesures nécessaires pour faire cesser les actes contraires aux dispositions de la présente Convention, autres que les infractions graves définies à l'article suivant. En toutes circonstances, les inculpés bénéficieront de garanties de procédure et de libre défense qui ne seront pas inférieures à celles prévues par les articles 105 et suivants de la Convention de Genève relative au traitement des prisonniers de guerre du 12 août 1949[456].

Ainsi, ces principes pourront être utilisés par les États contributeurs et tiers afin de se prévaloir d'une certaine compétence sur des actes d'EAS commis par les casques bleus des NU en période de CA en RCA et en RDC. Cependant, il est à noter que l'existence de ces principes de droit international ne créée pas immédiatement de compétence juridictionnelle sur les crimes commis à l'étranger pour les États contributeurs et tiers. Afin de s'en prévaloir, les États doivent incorporer ces principes dans leur droit interne et créer des mécanismes d'exercice de cette compétence à travers les procédures d'extradition, l'entraide internationale sur l'obtention de la preuve et sa mise en preuve dans les procédures judiciaires même si les législations pénales nationales des pays contributeurs de troupes et celles des pays hôtes sont souvent lacunaires en ce qui concerne leur juridiction extraterritoriale face à la compétence pénale des soldats de la paix.

Le concept de « compétence » englobe une pluralité d'activités allant de l'enquête à l'incarcération du responsable d'une infraction grave. Lorsqu'un acte d'EAS est commis par un casque bleu, plusieurs États souverains peuvent et souvent doivent s'associer dans ce processus. Puisque les « *fonctionnaires étrangers ne peuvent amasser la preuve ou exercer une compétence étrangers ne peuvent*

[456] CG 1, Art. 49; CG 2, Art 50; CG 3, Art. 129. CG 4, Art. 146.

sans le consentement de l'État territorial »[457], les États sont appelés à collaborer dans le processus de poursuite des infractions d'EAS commis par des casques bleus.

L'institution judiciaire d'un État souverain peut également être compétente lorsqu'un crime est commis à l'extérieur de son territoire. La compétence extraterritoriale est la faculté légale de la puissance d'un État à exercer son autorité à l'extérieur de ses limites habituelles. C'est est un point juridique complexe qui relève de la doctrine générale d'une nation et peut varier d'un État à l'autre.

Certains principes de droit international sous-tendent l'existence d'une compétence extraterritoriale d'un État lorsqu'un crime est commis à l'extérieur de son territoire. Il est à noter que « *le droit international permet aux États d'exercer leurs compétences sur des personnes sur leurs territoires et parfois à l'extérieur de leurs territoires* »[458]. Lorsque les NU reçoivent la permission de stationner une force armée sur le territoire d'un État, la compétence criminelle sur les actes d'exploitations et d'abus sexuels devient l'affaire de plusieurs juridictions nationales[459], il s'agit notamment des juridictions des États contributeurs de troupes et tiers, et de l'exercice conjoint de la compétence juridictionnelle.

L'ONU joue un rôle important dans le processus de poursuite. Cet engagement est une des tâches du service de la constitution des forces du Bureau des affaires militaires au sein du Département des OMP, chargé de « *donner des avis et de prendre des mesures pratiques en matière de discipline à la suite d'enquêtes et d'investigations*

[457] Anthony AUST, *Handbook of international law*, *op.cit*, p. 44
[458] *Ibid*, p. 43.
[459] Geert-Jean Alexander KNOOPS, *The prosecution and defense of peacekeepers under international criminal law*, transnational publishers, 2004, p. 242.

officielles »[460]. Le Bureau des services de contrôle interne des Nations Unies reçoit et entreprend des enquêtes internes concernant des actes d'EAS reprochés aux soldats de maintien de la paix. Les enquêtes réalisées peuvent jouer un rôle déterminant dans les poursuites pénales engagées par les États hôtes, les États contributeurs de troupes ou autres.

Dès lors, plusieurs États souverains peuvent être appelés à s'associer dans la poursuite pénale d'un soldat de maintien de la paix, auteur d'une infraction d'EAS à l'égard d'un enfant. Toutefois, les responsabilités de chacun, varient d'une situation à l'autre. Ainsi, les réflexions menées par le *Groupe d'experts juridiques sur la question de la responsabilité des fonctionnaires de l'ONU et des experts en mission ayant commis des infractions pénales dans le cadre d'opérations de maintien de la paix*, relatent que l'exercice conjoint de la compétence pénale devrait être régi à partir d'un principe de base selon lequel : « *plus un État hôte a les moyens d'exercer sa compétence en matière pénale, moins les autres États auront à intervenir* »[461]. Il ajoute que « *cette compétence partagée peut s'appuyer sur un traité ou sur des arrangements ponctuels entre les États concernés* »[462] par la problématique de la poursuite d'un casque bleu auteur d'EAS.

Cependant, le contexte socio-économique dans lequel se déroulent les missions de la paix ne permet pas l'exercice d'une compétence pénale par les États hôtes, les États contributeurs de troupes et tiers. Dans les situations où la justice pénale nationale ou tiers n'est pas en mesure de prendre en charge une poursuite pénale contre un casque bleu auteur d'une infraction d'EAS à l'égard d'un enfant, la

[460] SGNU, *Analyse détaillée du Bureau des affaires militaires au sein du Département des opérations de maintien de la paix*, Doc. Off. AGNU, 64e session, Doc, NU A/64/572, 2009, §§. 10 et 11.
[461] *Idem.*
[462] *Idem.*

justice pénale internationale est en mesure d'enquêter, de poursuivre et de juger l'auteur de l'infraction.

Paragraphe II. Les contributions des juridictions pénales internationales et ad hoc

La protection des enfants contre les crimes commis en temps de conflit armé, et particulièrement ceux liés aux violences sexuelles, a permis l'émergence, au plan international, d'un certain nombre de principes dont les plus importants sont sans doute la responsabilité pénale internationale pour les individus qui commettent de telles atrocités à l'égard des êtres vulnérables. C'est en ce sens que la compétence de la Cour Pénale Internationale (CPI) et les poursuites des crimes sexuels initiées par celle-ci méritent d'être examinées (A) avant d'analyser la répression des crimes sexuels par les juridictions pénales internationales *ad hoc* et mixtes (B).

A. La compétence de la CPI et les poursuites des crimes sexuels

La CPI est la première Cour pénale internationale permanente, créée pour connaître les crimes les plus graves ayant une portée internationale. Son siège se situe à la Haye, aux Pays-Bas[463]. La Cour a été créée par le Traité de Rome signé par la Conférence diplomatique de plénipotentiaires des NU et définissant le Statut de la CPI. Elle a une existence légale depuis 2002[464]. Elle comporte à ce jour plus d'une centaine d'États parties. Le Statut de Rome est

---

[463] José Maria ARESTÉ PIFARRÉ, *La Francophonie 100 Textes*, Madrid, Universidad Nacional de Educación a Distancia, 2010, p. 122.
[464] *Idem.*

entré en vigueur le 1er juillet 2002[465]. La CPI ne juge que les actes commis après cette date, elle ne fonctionne pas de façon rétroactive. La Cour est compétente si elle est partie à son statut, soit l'État de nationalité de l'auteur des crimes[466].

La demande de poursuite peut se faire, soit par un État partie au statut en saisissant le procureur, soit par le procureur qui peut s'auto-saisir, soit indépendamment de l'état des ratifications, par le CSNU qui pourra saisir le procureur de toute situation entrant dans le champ du chapitre VII de la Charte de l'ONU[467]. Pour engager des poursuites devant la Cour, les violations doivent être qualifiées par l'un des crimes précités, couvertes par la compétence de la Cour et commises après son entrée en vigueur[468].

La Cour possède la compétence juridictionnelle pour les crimes de génocide, les crimes contre l'humanité et les crimes de guerre tels que définis aux articles 6, 7 et 8 du *Statut de Rome*. « *La compétence de la Cour se limite aux crimes les plus graves qui touchent l'ensemble de la communauté internationale* »[469]. Et si « *une violence sexuelle peut constituer non seulement un crime contre l'humanité, et un crime de guerre, elle peut aussi constituer une torture, un esclavage, une blessure grave, ou d'autres*

---

[465] Nada YOUSSEF, *La transition démocratique et la garantie des droits fondamentaux, esquisse d'une modélisation juridique, op.cit*, p. 320.

[466] *Statut de Rome de la CPI*, adopté le 17 juillet 1998, art. 12. Disponible sur : http://untreaty.un.org/cod/icc/STATUTE/french/rome_statute(f).pdf. Consulté le 04/10/2019.

[467] *Ibid*, art. 13.

[468] Nada YOUSSEF, *op.cit*, p. 320.

[469] *Statut de Rome de la CPI*, 17 juillet 1998, art. 5 (1).

crimes »[470]. Certains actes d'EAS inclus dans la partie la plus haute du spectre de gravité peuvent constituer ces crimes. D'une manière spécifique, l'article 7 évoque explicitement certains actes de violence sexuelle tels que le viol, l'esclavage sexuel, la prostitution forcée, la grossesse forcée et toute forme de violence sexuelle de gravité comparable.

L'article 8 dudit Statut souligne les mêmes formes de violences sexuelles et évoque, en plus, le fait de causer intentionnellement de grandes souffrances ou de porter gravement atteinte à l'intégrité physique ou à la santé. Dans cette perspective, certains actes d'EAS peuvent également être compris dans la définition de torture telle qu'incluse dans les articles 7 et 8 du *Statut de Rome*, sachant toutefois, que ces actes doivent avoir été commis « *dans le cadre d'une attaque généralisée ou systématique lancée contre une population civile* »[471] ou encore s'inscrire « *dans le cadre d'un plan ou d'une politique* »[472] ou faire partie d'une « *série de crimes analogues commis sur une grande échelle* »[473]. La CPI peut poursuivre les casques bleus qui ont commis des crimes à l'égard des enfants dans quelques cas.

Premièrement, « *si l'acte reproché a été commis sur le territoire d'un État partie, la Cour aura compétence* »[474]. Deuxièmement, la « *Cour pourra exercer sa compétence si les allégations sont déférées au Procureur par le Conseil de sécurité agissant en vertu du Chapitre 7 de la Charte des Nations Unies* »[475]. De plus un État pourrait accepter, de

---

[470] Human Rights Watch, *Mon cœur est coupé. Violences sexuelles commises par les forces rebelles et pro-gouvernementales en Côte d'Ivoire*, Volume 19, N° 11 (A), Août 2007, p. 151.
[471] *Statut de Rome de la CPI*, 17 juillet 1998, art. 7.
[472] *Ibid*, art. 8.
[473] *Idem.*
[474] *Idem,* art. 12 (2).
[475] *Ibid*, art. 13 (b).

façon *ad hoc,* la compétence de la Cour[476]. Une affaire sera jugée irrecevable par la Cour dans les cas où un État ayant compétence a entamé une enquête ou des poursuites pénales ou conclu celles-ci[477]. De plus, la Cour n'a compétence que pour les crimes commis après l'entrée en vigueur du Statut[478]. Il est aussi important de noter qu'« *une personne ne peut pas être jugée par la Cour et une Cour nationale pour le même crime* »[479]. Toutefois, il est important de souligner qu'un certain nombre des principaux pays contributeurs de troupes aux missions de la paix comme, l'Inde et le Pakistan ne sont pas parties au Statut de Rome.

Concernant les poursuites des crimes sexuels initiés par la CPI, trois cas seront examinés dans cette étude. Ces cas présentent plus d'intérêt en matière de poursuites des crimes sexuels. Il s'agit de la situation en RDC (affaire Germain Katanga et Matthieu Ngudjolo), en RCA (affaire Jean-Pierre Bemba) et en Ouganda (affaire Dominic Ongwen).

Le premier cas de poursuite initiée par la CPI concerne « *l'affaire T. Lubanga Dyilo, où la Chambre d'appel avait estimé que l'article 55-2 du Règlement de la Cour ne pouvait être utilisé pour inclure dans l'acte d'accusation des charges pour les violences sexuelles au motif que l'affaire était déjà bien avancée dans la phase de jugement* »[480], le procureur dans la deuxième affaire présentée devant la Cour a pris le soin d'inclure ces charges dans l'acte de poursuite.

---

[476] *Ibid*, art. 12 (3).

[477] *Ibid*, art. 17.

[478] *Ibid*, arts. 11 et 24.

[479] *Ibid,* art. 20.

[480] Chambre d'appel, *Le Procureur c. T. Lubanga, Arrêt relatif aux appels interjetés par Thomas Lubanga Dyilo et par le Procureur contre la Décision informant les parties et les participants que la qualification juridique des faits peut être modifiée conformément à la norme 55-2 du Règlement de la Cour*, ICC-01/04-01/06-2205-tFRA, 8 décembre 2009.

La deuxième affaire est celle qui oppose le procureur contre Germain Katanga et Mathieu Ngudjolo Chui dont il conviendra d'examiner les crimes sexuels retenus contre les accusés. « *Les faits se déroulent en Ituri un district de la Province orientale de la RDC abritant la mine de Mongwalu* »[481]. Des conflits opposant plusieurs factions armées surgirent dans la deuxième moitié de l'année 2002 suite à des tensions nées au cours de l'été 1999, de désaccords quant à l'attribution de terres en Ituri et l'appropriation des ressources naturelles s'y trouvant[482]. Germain Katanga était à l'époque l'un des responsables militaires des Forces de Résistance Patriotique en Ituri (FRPI), un groupe armé composé essentiellement de combattants de l'ethnie ngiti plus connue sous le nom *Lendu-sud*[483].

Les faits reprochés aux accusés et pour lesquels ils sont poursuivis par la Cour ont eu lieu le 24 février 2003 lors de l'attaque contre le village de Bogoro. Durant cette attaque, « *des civils ont été pris pour cibles et tués en grand nombre* »[484]. Au moins deux cents civils auraient perdu la vie[485]. De nombreux actes d'exploitation et des abus sexuels, notamment des viols et des réductions en esclavage sexuel sur des femmes et des enfants ont été commis par les combattants lendu et ngiti sous le commandement de Germain Katanga et Mathieu Ngudjolo Chui.

En matière des crimes sexuels retenus, « *lors de l'audience de confirmation des charges, le procureur a soutenu que les actes reprochés aux accusés entraient dans*

---

481 CPI, Situation en RDC, *Affaire Le Procureur c. Germain Katanga et Mathieu Ngudjolo Chui*, Chambre préliminaire I, *Décision relative à la confirmation des charges*, ICC-01/04-01/07-717-tFRA, 30 septembre 2008, §§ 1 et 3.

482 *Ibid*, ICC-01/04-01/07-649, §§ 4, 16 et 17.

483 *Ibid*, §. 5.

484 *Ibid*, §. 17.

485 *Ibid*, §. 21.

la mise en œuvre d'une politique consistant à prendre la population hema pour cible »[486]. Il ajoute que Germain Katanga et Mathieu Ngudjolo savaient que leur comportement s'inscrivait dans le cadre d'une attaque généralisée ou systématique lancée contre la population civile, ou entendaient qu'ils en soient ainsi[487].

Il a ensuite tenté de justifier l'existence d'un conflit armé opposant, de manière prolongée, des groupes armés avec une organisation hiérarchique bien établie et possédant la capacité de planifier et de mener des opérations militaires soutenues[488]. Le procureur a alors conclu que chacun des chefs d'accusation présentés comme « crime de guerre » dans le document modifié de notification des charges découlait « *d'un comportement constitutif d'un crime de guerre au regard des articles 8-2-a et 8-2-b du Statut de Rome ou des articles 8-2-c et 8-2-e du Statut, indépendamment du caractère international ou non du conflit* »[489]. Il est parvenu à la même conclusion s'agissant des allégations de crimes contre l'humanité au sens de l'article 7-1 du Statut avant de procéder à la qualification pénale des actes de violences sexuelles commis par les groupes ngiti et lendu lors de l'attaque du village de Bogoro le 24 février 2003[490].

L'accusation a alors reproché à Germain Katanga et Matthieu Ngudjolo d'être responsables de réduction en esclavage sexuel en tant que crime contre l'humanité en vertu de l'article 7-1-g[491] et en tant que crime de guerre en

---

486 *Ibid*, §. 7.
487 *Ibid*, §. 18.
488 *Ibid*, §. 14.
489 *Ibid*, §. 19.
490 Abdul OUANDAOGO, *La protection des civils contre les violences sexuelles en période de conflit armé en Afrique*, *op.cit*, p. 257.
491 CPI, Situation en RDC, *Affaire Le Procureur c. Germain Katanga et Mathieu Ngudjolo Chui*, Chambre préliminaire I, *Décision relative à*

vertu des articles 8-2-b-xxii et 8-2-e-vi du Statut de la Cour[492]. Germain Katanga et Matthieu Ngudjolo ont également été accusés de viols constitutifs d'un crime contre l'humanité en vertu de l'article 7-1-g[493] et de viols constitutifs d'un crime de guerre en vertu des articles 8-2-b-xxii et 8-2-evi du Statut de Rome[494]. La Chambre préliminaire I, dans le dispositif de la décision de confirmation des charges rendue le 30 septembre 2008, a confirmé les charges de viol et d'esclavage sexuel en tant que crime contre l'humanité et crime de guerre sur la base des éléments de preuve admis aux fins de l'audience de confirmation[495]. La Chambre a ensuite renvoyé les deux accusés devant la Chambre de première instance pour qu'ils soient jugés[496].

Notons que, « *toutefois, on peut déplorer qu'au terme du procès* [des deux prévenus], *le jugement rendu le 7 mars 2014 ait acquitté Germain Katanga de tous les chefs d'accusation de crimes sexuels* »[497] retenus contre lui par la décision de confirmation des charges. Cela est d'autant plus déplorable que la Chambre de première instance II a confirmé que les crimes sexuels avaient bien été commis, mais elle a estimé que ces crimes ne pouvaient pas être imputés à Germain Katanga au regard des pouvoirs qui étaient les siens au moment des faits[498]. De même,

---

la confirmation des charges, ICC-01/04-01/07-717-tFRA, 30 septembre 2008, §. 25.

492 *Ibid*, §. 26.

493 *Ibid*, §. 27.

494 *Ibid*, §. 28.

495 *Idem*, p. 226.

496 *Idem*, p. 227.

497 Cour pénale internationale, Chambre de première instance II, *Le Procureur c. Germain Katanga, Jugement*, ICC-01/04-01/07, 7 mars 2014. Le procès s'est ouvert effectivement le 24 novembre 2009 et présidé par le juge français Bruno COTTE.

498 Recueil Dalloz, *Cour pénale internationale : condamnation pour crimes contre l'humanité*, Jugement rendu par la CPI, Chambre de

« *Matthieu Ngudjolo avait été acquitté le 18 décembre 2012 pour faute de preuves suffisantes* »[499]. Malgré l'acquittement de Germain Katanga et Matthieu Ngudjolo, il convient de préciser que « *l'affaire Katanga et Ngudjolo constitue une première devant la CPI où les juges ont eu à entendre et à se prononcer sur des charges pour actes de violences sexuelles* »[500] en période de conflit armé. La CPI tranche l'affaire Thomas Lubanga où de telles charges n'avaient pas été retenues dans l'acte d'accusation malgré les témoignages de victimes confirmant des cas de réduction en esclavage sexuel de jeunes filles de Bogoro.

Le deuxième cas est l'affaire présentant plus d'intérêt en matière de poursuites des crimes sexuels initiées par la CPI est la situation en Centrafrique, où « *un conflit armé ne présentant pas un caractère international a opposé une partie des forces armées nationales de Ange-Félix Patassé,* [ancien] *Président de la RCA à cette époque à un mouvement rebelle mené par François Bozizé, ancien chef d'État-major des forces armées centrafricaines* »[501]. Accusé de l'attaque menée par Bozizé du 26 octobre 2002 au 15 mars 2003, « *Patassé a demandé et obtenu l'assistance du Mouvement de libération du Congo (MLC) et de sa branche militaire l'Armée de libération du Congo* »[502]. En réponse à la demande d'assistance, « *Bemba*

---

première instance II, *Recueil Dalloz*, 872. Cité par Abdul OUANDAOGO, *op.cit.*, p. 258.

[499] *Idem.*

[500] Claire FOURCAN, « La répression par les juridictions pénales internationales des violences sexuelles commises pendant les conflits armés », in *Archives de politique criminelle*, Paris, 2012/1, N° 34, p. 8.

[501] CPI, *Résumé du jugement rendu par la Chambre de première instance III le 21 mars 2016 en application de l'article 74 du Statut, dans l'affaire, Le Procureur c. Jean-Pierre Bemba Gombo*, ICC-01/05-01/08, 21 mars 2016, §§. 18 et 11.

[502] *Ibid,* §. 12. Le 30 septembre 1998, est créé par Jean-Pierre Bemba, dans la province de l'Équateur dont il est originaire, avec l'appui

va, entre 2002 et 2003, envoyer ses militaires en République Centrafricaine, aider le président de l'époque, feu Ange-Félix Patassé, à repousser la rébellion de François Bozizé »[503]. Bemba a déployé en Centrafrique un contingent composé de trois bataillons d'environ 1500 hommes entre octobre 2002 à janvier 2003[504].

Une fois la frontière franchie, les troupes du MLC, ont régulièrement recouru à la force armée contre les rebelles du général Bozizé à travers diverses localités de la RCA[505]. Il a été établi qu'au cours de cette opération dite « Opération de 2002-2003 », les troupes du MLC ont commis de nombreux actes de pillage, de viols et d'abus sexuels ainsi que de meurtres contre des civils à Bangui, au kilomètre 12 (PK 12), à Bozoum, Damara, Sibut, Bossangoa, Bossembélé, Dékoa, Kaga Bandoro, Bossemptélé, Boali, Yaloké, Mongoumba et dans leurs environs[506]. Ces exactions sus-mentionnées ont justifié l'ouverture des enquêtes par le procureur de la CPI en mai 2007 à la demande du gouvernement centrafricain en décembre 2004.

Les enquêtes menées par la CPI ont révélé que « *les allégations de crimes sexuels excédaient largement le nombre d'assassinats présumés. Des centaines de victimes de viol ont fait connaître leur histoire personnelle, rapportant des crimes avec une particulière cruauté*. [...]

---

financier et logistique de l'Ouganda, le Mouvement de Libération du Congo (MLC).

503 Providence Ngoy WALUPAKAN et Sandra Muya MIYANGA, *Le droit de la guerre à l'épreuve du conflit armé en République Démocratique du Congo. Quelques réflexions sur les défis, enjeux et perspectives*, *op.cit*, p. 62.

504 CPI, *Résumé du jugement rendu par la Chambre de première instance III le 21 mars 2016 en application de l'article 74 du Statut, dans l'affaire, Le Procureur c. Jean-Pierre Bemba Gombo*, ICC-01/05-01/08, 21 mars 2016, §. 13.

505 *Ibid*, §.14.

506 *Ibid*, §. 19.

Les victimes décrivent les viols subis en public »[507]. Les actes de violences commis par plusieurs agresseurs, les viols en présence de membres de leur famille et les autres violences qu'elles ont endurées lorsqu'elles offraient une résistance. De nombreuses victimes ont été par la suite rejetées par leurs familles et leurs communautés[508].

Vu les crimes révélés, un mandat d'arrêt a été émis le 23 mai 2008 à l'encontre de Jean-Pierre Bemba, en sa qualité de président et commandant en chef des troupes du MLC considérées comme étant présumés auteurs des exactions criminelles commises au cours de l'opération de 2002-2003. « *Jean-Pierre Bemba Gombo* [a été], *en effet arrêté le 24 mai 2008, à Bruxelles, en exécution d'un mandat d'arrêt de la Cour pénale internationale qui l'accuse de crimes de guerre et de crimes contre l'humanité. Ces crimes auraient été commis en Centrafrique en 2002 et 2003* »[509]. Jean-Pierre Bemba Gombo a été transféré à La Haye le 3 juillet 2008. L'audience de confirmation des charges s'est déroulée du 12 au 15 janvier 2009 devant la Chambre préliminaire II composée de la Juge Ekaterina Trendafilova (Présidente) (Bulgarie), du Juge Hans-Peter Kaul (Allemagne) et du Juge Cuno Tarfusser (Italie)[510].

Le 15 juin 2009, la Chambre préliminaire II a confirmé trois charges de crimes de guerre et deux charges de crimes contre l'humanité et renvoyé l'accusé au procès. Le procès a commencé le 22 novembre 2010 devant la Chambre de première instance III composée de la Juge Sylvia Steiner (Présidente) (Brésil), de la Juge Joyce Aluoch (Kenya) et

---

[507] CPI, *Situation en RCA*, Enquête, ICC-01/05. Disponible sur : www.icc-cpi.int/car?ln=fr. Consulté le 22 octobre 2019, § 10.

[508] *Ibid,* §. 11.

[509] Jean-Jacques Arthur MALU-MALU, *Le Congo Kinshasa*, Paris, Karthala, 2014, p. 254.

[510] Cyril LAUCCI, *Code annoté de la Cour pénale internationale 2008*, Boston, Martinus Nijhoff Publishers, 2012, p. xxii.

de la Juge Kuniko Ozaki (Japon)[511]. Ouvert le 22 novembre 2010, le procès s'est achevé le 21 mars 2016 avec une décision historique. Pour la première fois, la CPI a prononcé une condamnation pour viol comme crime de guerre et comme crime contre l'humanité[512]. Le 21 juin 2016, les juges de la CPI rendent leur verdict. Jean-Pierre Bemba est condamné à 18 ans de prison ferme avec circonstances aggravantes pour meurtre, viol et pillages commis entre octobre 2002 et mars 2003 en RCA par ses troupes du MLC[513].

Le troisième cas à examiner est celui de l'affaire Dominic Ongwen en Ouganda à laquelle, le Procureur de la CPI délivrant un mandat d'arrêt sous scellés contre Dominic Ongwen, commandant au sein de la Brigade Sinia de l'Armée de résistance du Seigneur (ARS) le 08 2005. Le procureur de la CPI a estimé « *qu'il y a des motifs raisonnables de croire qu'au cours de la période allant du 1er juillet 2002 jusqu'en 2004, l'Armée de la résistance du Seigneur aurait mené une insurrection contre le Gouvernement ougandais, l'armée ougandaise (Uganda People's Defence Forces ou UPDF) et les unités de défense locale (local defence units ou LDU)* »[514]. En effet, l'ARS, dans la poursuite de ses objectifs, se serait engagée dans un

---

511 *Idem.*

512 CPI, Chambre préliminaire II, *Le Procureur c. Jean-Pierre Bemba, Décision rendue en application des alinéas a) et b) de l'article 61-7 du Statut de Rome, relativement aux charges portées par le Procureur à l'encontre de Jean-Pierre Bemba Gombo,* ICC-01/05-01/08-424-tFRA, 15 juin 2009, § 188. CPI, *Résumé du jugement rendu par la Chambre de première instance III le 21 mars 2016 en application de l'article 74 du Statut, dans l'affaire, Le Procureur c. Jean-Pierre Bemba Gombo, op.cit*, §. 2.

513 Gaston Mutamba LUKUSA, *L'économie congolaise de 2007 à 2016. Persistance des facteurs d'enlisement en RDC*, Paris, L'Harmattan, 2016, p. 21.

514 CPI, *Affaire Le Procureur c. Dominic Ongwen*, crimes allégués. Disponible sur : www.icc-cpi.int. Consulté le 23 octobre 2019.

cycle de violence d'enfants et aurait établi un régime qui brutalise les civils par des actes comprenant le meurtre, l'enlèvement, la réduction en esclavage sexuel, la mutilation ainsi que l'incendie d'un grand nombre de logements et le pillage de camps[515]. L'on signale également l'enlèvement des enfants, qui furent enrôlés de force comme combattants, porteurs ou esclaves sexuels pour servir l'ARS et participer à des attaques contre l'armée ougandais et des communautés civiles[516]. Afin de répondre à ces allégations de crimes, Dominic Ongwen a été remis à la CPI le 16 janvier 2015 et transféré au quatrième pénitentiaire de la CPI le 21 janvier 2015.

Ainsi, le 23 mars 2016, la Chambre préliminaire II a rendu une décision confirmant 70 chefs d'accusation contre Dominic Ongwen dont des charges de viol, d'esclavage sexuel et de grossesse forcée en tant que crimes de guerre et crime contre l'humanité et de mariage forcé comme acte inhumain (article 7-1-k du Statut) en tant que crime contre l'humanité[517]. C'est la première fois qu'une personne est poursuivie pour grossesse forcée devant une juridiction pénale internationale et la première poursuite pour mariage forcé devant la CPI[518]. Gageons qu'au terme de procès en attente de Dominic Ongwen, ces poursuites aboutissent, à l'instar de l'affaire Jean-Pierre Bemba, à des condamnations pour violences sexuelles en période de conflit armé. En somme, les poursuites initiées par la CPI contribueraient à renforcer la compétence et la dynamique de reconnaissance des crimes sexuels par la justice pénale internationale d'une part, et d'autre part, à protéger les

---

515 Abdul OUANDAOGO, *op.cit*, p. 265.

516 *Idem.*

517 CPI, Chambre préliminaire II, *Décision de confirmation des charges contre Dominic Ongwen*, ICC-02/04-01/15-422-Red, 23 mars 2016, §. 124.

518 *Idem.*

civils, notamment les enfants contre l'exploitation et les abus sexuels en période de conflit armé.

B. La compétence des juridictions pénales internationales ad hoc et mixtes

Le Tribunal Militaire International de Nuremberg (TMIN) a été créé pour juger les grands criminels des puissances européennes de l'Axe dont les crimes étaient sans localisation géographique précise. Il a été créé par le Royaume-Uni, les États-Unis d'Amérique, la France et l'Union soviétique au terme d'un accord signé à Londres le 8 août 1945[519]. Le *Statut de Nuremberg* a été annexé à cet *accord* et en fait partie intégrante[520].

En outre, l'AGNU a proclamé à l'unanimité son attachement aux principes de droit international énoncés dans la Charte et le Jugement du Tribunal de Nuremberg[521]. Le Tribunal était compétent, notamment, pour juger et punir les personnes qui, agissant pour le compte des Puissances

---

[519] NU, Analyse historique des faits relatifs à l'agression, New York, 2003, p. 1. *Accord concernant la poursuite et le châtiment des grands criminels de guerre des Puissances européennes de l'Axe* (ci-après désigné sous l'appellation d'*Accord* de Londres), NU, Recueil des Traités, vol. 82, p. 279.

[520] Australie, Belgique, Danemark, Éthiopie, Grèce, Haïti, Honduras, Inde, Luxembourg, Norvège, Nouvelle-Zélande, Panama, Paraguay, Pologne, Tchécoslovaquie, Uruguay, Venezuela et Yougoslavie.

[521] Rés 95 (I) de l'AGNU. A la demande de l'Assemblée générale, la Commission du droit international a établi les Principes du droit international reconnus dans le Statut du Tribunal de Nuremberg (TMIN) et dans le Jugement du Tribunal. Le Principe VI reprend la définition des crimes contre la paix que donne l'article 6 du Statut de Nuremberg. Le Principe VI est reproduit dans le document paru sous la cote PCNICC/2000/WGCA/INF/1, qui a été distribué aux membres du Groupe de travail sur les crimes d'agression à la cinquième session de la Commission préparatoire, qui a eu lieu du 12 au 30 juin 2000.

européennes de l'Axe, avaient commis des crimes contre la paix, comme ayant conçu, préparé, déclenché ou mené une guerre d'agression ou une guerre en violation de traités, d'accords ou d'engagements internationaux, ou d'avoir pris part à un plan concerté ou complot ayant pour objet de réaliser un quelconque des objectifs sus-mentionnés[522]. De plus, le Statut de Nuremberg a établi la Commission d'instruction et de poursuite des grands criminels de guerre, formé des représentants du Ministère public nommés par les États signataires[523].

De nombreux faits de viols ont été signalés au cours du second conflit mondial[524] auquel l'armée allemande peaufina l'utilisation du viol en tant qu'arme de terreur et comme moyen d'obtenir « *l'humiliation et la destruction totale des "peuples inférieurs" et la suprématie de leur propre race* »[525] écrit Susan BROWNMILLER. Estimé à près de 10 000 000, le nombre de femmes d'Europe de l'Est, soviétiques pour la plupart qui ont été victimes de viols, desquels sont nés entre 750 000 et 1 000 000

---

[522] L'article 6 du *Statut de Nuremberg* est libellé comme suit : « *Article 6. Le Tribunal établi par l'Accord mentionné à l'article 1er ci-dessus pour le jugement et le châtiment des grands criminels de guerre des pays européens de l'Axe sera compétent pour juger et punir toutes personnes qui, agissant pour le compte des pays européens de l'Axe, auront commis, individuellement ou à titre de membres d'organisations, l'un quelconque des crimes suivants. Les actes suivants, ou l'un quelconque d'entre eux, sont des crimes soumis à la juridiction du Tribunal et entraînent une responsabilité individuelle :*
a) Les crimes contre la paix, c'est-à-dire la direction, la préparation, le déclenchement ou la poursuite d'une guerre d'agression, ou d'une guerre en violation des traités, assurances ou accords internationaux, ou la participation à un plan concerté ou à un complot pour l'accomplissement de l'un quelconque des actes qui précèdent... ».

[523] *Statut de Nuremberg*, art. 14.

[524] Gérard LOPEZ et Gina FOLIZZOLA, *Le viol, Que sais-je ?* PUF, 1996, p. 14.

[525] Susan BROWNMILLER, *Le viol*, Paris, Stock, 1976, p. 49.

d'enfants[526]. À ces cas de viols de masses, il faut ajouter la prostitution forcée dans les camps de concentration en Europe de l'Est et les camps militaires qui étaient monnaie courante[527]. De l'autre côté, Anne DUPIERRIEUX révèle que les soldats des alliés se rendirent également coupables de nombreux faits de viols notamment les soviétiques contre les femmes et les jeunes filles allemandes lors de la prise de Berlin[528].

Malgré ces évènements d'une extrême gravité, les violences sexuelles n'ont pas été explicitement inscrites parmi les crimes relevant de la compétence du TMIN[529]. Ainsi, aucune poursuite ni condamnation pour viol ou violence sexuelle n'a été prononcée au cours du procès de Nuremberg. Seule la stérilisation forcée sera condamnée pour crime de guerre du fait d'« *"expérimentations pseudo-scientifiques" dont des expérimentations de "stérilisation des femmes et enfants à Auschwitz et Ravensbrück"* »[530] et non comme une violence sexuelle, ni exploitation et abus sexuels. Toutefois, malgré l'absence d'une consécration normative relative aux crimes sexuels dans le Statut de Nuremberg, le Tribunal Militaire International pour l'Extrême-Orient (TMIEO)[531] appelé aussi Tribunal de

---

[526] Pascale BOS, « Feminists interpreting the politics of wartime rape: Berlin 1945, Yugoslavia 1992-1993 », In *The University of Chicago Press*, vol. 31 N° 4, 2006, p. 1020.

[527] Susan BROWNMILLER, *Le viol*, *op.cit*, p. 66.

[528] Anne DUPIERRIEUX, « Quand le viol devient arme de guerre : étude historico-stratégique du viol et des autres formes de violences sexuelles comme arme de guerre », in *Oxfam-Solidarité*, 2009. Disponible sur : www.oxfamsol.be/fr. Consulté le 23 octobre 2019.

[529] Abdul OUANDAOGO, *op.cit*, p. 103.

[530] Chef d'accusation n° 3 – crimes de guerre, Acte d'accusation, TMIN, 7 juin 1946, in *Documents officiels du Tribunal Militaire de Nuremberg*, Tome I, p. 48.

[531] Le Tribunal Militaire International pour l'Extrême-Orient a été créé à Tokyo par le Commandant suprême des Forces alliées dans le Pacifique, le général Mac Arthur, par la Proclamation du 19 janvier

Tokyo (procès de Tokyo) a néanmoins, prononcé des condamnations sur ces actes d'EAS.

Concernant l'EAS dans la région Asie-Pacifique, l'armée impériale japonaise avait mis en œuvre au cours de la Seconde Guerre mondiale une politique d'exploitation et d'esclavage sexuels à grande échelle. Cette politique mieux connue sous ne nom de « *viol de Nankin ou pratique des femmes de réconfort, a consisté en l'enlèvement puis en la séquestration des femmes dont la plupart étaient des jeunes filles âgées de 11 à 20 ans* »[532], qui devaient servir d'objets de jouissance sexuelle aux soldats japonais.

Maryam NOROUZI-VERGNOL précise qu'au cours du procès, les crimes sexuels commis par les soldats japonais contre les prisonnières et les civils pendant l'occupation de Nankin, de Bornéo et d'autres villes seront un peu plus affirmées[533]. Patricia VISEUR-SELLER atteste que les

---

1946 et composé de onze représentants de pays ayant fait la guerre au Japon. Cf. Laura BARNETT, *La Cour pénal international : histoire, rôle et situations actuelles*, Division des affaires juridiques et législatives de la bibliothèque du Parlement du Canada, 4 novembre 2008, p. 5. Le Statut est similaire à celui du Statut du TMIN amendé en date du 26 avril 1946. La section II du Statut établit la compétence personnelle du Tribunal pour juger et punir les « *criminels de guerre d'Extrême-Orient qui, individuellement ou comme membres d'organisations, sont inculpés de crimes comprenant des crimes contre la paix* » ainsi que sa compétence matérielle par rapport aux actes décrits et qualifiés comme crimes contre la paix, crimes contre les conventions de guerre (les violations des lois ou coutumes de la guerre) et crimes contre l'humanité (art. 5).

532 ONU/ECOSOC, *Rapport préliminaire du Rapporteur spécial sur la situation en ce qui concerne le viol systématique, l'esclavage sexuel et les pratiques analogues à l'esclavage en période de conflit armé*, 16 juillet 196, E/CN.4/Sub.2/1996/26, §. 8.

533 Maryam NOROUZI-VERGNOL, « La criminalisation des violences sexuelles au cours des conflits armés », in Michael John MATHESON et Djamchid MONTAZ (Dir), *Les règles et institutions du droit international humanitaire à l'épreuve des conflits armés récents*,

jugements de Tokyo ont condamné des commandants de l'armée nippone pour viol comme crime de guerre pour la première fois en droit international, au titre de la responsabilité du supérieur hiérarchique pour les viols commis sous leur commandement[534]. Les généraux *Matsui* et *Muto* ainsi que le ministre des affaires étrangères japonais *Koki Hirota* furent condamnés à mort pour leur responsabilité dans le viol de Nankin pour violations des lois et coutumes de la guerre et mauvais traitements en tant que crime contre l'humanité[535].

Outre les condamnations prononcées par le procès de Tokyo, « *une Cour martiale temporaire néerlandaise à Batavia (Jakarta) a poursuivi et condamné douze militaires japonais sur la base du crime de prostitution forcée pour avoir utilisé comme "femmes de réconfort" trente-cinq femmes et enfants vivant sur le sol indonésien* »[536]. Parmi les militaires condamnés figurait le commandant de l'école militaire de Semarang, *Nozaki Seiji*, condamné au titre de la responsabilité du supérieur hiérarchique pour avoir permis les crimes de guerre commis par ses subordonnés comme la prostitution forcée et les mauvais traitements, les viols puisque les filles et les femmes étaient sexuellement exploitées[537] contre leur gré. Qu'en est-il des tribunaux

---

Recueil des Cours de l'Académie de Droit International de la Haye, Leiden, Boston, 2010, p. 792.

[534] Patricia VISEUR-SELLER, « The context of sexual violence as violation of international humanitarian law », in KIRK McDonald and SWAAK Goldman, *Substantive and procedural aspects of international criminal law*, Kluwer law international, The Hague, vol. I, London/Boston, 2000, p. 288.

[535] *Idem.*

[536] Court-Martial in Batavia in the case of the Judge-Advocate ratione officii versus 12 unnamed defendants N° 72/1947, In Nora DEMLEITNER, « Forced prostitution: naming in international offense ». Cité par Abdul OUANDAOGO, *op.cit*, p. 106.

[537] *Idem.*

pénaux internationaux pour l'Ex-Yougoslavie et pour le Rwanda ?

Le Tribunal Pénal International pour l'Ex-Yougoslavie (TPIY)[538] a été créé par la résolution 808 (1993 du Conseil de sécurité de l'ONU afin de « *juger les personnes présumées responsables de violations graves du droit international humanitaire commises sur le territoire de l'ex-Yougoslavie depuis 1991* »[539]. Parmi les violations massives des droits de l'homme et du droit international humanitaire signalées au cours des conflits armés en Ex-Yougoslavie au cours de la décennie 90, les exploitations sexuelles étaient généralisées. Conscient de ce fléau, le Statut du TPIY prenait en compte les violences sexuelles, dans la mesure où « *le viol est explicitement incriminé en tant que crime contre l'humanité* »[540]. Ainsi, le TPIY affirmait dans l'affaire *Tadic* du 2 octobre 1997 que « *ce qui est inhumain et, par conséquent, interdit dans les conflits internationaux ne peut être considéré comme humain et admissible dans les conflits civils* »[541].

Se fondant sur les lois nationales et les pratiques ultérieures des États, les juges du TPIY parvinrent à la conclusion selon laquelle « *le droit international coutumier impose une responsabilité pénale pour les violations graves commises au cours des conflits armés non internationaux* »[542]. Selon Thomas GRADITZKY, un des

[538] ONU, CSNU (Ex-Yougoslavie), rés 808, S/RES/808, 22 février 1993.

[539] Statut TPIY, Doc. Off. NU, CSNU S/RES/827, 3217e séance (22 février 1993), tel qu'amendé par Doc. Off. NU, CSNU S/RES/1418, 4759e séance (19 mai 2003), art. 1.

[540] Statut TPIY, art. 5. g. L'article 2 du Statut du TPIY a qualifié les actes de violences sexuelles d'acte criminels.

[541] TPIY, *Le Procureur c. Dusko Tadic*, arrêt relatif à l'appel de la défense concernant l'exception préjudicielle d'incompétence, 2 octobre 1995, affaire IT-94-1-AR72, §. 119.

[542] *Ibid*, §. 134.

apports majeurs du TPIY à la répression des actes d'EAS est la tendance depuis la jurisprudence Tadic à ignorer la distinction entre les conflits internationaux et ceux internes, et à appliquer les mêmes principes généraux du droit humanitaire aux conflits internes[543].

Le TPIY a ainsi prononcé des condamnations pour crime sexuel en tant qu'infractions graves aux Conventions de Genève de 1949 en se fondant sur les paragraphes b) relatifs à la torture ou traitements inhumains, y compris les expériences biologiques et c) concernant le fait de causer intentionnellement de grandes souffrances ou de porter des atteintes graves à l'intégrité physique ou à la santé, de l'article 2 de son Statut. En somme, cinq condamnations pour violences sexuelles en tant qu'infractions graves aux Conventions de Genève sur la base de l'article 2.b) du Statut du TPIY ont été prononcées dans les affaires, *Delalic*[544], *Brdjanin*[545], *Bralo*[546], *Rajic*[547] en première instance et dans l'affaire *Tadic* [548] en appel.

---

[543] Thomas GRADITZKY, « La responsabilité pénale individuelle pour violation du droit international humanitaire applicable en situation de conflit armé non international », in *RICR*, N° 829, 1998, p. 30.

[544] TPIY, *Le Procureur contre Zejnil Delalic, Zdravko Mucic alias « Pavo », Hazim Delic, Esad Landzo alias « Zenga »,* Chambre de première instance II, Jugement, Affaire IT-96-21-T, 16 novembre 1998, §. 479.

[545] TPIY, Chambre de première instance II, *Le Procureur contre Radoslav Brdanin, Jugement,* Affaire IT-99-36-T, 1er septembre 2004.

[546] TPIY, *Le Procureur c. Bralo, Jugement*, Chambre de première instance, IT-95-17, 7 décembre 2005.

[547] TPIY, *Le Procureur c. Rajic, Jugement*, Chambre de première instance, IT-95-12-S, 8 mai 2006.

[548] TPIY, Jugement, *Le Procureur c. Tadić*, IT-94-1-T, 7 mai 1997. Il a été jugé que les actes d'agression sexuelle commis contre des hommes, y compris la mutilation, la fellation, et l'attentat à la pudeur constituent des traitements inhumains, des traitements cruels, en tant que crimes de guerre et des actes inhumains en tant que crimes contre l'humanité.

Concernant la condamnation d'exploitation sexuelle sur la base de l'article 3 commun, la jurisprudence *Kunarac* est pertinente. « *Dans l'affaire Kunarac, la Chambre de première instance du TPIY a procédé à un examen de l'article 3 commun en vertu duquel ont été portées les accusations de viol* »[549] et est parvenue à la conclusion que cette disposition a acquis le statut de norme de droit international coutumier dont la violation entraîne en droit international coutumier ou conventionnel la responsabilité pénale individuelle de son auteur[550].

Sur la base de ce raisonnement, la Chambre de première instance du TPIY a condamné les prévenus pour viol en tant que crime de guerre consacré par l'article 3 commun, qui était suffisant pour conclure que le viol constitue une violation des lois et coutumes de la guerre. Ainsi, le jugement *Kunarac* constitue un progrès en matière de répression d'EAS en tant que crime de guerre, violations des lois et coutumes de la guerre sur la base de l'article 3 commun aux CG du 1949, de l'article 27 de la quatrième CG et de l'article 4.e du PA II aux CG du 12août 1949 relatif à la protection des victimes des conflits armés non internationaux du 8 juin 1977. Qu'en est-il de la répression des crimes sexuels commis en période de conflit armé par le Tribunal Pénal International pour le Rwanda (TPIR) ?

Traditionnellement, devant le TPIR les crimes de violences sexuelles sont poursuivis au titre de crime contre l'humanité sous la qualification de viol[551], et au titre de violation grave de l'article 3 commun aux quatre CG du 12 août 1949 et le PA II du 8 juin 1977, renforcent la protection des victimes des conflits armés non internationaux, sous la qualification « *d'atteintes à la dignité de la personne*

---

[549] TPIY, *Le Procureur c. Dragoljub Kunarac et Consort, Jugement*, affaire IT-96-23-T et IT-96-23/1-T, 22 février 2001, §. 400.
[550] *Ibid*, §. 406.
[551] *Statut du TPIR* a été le 27 avril 1996, art. 3, § g.

notamment les traitements humiliants, le viol, la contrainte à la prostitution et tout attentat à la pudeur »[552].

Les poursuites d'EAS initiées par le TPIR sont envisagées sous des chefs d'accusation tels qu'« *autres actes inhumains* »[553] ou « torture »[554] comme crimes contre l'humanité ; ainsi que les « traitements cruels tels que la torture » comme actes constituant une violation grave de l'article 3 commun et du PA II. Ces incriminations ont permis aux juges du TPIR de prononcer des condamnations pour actes d'EAS non pas seulement en tant que crime contre l'humanité ou atteinte à la dignité de la personne tels que prévus par le Statut, mais aussi en tant qu'actes de génocide. Pour bien cerner la pertinence incrimination au niveau du TPIR, il est important d'étudier l''affaire Akayesu.

Les recherches d'Henri Pierre Fomi AZAI ont révélé qu'au moment du génocide, Jean-Paul Akayesu occupait les fonctions de bourgmestre de la commune de Taba, située dans le centre du Rwanda. Il a été traduit devant le TPIR pour des accusations de génocide et de crimes contre l'humanité[555]. Au départ, les allégations d'exploitations sexuelles ne figuraient pas dans l'accusation, mais à la lumière de ce que des témoins ont révélé de façon spontanée et en réponse aux questions posées par les juges Laïty Kama, Nivanethem Pillay et Lennart Aspegren, des accusations relatives à des crimes de violence sexuelle ont

---

[552] *Statut du TPIR*, art. 3. § i.

[553] Acte d'accusation amendé le 20 novembre 2000 dans l'*Affaire Eliezer Niyitegeta*. (Chef d'accusation 8 et 9).

[554] Statut du TPIR, art. 3. § f. Voir également : Amendement à l'acte d'accusation du 23 juin 1999 dans l'*Affaire Semanza* (Chef d'accusation 11 et 13).

[555] Henri Pierre Fomi AZAI, *Le répression des violences sexuelles commises à l'égard des femmes en période de conflits armés*, Paris, Éditions Édilivre. Collection Universitaire, 2011, p. 68.

été portées après modification de l'acte d'accusation sur requête du Procureur, le 17 juin 1997[556].

Après avoir amendé l'Acte d'accusation à l'effet d'y inclure des allégations d'exploitation sexuelle et des charges supplémentaires contre l'accusé en vertu des articles 3 (g), 3 (i) et 4 (2) du Statut du TPIR, le Procureur a déclaré que la disposition du témoin « H » l'a motivé à rouvrir les enquêtes sur les violations sexuelles à l'occasion des évènements qui avaient eu lieu à Taba au bureau communal[557]. Compte tenu des circonstances, le viol commis dans l'affaire Akayesu a été déclaré constitutif d'un crime de génocide. Le TPIR a reconnu Akayesu coupable, en plus de viol et d'agression sexuelle, d'esclavage sexuel, de nudité forcée et d'humiliation sexuelle notamment, reconnaissant ainsi ces actes comme des crimes graves au regard du droit international.

Le jugement Akayesu constitue un progrès extraordinaire par ses commentaires et par la jurisprudence qu'il établit en matière d'exploitation sexuelle. Il a été cité et a fait autorité dans d'autres affaires au TPIR et au tribunal

---

[556] *Idem.*

[557] *Idem.* Rappelons qu'entre le 7 avril et la fin juin 1994, des centaines de civils déplacés ont cherché refuge au bureau communal. La majorité de ces civils déplacés étaient des femmes et enfants tutsis. Alors qu'elles cherchaient refuge au bureau communal, les femmes et surtout les filles étaient régulièrement emmenées par des miliciens locaux et/ou policiers communaux armés et soumises à des sévices sexuels et/ou battues à l'intérieur ou près des locaux du bureau communal. De nombreuses femmes et filles ont été forcées de subir des actes multiples d'exploitation sexuelle. Ces actes d'exploitations et d'abus sexuels étaient généralement accompagnés de menaces explicites de mort ou d'atteinte à l'intégrité physique et morale. Les femmes et les filles vivaient dans une frayeur constante et leur condition physique et psychologique s'est détériorée des suites des crimes sexuels ».

de la Haye dans les jugements Furundzija[558], Celebici[559] et Kunarac[560]. Il est entré dans les annales, à bien des égards, principalement parce qu'il a défini le viol comme un acte de génocide et de torture et parce que c'était la première fois que le viol était défini en droit international[561].

En plus de la compétence et la répression des crimes sexuels initiés par le TMI, le TPIY et le TPIR, le Tribunal Spécial pour la Sierra Leone (TSSL) possède la compétence judiciaire pour poursuivre les personnes qui portent la plus grande responsabilité pour les violations sérieuses du droit international humanitaire ainsi que les lois propres de la Sierra Leone depuis 1996. C'est ainsi que les paragraphes 2 et 3 de l'article 1 du *Statut du Tribunal Spécial pour la Sierra Leone* donnent au Tribunal une compétence

---

[558] TPIR, *Le Procureur c. Anto Furundzija* (Dossier IT-95-17/1-AR73), jugement, 10 décembre 1998.

[559] TPIR, *Le Procureur c. Delalic et al.* (Dossier IT-96-21-T), jugement, 16 novembre 1998.

[560] TPIR, *Le Procureur c. Kunarac et al.* (Dossier IT-96-23/2), jugement, 22 février 2001.

[561] Telle est la définition que le jugement donne du viol aux paragraphes 596, 597 et 598 : en cherchant à déterminer dans quelle mesure le viol constitue un crime contre l'humanité, conformément à l'article 3 g) du Statut, la Chambre doit définir le viol, dans la mesure où aucune des définitions connues ne fait l'objet d'un consensus en droit international. Si le viol a été défini, dans certaines juridictions nationales, comme tout acte de pénétration sexuelle non consensuel commis sur la personne d'autrui, en tant qu'acte, il peut toutefois consister en l'introduction d'objets quelconques dans des orifices du corps d'autrui qui ne sont pas considérés comme ayant une vocation sexuelle intrinsèque et/ou en l'utilisation de tels orifices dans un but sexuel. La Chambre considère que le viol constitue une forme d'agression et qu'une description mécanique des objets et des parties du corps qui interviennent dans sa commission ne permet pas d'appréhender les éléments essentiels de ce crime. La Chambre définit le viol comme une invasion physique de nature sexuelle commise sur la personne d'autrui sous l'emprise de la contrainte.

subsidiaire envers les soldats de la paix et autres personnels de missions.

Au titre de cet article : « *Toute infraction commise par un membre du personnel de maintien de la paix ou personnel assimilé présent en Sierra Leone conformément à l'Accord sur le statut de la mission en vigueur entre l'Organisation des Nations Unies et le Gouvernement sierra-léonais ou à des accords en vigueur entre la Sierra-Leone et d'autres gouvernements ou organisations régionales, ou en l'absence de tels accords, pour autant que les opérations de maintien de la paix ont été entreprises avec le consentement du Gouvernement Sierra-léonais, relève en premier lieu de la compétence de son État d'origine* ». Il précise qu'« *au cas où l'État d'origine ne veut pas ou ne peut réellement mener une enquête ou des poursuites, le Tribunal peut, sur la proposition d'un État et si le Conseil de sécurité l'autorise, exercer sa compétence sur la personne en question* »[562].

Concernant la compétence *rationae materiae*[563] (en fonction de la matière) le Tribunal a compétence pour juger les crimes contre l'humanité, tels le viol, l'esclavage sexuel, la prostitution forcée, la grossesse forcée et toute autre forme de violence sexuelle[564]. Le Tribunal a également la compétence pour juger de « graves violations » de l'article 3 de la Convention de Genève pour la protection des victimes de la guerre et du PA II du 8 juin 1977[565]. Ces violations, telles que mentionnées précédemment dans ce texte, incluent certains actes d'EAS. Le Tribunal a

---

562 *Statut du Tribunal Spécial pour la Sierra Leone*, 16 janvier 2002, Art. 1. §§. 2 et 3.

563 La *Compétence ratione materiae* est la détermination, entre les juridictions de premier degré, du tribunal compétent eu égard à la matière en litige.

564 *Statut du Tribunal Spécial pour la Sierra Leone*, 16 janvier 2002, Art. 2.

565 *Ibid*, art. 3.

également la juridiction nécessaire pour juger certains crimes sous la loi de la Sierra Leone dont la commission de sévices à l'encontre de fillettes et d'enlèvement de fillettes à des fins immorales[566]. Au regard de ces dispositions, ce Tribunal est compétent pour juger certains actes d'EAS commis par le personnel de maintien de la paix.

Conclusion du chapitre

Au terme de ce second chapitre, nous avons pu nous rendre compte de l'existence d'un cadre institutionnel général relatif à la protection des enfants contre l'exploitation et les abus sexuels en période de conflit armé qui connaît des formes diverses selon l'échelle internationale, régionale et nationale. Au niveau international, le Comité des enfants, institué en tant que mécanisme de suivi de la mise en œuvre de la CDE par les États, a comme principale tâche d'examiner les rapports périodiques établis par les États parties et d'assister ces derniers pour concrétiser en pratique les droits énoncés dans la Convention.

Même si l'intention est louable et relayée par un important rôle d'assistance technique visant à mettre en œuvre au niveau national les dispositions de la CDE, le caractère contraignant du contrôle exercé par le Comité est assez faible. En l'absence d'un mécanisme de sanction et d'un système de requêtes, s'ajoute, en pratique, la mauvaise qualité des rapports, notamment les informations incomplètes ou erronées rendues par les États au Comité, d'où l'importance des rapports alternatifs présentés par des ONG. Pourtant, ces observations peuvent contribuer à la formation d'un consensus en la matière, notamment

---

566 *Ibid*, art. 5. Cet article fait référence aux articles 6, 7 et 12 de la loi de 1926 relative à la prévention de la cruauté à l'encontre d'enfant.

lorsqu'elles sont prises en considération par d'autres organes de contrôle des droits de l'enfant ou des droits de l'homme, en général.

À l'instar de l'UNICEF et du CICR, le Bureau international des droits des enfants œuvre en faveur de la protection, du respect et de la promotion des droits de l'enfant, conformément aux engagements prescrits par la CDE, et ses protocoles facultatifs. Au niveau africain, les principaux organes de protection des enfants contre l'exploitation et les abus sexuels sont : la Commission africaine des droits de l'homme et des peuples (CADHP) et le Comité africain d'experts sur les droits, le bien-être de l'enfant (CAEDBE), la Cour de justice et de droits humains aide à renforcer la protection judiciaire des enfants en Afrique.

Outres ces cadres classiques, il faut ajouter la contribution du Congrès mondial, tenu du 27 au 31 août 1996 à Stockholm en Suède relative à la lutte mondiale contre l'exploitation sexuelle des enfants en adoptant un plan d'action mondial de lutte contre l'exploitation sexuelle des enfants. Le second Congrès mondial tenu à Yokohama au Japon en décembre 2001 rappelle à son tour la nécessité de mettre en œuvre des mesures concrètes contre l'exploitation sexuelle des enfants à l'échelle internationale. Le troisième Congrès, de même nature, tenu du 25 au 28 novembre 2008 à Rio de Janeiro au Brésil était consacré aux moyens permettant de protéger les enfants contre les diverses formes d'EAS.

En RCA, la protection des enfants contre l'exploitation et l'abus sexuel est principalement assurée par le Ministère de la famille et des affaires sociales, le Ministère de la santé et de la population, le tribunal pour enfants. En tant que juridiction spéciale au sein de la justice centrafricaine, la *Cour Pénale Spéciale* (CPS) est compétente pour enquêter, instruire et juger les soldats de la paix ou les casques bleus qui ont commis des actes d'EAS à l'égard des enfants en période de conflit armé en RCA. En plus de ce cadre institutionnel, il existe une unité d'intervention rapide au sein de la police et de la gendarmerie. Cette unité a pour mandat de prévenir et de poursuivre toutes formes de violence sexuelle.

Par ailleurs, en RDC, les principaux organes de protection des enfants contre les exploitations et les abus sexuels sont : la Commission nationale des droits de l'homme (CNDH), le Ministère du Genre, de la famille et de l'enfant, le Ministère des affaires sociales, de l'action humanitaire et de la solidarité nationale (MINAS), le Ministère de la justice ainsi que la *Cour spécialisée* qui est compétente pour enquêter, poursuivre et juger les responsables de crimes les plus graves comme les EAS. Il est à noter que, lorsqu'un soldat de la paix commet une infraction criminelle dans un lieu de mission qui n'est pas celui de sa nationalité, plusieurs institutions juridictionnelles peuvent entrer en jeu.

La protection des enfants contre les crimes sexuels en période de conflit armé a permis l'émergence, au plan international, d'un certain nombre de principes dont la responsabilité pénale internationale pour les individus ; et des jurisprudences incriminant et réprimant les actes d'exploitation et d'abus sexuel constitutifs des crimes contre l'humanité, des crimes de guerre et de génocide. Cependant, au-delà des institutions générales mises en place pour protéger les enfants contre l'EAS, il existe un cadre spécifique, stratégique et opérationnel.

Bibliographie

I. Ouvrages

A. Dictionnaires, Lexiques et Encyclopédies

ANDRIANTSIMBAZOVINA Joël, *Dictionnaire des droits de l'Homme*, Paris, Puf, 2008, 1074p.

ASSOCIATION Henri Capitant, Vocabulaire juridique, Puf, 9e Éditions, 2010, 970 p.

Bureau international du travail, *Encyclopédie de sécurité et de santé*, Vol 1, Genève, 2000, 1749p.

CABRILLAC Remy, *Dictionnaire du vocabulaire juridique*, Paris, Litec, 2004, 416 p.

CORNU Gérard, *Vocabulaire juridique*, Quadrige / Puf, 2002, 976 p.

DUBOIS Jean, *Dictionnaire de la langue Française. Lexis,* Paris, Larousse, 1979, 2109 p.

GUILIEN Raymond et VINCENT Jean, *Lexique des termes juridiques*, Paris, Dalloz, 2001, 662p.

ROBERT Le Petit, *Dictionnaire alphabétique et analogique de langue française*, Paris, Hachette, 1983, 2841 p.

UNIVERSITÉ FRANCOPHONE, *Dictionnaire du Droit International Public*, Bruxelles, Bruylant, 2001, 1198 p.

B. Ouvrages généraux

ABBAS Hakima, *Long trajet de l'Afrique vers les droits. Réflexions lors du 20ème anniversaire de la Commission*

africaine des droits de l'homme et des peuples, Nairobi, Fahamu, 2007, 262 p.
ARESTÉ PIFARRÉ José Maria, *La Francophonie 100 Textes*, Madrid, Universidad Nacional de Educación a Distancia, 2010, 307 p.
ARNOUX Irma, *Les droits de l'être humain sur son corps*, Bordeaux, Presses Universitaires de Bordeaux, 2003, 578p.
AURENCHE Guy, *La dynamique des droits de l'homme*, Paris, Desclée de Brouwer, 1988, 241p.
AUST Anthony, *Handbook of international Law*, Cambridge, Cambridge University Press, 2005, 592 p.
BARNETT Laura, *La Cour pénal international : histoire, rôle et situations actuelle*, Division des affaires juridiques et législatives de la bibliothèque du Parlement du Canada, 4 novembre 2008, 30 p.
BAUZON Stéphane, *Le métier de juriste du droit politique selon Michel VILLEY*, Québec, Les Presses de l'Université Laval, 2003, 226 p.
BEKEN Tom Vander, *Le droit pénal international. Recueil d'études en hommage à Jacob Maarten Van BEMMELEN,* Leyde, Leiden, E.J. Brill, 1965, 257 p.
BENNETT Angela, *L'histoire cachée de la Croix-Rouge*, Lausanne, Favre, 1989, 223 p.
BERGEL Jean-Louis, *Méthodes du droit : Théorie générale du droit*, 2e édition, Paris, Dalloz, 1989, 412 p.
BOLONGE Jean-Claude, *Histoire de la pudeur*, Paris, Hachette, 1986, 384 p.
BONFILS Philippe et GOUTTENOIRE Adeline, *Droit des mineurs*, Paris, Dalloz, 2008, 1121 p.
BRANDER Patricia, WITTE Laure, *al.*, *Repères. Manuel pour la pratique de l'éducation aux droits de*

l'homme avec les jeunes, Strasbourg, Les Éditions du Conseil de l'Europe, 2012, 456 p.

BROWNMILLER Susan, *Le viol*, Paris, Stock, 1976, 568 p.

CHETCUTI Natacha et JASPARD Maryse (Dir), *Violences envers les femmes. Trois pas en avant deux pas en arrière*, Paris, L'Harmattan, 2007, 319 p.

CIANDET Nathalie Ferraud et MATTEI Jean-François, *Protection de la santé et sécurité alimentaire en droit international*, Bruxelles, Editions Larcier, 2009, 325 p.

CROUZATIER Jean Marie, *Droit international de la santé*, Paris, Éditions des archives contemporaines, 2009, 138 p.

DARIO Basttistela, *Guerres et conflits dans l'après-guerre froide*, Paris, La Documentation française, 1998, 120 p.

DAVID Charles-Philippe, *La guerre et la paix. Approches et enjeux de la sécurité et de la stratégie*, Paris, Presses de la fondation nationale des sciences politiques, 2013, 550 p.

DAVID Éric, *Principes de droits des conflits armés*, Bruxelles, Bruylant 4e Éditions, 2008, 1152p.

DEKEUWER-DÉFOSSEZ Françoise et CHOAIN Christine (Dir), *L'autorité parentale en question*, Lille, Presses Universitaires du Septentrion, 2003, 237 p.

DIALITÉ Sacké Kouyaté Kaba, *Droit international humanitaire dans les conflits armés : Le cas rwandais*, Paris, L'Harmattan, 2011, 104 p.

DIOP Mamadou Falilou, *Droit international des droits de l'Homme et Droit international humanitaire. Réflexion sur la complémentarité de deux faces d'une même médaille*, Paris, L'Harmattan, 2015, 235 p.

DJODO Luc, *Les enfants de la transition : Une génération en danger?*, Paris, L'Harmattan, 2011, 264 p.

DOLLY JOINER Julia, *Sélection de documents-clé de l'Union africaine relatifs aux Droits de l'Homme*, Pretoria, Pretoria University Law Press, 2006, 285 p.

DOMESTICI-MET Marie-José (Dir), *Aide humanitaire internationale : un consensus conflictuel ?* Paris, Economica, 1996, 372 p.

DOUI-WAWAYE Augustin Jérémie, *Repenser la sécurité en République Centrafricaine*, Paris, L'Harmattan, 2014, 384 p.

DREYFUS Simone et NICOLAS-VULLIERME Laurence, *La thèse de doctorat et le mémoire. Étude méthodologique (Sciences juridiques et politiques)*, Paris, 3e Éditions CUJAS, 2000, 486 p.

DURAND André, *Histoire du Comité international de la Croix-Rouge-De Sarajevo à Hiroshima*, vol. 2, Genève, Institut Henry-Dunant, 1978, 524 p.

ECKHARD Frederic, *Kofi ANNAN, home providential ?*, Genève, Éditions du Tricorne, 2009, 316p.

FINKIELKRAUT Alain, *Penser la crise*, Les Creusettes. Vallet, Éditions M-editer, 2006, 242 p.

GRANGER Simon, *L'Évangile devant le siècle, examen historique des doctrines du christianisme*, Paris, Petit-Didier Éditeur, 1946, 239 p.

GUILLARD David, *Les armes de guerre et l'environnement naturel : Essai d'étude juridique*, Paris, L'Harmattan, 2006, 388 p.

Guy AURENCHE, *La dynamique des droits de l'homme*, Paris, Desclée de Brouwer, 1998, 241p.

HAJI Hamid El, *L'applicabilité de la coutume dans les conflits armés*, Paris, L'Harmattan, 2015, 248 p.

HAMMARBERG Thomas, *Droits de l'homme en Europe : la complaisance n'a pas sa place*, Strasbourg, Éditions du Conseil de l'Europe, 2011, 412 p.

HENCKAERTS Jean-Marie et DOSWALD-BECK Louise, *Droit international humanitaire coutumier, Vol. I : Règles*, Bruxelles, Bruylant/CICR, 2006, 961 p.

HEYMANS André, *L'Univers, notre maître à penser. Une nouvelle compréhension de l'existence pour une Terre heureuse, une Charte de l'Humanité*, Paris, Société des Ecrivains, 2015, 200 p.

HOUBBALLAH Adnan, *Le virus de la violence : La guerre civile est en chacun de nous*, Paris, Editions Albin Michel, 1996, 280 p.

KEKIMBA Kitete, *Autonomie politique et constitutionnel du Zaïre. Essai de solution d'inadéquation institutionnel*, Paris, L'Harmattan, 1990, 292 p.

KNOOPS Geert-Jean Alexander, *The prosecution and defense of peacekeepers under international criminal law*, transnational publishers, 2004, 275 p.

LABBÉE Xavier, *Condition juridique du corps humain avant la naissance et après la mort*, Lille, Presses Universitaire de Lille, 1990, 447 p.

LUKUSA Gaston Mutamba, *L'économie congolaise de 2007 à 2016. Persistance des facteurs d'enlisement en RDC*, Paris, L'Harmattan, 2016, 275 p.

MALU-MALU Jean-Jacques Arthur, *Le Congo Kinshasa*, Paris, Karthala, 2014, 400 p.

MARTENS Friedrich Fromhold, *La guerre d'Orient et la Conférence de Bruxelles*, Bruxelles, Bruylant, 1879, 335 p.

MBACK Charles Nach, *Démocratisation et décentralisation : Genèse et dynamiques comparés des processus de décentralisation en Afrique subsaharienne*, Paris, Karthala, 2003, 528 p.

MPIANA Joseph Kazadi, *La position du droit international dans l'ordre juridique congolais et l'application de ses normes,* Paris, Éditions Publibook, 2013, 566 p.

NASHI Emmanuel Murhula A (Dir), *La course contre la paix en R.D. Congo*, Paris, L'Harmattan, 2013, 206 p.

NDAYWEL E NZIEM Isidore, *Histoire générale du Congo. De l'héritage ancien à la République Démocratique*, Kinshasa, Afrique Éditions, 1998, 955 p.

NERAC-CROISIER Roselyne (Dir), *Le mineur et le droit pénal*, Paris, L'Harmattan, 1997, 274p.

NICOLAU Gilda et HOURQUEBIE Fabrice (Dir), *Dire le droit, rendre la justice*, Paris, Karthala, 2009, 252 p.

NZAMBI Albert Kalonga Luse-Lua, *Désarmement, démobilisation et réintégration des enfants-soldats. Échec au Sud-Kivu ?,* Paris, L'Harmattan, 2016, 492 p.

NZIYA Jean-Pierre, *Congo Ingeta. Les raisons de la colère de la diasporat congolaise dans le monde*, Ottawa, FriesenPress, 2012, 120 p.

OST François et KERCHOVE Michel van, *De la pyramide au réseau ? Pour une théorie dialectique du droit*, Bruxelles, Publications des Facultés universitaires Saint-Louis Bruxelles, 2002, 598 p.

OWONA Joseph, *Droit international humanitaire*, Paris, L'Harmattan, 2012, 216 p.

PICTE Jean (Dir), *Études et essais sur le droit international humanitaire et sur les principes de la Croix-Rouge*, Genève, CICR/ Martinus Nijhoff Publishers, 1984, 861 p.

PICTE Jean (Dir), *La Convention de Genève pour l'amélioration du sort des blessés et des malades dans les forces armées en campagne : commentaire*, Genève, CICR, 1952, 542 p.

PICTET Jean, *Développement et principes du droit international humanitaire*, Paris, Institut Henri-Dunant, Éditions A. Pedone, 1983, 118 p.

PILLOUD Claude, PREUX Jean et SANDOZ Yves, *al* (Dir). *Commentaire des Protocoles additionnels du 8*

juin 1977 aux Conventions de Genève du 12 août 1949, Genève, Martinus Nijhoff Publishers, 1986, 1651 p.
PRADEL Jean et DANTI-JUAN Michel, *Manuel de droit pénal spécial*, Paris, 2e Éditions Cujas, 2001, 792 p.
RENOUT Harald, *Droit pénal général*, Paris, Paradigme, 2009, 416 p.
ROMAN Diane (Dir), *La Convention pour l'élimination des discriminations à l'égard des femmes*, Paris, Pédone, 2014, 370 p.
SASSÒLI Marco, BOUVIER Antoine, QUINTIN Anne, *Un droit dans la guerre ?,* Vol. I, Présentation du droit international humanitaire, seconde éditions, 2012, 487 p.
SCHELER Max, *La pudeur*, Paris, Aubier Montaigne, 1952, 168 p.
SCHOOYANS Michel, *La face cachée de l'ONU*, Paris, Le Sarment, 2000, 30 p.
SHANNON Geoffrey, HORGAN Rosemary et KEEHAN Géraldine, *Droit et pratique établis par la Convention européenne révisée en matière d'adoption des enfants*, Strasbourg, Conseil de l'Europe, 2014, 56 p.
TERCIER Anne-Sophie, *Être enfant en Inde. Faiblesse des politiques publiques, dynamisme des ONG locales*, Paris, Karthala, 2009, 324 p.
TZITZIS Stamatios, *La personne, l'humanisme, le droit*, Québec, Les Presses de l'Université Laval. Collection Dikè, 2001, 150 p.
VANDERLINDEN Annick, *Vivre sous le regard de Dieu : une redécouverte théologique du regard Dieu. Études de théologie et d'éthique,* vol. 2, Berlin, LIT VERLAG, 2012, 342 p.
WALUPAKAH Providence Ngoy et MIYANGA Sandra Muya, *Le droit de la guerre à l'épreuve du conflit armé en République Démocratique du Congo. Quelques*

réflexions sur les défis, enjeux et perspectives, Paris Éditions Publibook, 2015, 370 p.

YELE Roger, DOKO Paul et MAZIDO Abel, *Les défis de la Centrafrique : Gouvernance et stabilisation du système économique. Recherche de canevas pour amorcer la croissance*, Dakar, CODESRIA, 2011, 221 p.

YOUSSEF Nada, *La transition démocratique et la garantie des droits fondamentaux, esquisse d'une modélisation juridique,* Saint-Denis, Éditions Publibook, 2011, 735 p.

C. Ouvrages spécifiques

AZAI Henri Pierre Fomi, *Le répression des violences sexuelles commises à l'égard des femmes en période de conflits armés*, Paris, Éditions Édilivre. Collection Universitaire, 2011, 138 p.

BANGURA Zainab Hawa, *Bulletin des arrêts de la Haute cour militaire. Lutte contre les violences sexuelles*, N° spécial, Paris, L'Harmattan, 2016, 378 p.

BIRUKA Innocent, *La protection de la femme et de l'enfant dans les conflits armés en Afrique*, Paris, L'Harmattan, 2008, 500 p.

BORN Michel, DELVILLE Jacqueline, MERCIER Michel, *al*, *Les abus sexuels d'enfants*, Liège, Pierre Mardaga, 1996, 184 p.

BUHRER Jean-Claude et LEVENSON Claude B., *L'ONU contre les droits de l'homme ?*, Paris,Éditions Mille et une nuits, 2003, 275 p.

DELAGRANGE Gilbert, *Comment protéger l'enfant ? Protection, éducation, répression*, Paris, Éditions Karthala, 2004, 256 p.

DELANEY Stéphanie, *La protection des enfants contre l'exploitation sexuelle et la violence sexuelle lors des catastrophes et des situations d'urgence*, Bangkok, ECPAT International, 2006, 96 p.
IZAMBERT Jean-Loup, *ONU : violations humaines*, New York, Carnot, 2003, 189 p.
KABOYI Michel Mugaruka, *Forces des Nations Unies et responsabilité internationale. Opérations de maintien de la paix de l'ONU, imputation et réparation*, Genève, Éditions universitaires européennes, 2012, 114 p.
KOLB Robert, PORRETO Gabriele et VITÉ Sylvain, *L'application du droit international humanitaire et des droits de l'homme aux organisations internationales. Forces de paix et administrations civiles transitoires*, Bruxelles, Bruyant, 2005, 504 p.
LOPEZ Gérard et FOLIZZOLA Gina, *le viol, Que sais-je ?*, PUF, 1996, 128 p.
MEUNIER Guillemette, *L'application de la Convention des Nations Unies relative aux droits de l'enfant dans le droit interne des États parties*, Paris, L'Harmattan, 2002, 254 p.
MINGXUAN Gao, *Vers des principes directeurs internationaux de droit pénal. Criminalité économique et atteintes à la dignité de la personne*, Paris, Éditions de la maison des sciences de l'homme, 1996, 337 p.
MOREILLON Laurent, *L'infraction par omission. Étude des infractions à la vie et à l'intégrité corporelle en droits anglais, français, allemand et suisse*, Genève, Librairie Droz, 1993, 358 p.
NILSSON Ann-Charlotte, *Children and youth in armed conflit*, vol. I, Boston, Martinus Nijhoff publishers, 2013, 1587 p.

SAIGET Marie, *L'ONU face aux violences sexuelles de son personnel. Crise de crédibilité et changement en organisation internationale,* Paris, L'Harmattan, 2012, 223 p.

SOREL Jean-Marc et POPESCU Corneliu-Liviu, *La protection des personnes vulnérables en temps de conflit armé*, Bruxelles, Bruylant. Collection Magna Carta 2, 2010, 326 p.

SUSAN Brownmillier, *Le viol*, Montréal, Nouvelles éditions de poche, 1980, 568 p.

WHITWORTH Sandra, *Men militarism and UN Peacekeeping*, New York, Lynne Rienner Publisher, 2004, 225 p.

ZANETTI Véronique, *L'intervention humanitaire. Droits des individus, devoirs des États*, Fribourg, Éditions Labor et Fides, 2008, 326 p.

ZANI Mamoud, *La Convention internationale des droits de l'enfant : Portée et limites*, Paris, Publisud, 1996, 223 p.

II. Articles scientifiques

A. Articles scientifiques généraux

AIVO Gérard, « Convergences entre droit international humanitaire et droit international des droits de l'Homme : vers une assimilation des deux corps de règles ? », in *Revue trimestrielle des droits de l'homme,* N° 82, 2010, pp. 425-433.

ALLRED Keith Judge, « Peacekeepers and prostitutes: How deployed Forces fuel the demand for trafficked women and new hope for stopping it », in *Armed Forces & Society*, Vol. 33, N° 1, 2006, pp. 3-8.

ANDERSON Mary B., « Le concept de vulnérabilité : au-delà des groupes vulnérables », in *RICR*, N° 808, juillet-août 1994, pp. 359-383.

BAERISWYL Edith, « Enseigner la dignité aux jeunes, contribution du Mouvement de la Croix-Rouge », in *Revue Internationale de la Croix-Rouge*, N° 826, 1997, pp. 377-399.

BEDJAOUI Mohammed, « La difficile avancée des droits de l'homme vers l'universalité », in *Universalité des droits de l'homme dans un monde pluraliste. Actes du colloque organisé par le Conseil de l'Europe*, Strasbourg, Éditions N. P. Engel, 1990, pp. 35-51.

BLONDEL Jean-Luc, « L'assistance aux personnes protégées », in *Revue internationale de la Croix-Rouge*, N° 767, septembre-octobre 1987, pp. 471-480.

BOS Pascale, « Feminists interpreting the politics of wartime rape: Berlin 1945, Yugoslavia 1992- 1993 », in *The University of Chicago Press*, vol. 31 N° 4, 2006, pp. 995-1025.

BOSLY Stéphanie et RAVENSTEIN Matthieu van, « L'harmonisation des incriminations », in *Actualités de droit pénal européen*, Les dossiers de la Revue de droit pénal et de criminologie, 2003, N° 9, pp. 19-57.

GARDAM Judith Gail, « Femmes, droits de l'homme et droit international humanitaire », in CICR, *Revue Internationale de la Croix-Rouge*, N° 831, 1998, pp. 181-197.

HEINTE Hans Joachim, « Recoupement de la protection des droits de l'Homme et du droit international humanitaire dans les situations de crise et de conflit », in *Cultures & Conflits*, N° 60, 2005, pp. 24-56.

LEVY Linn, « Les humanitaires coupables d'abus sexuels au Libéria », in *Tribune de Genève*, 9 mai 2006, pp. 1-15.

MAYNERI Andrea Ceriana, « La Centrafrique, de la rébellion Séléka aux groupes Anti-Balaka », in *Politique africaine*, N°134, juin 2013, pp. 179-193.

MUNIE Vincent « Agonie silencieuse de la Centrafrique », in *Le Monde diplomatique*, octobre 2013, pp.10-18.

MUNTARBHORN Vitit, « protection et assistance aux réfugiés en cas de conflits armés et de troubles intérieurs. Réflexions sur les mandats du Mouvement international de la Croix-Rouge et du Croissant-Rouge et du Haut-Commissariat des Nations Unies pour les Réfugiés », in *Revue internationale de la Croix-Rouge*, N°772, Juillet-Août 1988, pp.358-374.

SERMET Laurent, « La notion de conflit armé interne : Problématique autour de l'objet et des sujets », in *Revue ASPECTS*, N° 4, Paris, Éditions des archives contemporaines, 2010, pp. 53-76.

VITÉ Sylvain, « Typologies des conflits armés en droit international humanitaire, concepts juridiques et réalités », in *Revue internationale de la Croix-Rouge et du Croissant-Rouge*, N° 873, Genève, mars 2009, pp. 1-21.

WATTIER Isabelle, « Responsabilité et responsabilisation du législateur. Le cas de de l'irrecevabilité du consentement des mineurs et la notion de "majorité sexuelle" », in DIGNEFFE Françoise et MOREAU Thierry (Dir), *La responsabilité et la responsabilisation dans la justice pénale*, Bruxelles, De Boeck & Larcier, 2006, pp. 382-413.

WEYEMBERGH Anne, « L'Union européenne et lutte contre la traite des êtres humains », in *Cahiers de droit européen*, 2000, N° 1-2, pp. 215-251.

B. Articles scientifiques spécifiques

BOUKONGOU Jean Didier, « Le système africain de protection des droits de l'enfant. Exigences universelles et prétentions africaine », in *CRDF*, N° 5, 2006, pp. 97-108.

BRETTON Philippe, « Les Protocoles de 1977 additionnels aux Conventions de Genève de 1949 sur la protection des victimes des conflits armés internationaux et non internationaux dis ans après leur adoption », in *Annuaire français de droit international* (AFDI), vol. 33, 1987, pp. 2-36.

EVOUNA EVOUNA Aristide, « La responsabilité pénale des casques bleus », in Jean Didier BOUKONGOU (Dir), *Humanité et liberté en Afrique Centrale*, t. 2, Yaoundé, PUCAC, 2010, pp. 129-143.

FOURCAN Claire, « La répression par les juridictions pénales internationales des violences sexuelles commises pendant les conflits armés », in *Archives de politique criminelle*, Paris, 2012/1, N° 34, pp. 155-165.

GRADITZKY Thomas, « La responsabilité pénale individuelle pour violation du droit international humanitaire applicable en situation de conflit armé non international », in *Revue Internationale de la Croix-Rouge et du Croissant-Rouge*, N° 829, 1998, pp. 29-57.

LACEY Marc, « In Congo War, even peacekeepers add to horror », in *New York Times*, 18 décembre 2004, pp.2-4.

LUBIN Sacha, « Les abus sexuels des casques bleus : toujours d'actualité ? », in *Revue L'Esprit libre*, Québec, 2016, pp. 1-9.

MACHEL Graça, « Impact des conflits armés sur les enfants », in *Promotion et protection des droits des enfants. Note du SGNU*, A/51/306 du 26 août 1996, pp. 1-96.

MITCHELL David, « The prohibition of rape in international humanitarian law as a norm of *jus cogens*: clarifying the doctrine », in *Duke Journal of comparative and international law*, Vol. 15, 2005, pp. 225-247.

NOROUZI-VERGNOL Maryam, « La criminalisation des violences sexuelles au cours des conflits armés », in MATHESON Michael John et MONTAZ Djamchid (Dir), *Les règles et institutions du droit international humanitaire à l'épreuve des conflits armés récent*s, Recueil des Cours de l'Académie de Droit International de la Haye, Leiden, Boston, 2010, pp. 785-820.

OLINGA Alain Didier, « La Charte africaine sur les droits et le bien-être de l'enfant : essai de présentation », in *Penant*, N° 820, 106e année, 1996, pp. 53-68.

RAZACK Sherene, « From the Clean Snows of Petawawa: The violence oh peacekeepers in Somalia », in *Cultural anthropology*, Vol. 15, N° 1, 2000, pp. 121-136.

RUELLE Éric, « Les violences sexuelles à l'égard des enfants : le cadre législatif au niveau européen. Présentation des conventions du Conseil de l'Europe et de la politique de l'Union européenne », in *La protection des enfants contre la violence sexuelle. Une approche globale*, Strasbourg, Éditions du Conseil de l'Europe, 2011, pp. 61-79.

SANOGO Issouf, « Centrafrique : des soldats français accuses d'avoir encouragé des actes zoophiles », in *Bulletin Union des Officiers de réserve de l'Océan indien*, N° 14, Paris, 4 avril 2016, pp. 42-54.

VISEUR-SELLER Patricia , « The context of sexual violence as violation of international humanitarian law », in KIRK McDonald and SWAAK Goldman, *Substantive and procedural aspects of international criminal law*, Kluwer law international, The Hague, vol. I, London/Boston, 2000, pp. 264-292.

ZERROUGUI Leila, « Le sort des enfants en temps de conflit armé », in UNICEF, *Les enfants dans la crise en RCA*, mai 2014, pp. 2-9.

III. Thèses et Mémoires

A. Thèses et mémoires générales

COULIBALY Tandjama Adama, *La protection du personnel humanitaire en zones de conflits armés.* Thèse de doctorat, Chaire UNESCO pour la Culture de la Paix, Abidjan, 2015, 555 p.

MBANDJI MBENA Étienne, *Les droits fondamentaux de l'enfant en droit camerounais*. Thèse de doctorat de l'université de Toulouse, 23 février 2013, 667 p.

KANE Ameth Fadel, *La protection des droits de l'enfant pendant les conflits armés en droit international.* Thèse de doctorat, Université de Lorraine, 13 juin, 2014, 498p.

TROPINI Julien, *La lutte contre les violences sexuelles en conflits armés : entre avancés humanitaire et échec international.* Mémoire de Master 2 –Sécurité internationale et défense, Grenoble 2, Université Pierre-Mendès-France, 2015, 147 p.

B. Thèses et mémoires spécifiques

COURTOIS Sandra, *Exploitation et abus sexuels par le personnel du maintien de la paix : quand les Nations Unies faillissent à la tâche.* Mémoire de maîtrise en science politique, Montréal, Université du Québec, septembre 2009, 151 p.

LONGPRÉ Simon, *Violences sexuelles des casques bleus : Défis et réalisations pour les Nation Unies*, Montréal, Mémoire pour le certificat de formation sur les missions d'appui à la paix de l'Institut de formation aux opérations de maintien de la paix, 2008, 232 p.

OUANDAOGO Abdul, *La protection des civils contre les violences sexuelles en période de conflit armé en Afrique*. Thèse de doctorat en Sciences juridiques, Normandie Université, 2016, 484 p.

ROY Julie, *Les crimes sexuels et la responsabilité pénale du personnel du maintien de la paix des Nations Unies*. Mémoire de Maître en Droit, Montréal, Université du Québec à Montréal, juillet 2011, 158 p.

IV. Textes officiels

A. Textes juridiques internationaux

Les instruments internationaux du droit international humanitaire

Convention de Genève pour l'amélioration du sort des blessés et des malades dans les forces armées en campagne du 12 août 1949 (CG I).

Convention de Genève pour l'amélioration du sort des blessés, des malades et des naufragés des forces armées sur mer du 12 août 1949 (CG II).

Convention de Genève relative à la protection des personnes civiles en temps de guerre du 12 août 1949 (CG IV).

Convention de Genève relative au traitement des prisonniers de guerre du 12 août 1949 (CG III).

Protocole Additionnel aux Conventions de Genève du 12 août 1949 relatif à la protection des victimes des conflits armés internationaux du 8 juin 1977 (PA I).
Protocole Additionnel aux Conventions de Genève du 12 août 1949 relatif à la protection des victimes des conflits armés non internationaux du 8 juin 1977 (PA II).

Les instruments internationaux du droit international des droits de l'homme

Charte des Nations Unies, San Francisco, 26 juin 1945.
Convention des Nations Unies relative aux droits de l'enfant, New York, 20 novembre 1989.
Convention pour la répression de la traite des êtres humains et de l'exploitation de la prostitution d'autrui, New York, 02 décembre 1949.
ONU, *Déclaration sur la protection des femmes et des enfants en période d'urgence et de conflits armés*, Résolution (Rés) 3318 (XXIX) du 14 décembre 1974 de l'AGNU.
Pacte international relatif aux droits civils et politiques, New York, 16 décembre 1966.
Protocole facultatif à la Convention des Nations Unies relative aux des enfants concernant la vente d'enfants, la prostitution des enfants et la pornographie mettant en scène des enfants, New York, 25 mai 2000.

B. Textes juridiques régionaux : Europe et Afrique

Textes juridiques et documents du Conseil de l'Europe

L'abolition des châtiments corporels. Un impératif pour les droits de l'enfant en Europe, Strasbourg, 2007.
Résolution 1307 (2002), Exploitation sexuelle des enfants : tolérance zéro : Assemblée parlementaire du Conseil de l'Europe, Textes adoptés, Session ordinaire de 2002, Strasbourg, 23-27 septembre 2002.

Textes juridiques et autres documents africains

Charte africaine des droits et du bien-être de l'enfant, 11 juillet 1990.
Charte africaine relative aux droits de l'homme et des peuples, 27 juin 1981.

C. Textes juridiques nationaux et documents gouvernementaux

République Centrafricaine

Constitution de la République Centrafricaine, 14 décembre 2015.
Code de la famille de la République Centrafricaine, 11 novembre 1997.
Code pénal de la République Centrafricaine, 15 janvier 2010.
Décret N°15007 du 8 janvier 2015 portant création d'une Unité mixte d'intervention rapide et de répression des violences sexuelles faites aux femmes et aux enfants (UMIRR), République Centrafricaine, *Journal Officiel*. N°04 du 15 janvier 2015, numéro spéciale.
Loi N° 93.009 du 3 décembre portant création d'une Commission nationale des droits de l'homme en République Centrafricaine, *Journal Officiel*, N°07 du 10 décembre 1993.

Loi organique N° 15.003 du 3 juin 2015 portant création, organisation et fonctionnement de la Cour pénale spéciale, République Centrafricaine, *Journal Officiel*, N° spécial du 9 juin 2015.
Loi N° 02.011 du 25 juillet 2002 portant organisation et fonctionnement des tribunaux pour enfants, République Centrafricaine, *Journal Officiel*, N° spécial du 30 juillet 2002.
Loi N° 06.032 du 27 décembre 2006 portant protection de la femme contre les violences en République Centrafricaine, *Journal Officiel*, N° spécial du 5 janvier 2006.
Loi N° 06.005 du 20 juin 2006 relative à la santé de reproduction dite « loi Bangayassi », en République Centrafricaine, *Journal Officiel*, N° spécial de 2007.

République Démocratique du Congo

Constitution de la République Démocratique du Congo, 18 février 2006.
Code pénal de la République Démocratique du Congo, 30 juin 1998.
Code pénal de la République Démocratique du Congo, 30 novembre 2004.
Code militaire de la République Démocratique du Congo, 18 novembre 2002.
Décret N°15/028 du 09 décembre 2015 portant organisation et fonctionnement des unités territoriales et locales, République Démocratique du Congo, *Journal Officiel*, N° 12-2 du 15 juin 2015.
Loi N°24/2002 du 18 novembre 2002 portant Code militaire du Congo, République Démocratique du Congo, *Journal Officiel,* N° spécial du 22 novembre 2002.

Loi N° 09/001 du 10 janvier 2009 portant protection de l'enfant, *Journal Officiel,* N° spécial du 25 mai 2009, République Démocratique du Congo.
Loi organique N° 11/013 du 11 août 2011 portant organisation et fonctionnement de la Police Nationale Congolaise, *Journal Officiel*, N° Spécial du 17 août 2011.

République du Cameroun et le Canada

Code pénal de la République du Cameroun, N° 67/LF/1, 12 juin 1967.

V. Documents et rapports officiels

A. Documents et rapports officiels de l'ONU

Résolutions, déclarations et procès-verbaux du Conseil de sécurité

S/RES/ 143 (1960), 14 JUILLET 1960 : *Mandat de l'ONUC.*
S/RES/5002 (1961), 24 novembre 1961 : *La situation de la République Démocratique du Congo.*
S/RES/1159 (1998), 27 mars 1998 : *La situation en République Centrafricaine.*

Rapports et autres documents de l'Assemblée générale des Nations Unies

A/RES/2442 (XXIII), 19 décembre 1968 : *Conférence internationale des droits de l'Homme portant sur la Protection des droits de l'Homme en cas de conflit armé.*

A/57/465, 11 novembre 2002 : *Rapport du Bureau des services de contrôle interne sur l'enquête sur l'exploitation sexuelle de réfugiés du fait d'agents des services d'aide humanitaire en Afrique de l'Ouest.*

A/59/661, 5 janvier 2005 : *Rapport d'enquête du bureau des services de contrôle internes sur les allégations d'exploitations et de violences sexuelles à la MONUC.*

A/59/710, 24 mars 2005, *Stratégie globale visant à éliminer l'exploitation et les abus sexuels dans les opérations de maintien de la paix des Nations Unies.*

A/60/862, 24 mai 2006 : *Rapport d'ensemble élaboré en application de la résolution 59/296 de l'AGNU sur l'exploitation et les abus sexuels, dont la formulation de politiques générales, la mise en place du dispositif envisagé pour s'occuper des questions relatives à la conduite du personnel et la justification exhaustive des ressources demandées.*

A/61/494, 3 octobre 2006 : *Projet révisé de modèle de mémorandum d'accord entre l'Organisation des Nations Unies et l'État fournissant des ressources à une opération de maintien de la paix des Nations Unies.*

A/61/841, 5 avril 2007 : *Rapport d'enquête du Bureau des services de contrôle interne sur les allégations d'exploitation et de violence sexuelles à la Mission de l'ONU en RDC, dans la région de l'Ituri* (Bunia).

A/C.6/63/L, 10 avril 2008 : *Projet de résolution : Responsabilité pénale des fonctionnaires et des experts en mission des Nations Unies.*

Rapports et autres documents du Secrétaire général des Nations Unies

SGNU, *Dispositions spéciales visant à prévenir l'exploitation et la violence sexuelle*, Doc, Off. AGNU, 58ème session,

Ordre du jour, points 127 et 134, Doc, des NU A/58/777, 2004.

SGNU, *Dispositions spéciales visant à prévenir l'exploitation et la violence sexuelle*, Doc. Off. AGNU, 63e session, Ordre du jour, points 123 et 132, Doc. NU A/63/720, 2008.

SGNU, *Dispositions spéciales visant à prévenir l'exploitation et la violence sexuelle*, Doc. Off. AGNU, 62e session, Ordre du jour, points 133 et 140, Doc. NU A/62/890, 2008.

SGNU, *Dispositions spéciales visant à prévenir l'exploitation et les abus sexuels*, Doc. Off. AGNU, 61e session, Ordre du jour, points 123 et 132, Doc. NU A/61/957, 2007.

SGNU, *Dispositions spéciales visant à prévenir l'exploitation et les abus sexuels*, Doc. Off. AGNU, 60e session, Ordre du jour, points 129 et 136, Doc. NU A/60/861, 2006.

SGNU, *application des recommandations du Comité spécial des OMP*, Doc. Off. AGNU, 64ème session, Ordre du jour, point 33, Doc des NU 64/573 (2009).

SGNU, *Dispositions spéciales visant à prévenir l'exploitation et les atteintes sexuelles,* Doc. Off. AGNU, 63e Session, Ordre du jour, points 123 et 132, Doc. NU A/63/720, 2009.

SGNU, *Dispositions spéciales visant à prévenir l'exploitation et la violence sexuelle,* Doc. Off. AGNU, 62e session, Ordre du jour, points 133 et 140, Doc. NU A/62/890, 2008.

SGNU, *Dispositions spéciales visant à prévenir l'exploitation et les abus sexuels,* Doc. Off. AGNU, 61e session, Ordre du jour, points 123 et 132, Doc. NU A/61/957, 2007.

SGNU, *Dispositions spéciales visant à prévenir l'exploitation et les abus sexuels,* Doc. Off. AGNU, 60e session, Ordre du jour, points 129 et 136, Doc. NU A/60/861, 2006.

SGNU, *Dispositions spéciales visant à prévenir l'exploitation et les abus sexuels,* Doc. Off. AGNU, 59e session, Ordre du jour, points 114 et 123, Doc. NU A/59/782, 2005.

A/59/782, 24 mars 2005, *Dispositions spéciales visant à prévenir l'exploitation et les abus sexuels*.

A/64/669, 18 février 2010, *Dispositions spéciales visant à prévenir l'exploitation et la violence sexuelle*.

S/2004/616, 3 août 2004, *Rétablissement de l'état de droit et administration de la justice pendant la période de transition dans les sociétés en proie à un conflit ou sortant d'un conflit.*

Documents et rapports d'autres organes de l'ONU

HCDH, *La protection juridique internationale des droits de l'homme dans les conflits armés*, New York/Genève, 2011.

HCDH, *La protection juridique internationale des droits de l'homme dans les conflits armés*, 2011.

MINUSCA FOCUS 001, « Plus de cent mille victimes, selon le président de l'Observatoire Centrafricain des Droits de l'Homme », in *Les Droits de l'Homme en Centrafrique*, Bangui, 2015.

B. Autres documents et rapports

Amnesty International, *La lutte contre les violences sexuelles dans les conflits : recommandations aux États participants au Sommet mondial pour mettre fin aux violences sexuelles dans les conflits*, AI Publication mai 2014.

Comité permanent interorganisations, *Déclaration d'engagement sur l'élimination de l'exploitation et les abus sexuels commis par le personnel des Nations Unies et d'autres entités,* New York, 4 décembre 2006.

Comité permanent interorganisations, *Guide des pratiques exemplaires. Mécanisme communautaire de plainte interorganisations. Protection contre l'exploitation et les abus sexuels*, Genève, IASC, 2016.

Human Rights Watch, *Les soldats violent, les commandants ferment les yeux. Violences sexuelles et réforme militaire en République démocratique du Congo*, Juillet 2009.

Tribunaux pénaux internationaux

TPIR

Affaire, *Le Procureur c. Jean-Paul Akayesu,* jugement, ICTR-96-3-T, 2 septembre 1998.

TPIY

Affaire, *Le Procureur c. Dragoljub Kunarac, Radomir Kovacet Zoran Vukovic,* jugement, IT-96-23 and IT-96-23/2, 22 février 2001.

TPIY, *Procureur c. Dragoljub Kunarac, Radomir Kovac et Zoran Vukovic (cas Foca)*, Jugement de la Chambre d'Appel, le 12 juin 2002, IT-96-23 and IT-96-23/1, §§. 127-133

Affaire, Le Procureur *c. Dusko Tadic*, arrêt relatif à l'appel de la défense concernant l'exception préjudicielle d'incompétence, IT-94-1, 2 octobre 1995.

Affaire, *Le Procureur c. Dusko Tadić,* jugement, IT-94-1-T, 7 mai 1997.

Affaire, *Le Procureur c. Furundzija,* jugement, IT-95-17/1, 16 juillet 1998.

Affaire, *Le Procureur c. Ivica Rajic*, jugement, IT-95-12-S, 8 mai 2006.

Affaire, *Le Procureur c. Miroslaw Bralo,* décision relative à la requête du Procureur, IT-95-17, 7 décembre 2005.

Affaire, *Le Procureur c. Radoslav Brdanin,* jugement, IT-99-36-T, 1er septembre 2004.

Affaire, *Le Procureur contre Zejnil Delalic, Zdravko Mucic alias « Pavo », Hazim Delic, Esad Landzo alias « Zenga »*, jugement, IT-96-21-T, 16 novembre 1998.

CPI

Affaire, *Le Procureur c. Germain Katanga et Mathieu Ngudjolo Chui*, décision relative à la confirmation des charges, ICC-01/04-01/07-717-tFRA, 30 septembre 2008.

Affaire, *Le Procureur c. Germain Katanga,* jugement, ICC-01/04-01/07, 7 mars 2014.

Affaire, *Le Procureur c. Thomas Lubanga Dyilo,* arrêt, ICC-01/04-01/06-2205-tFRA, 8 décembre 2009.

Affaire, *Le Procureur, c. Dominic Ongwen*, décision de confirmation des charges, ICC-02/04- 01/15- 422-Red, 23 mars 2016.

VII. Documents sur Internet

http://tempsreel.nouvelobs.com/monde/20150625.OBS1556/casques-bleus-en-centrafrique-le-scandale-de-trop.html.

http://www.elcorreo.eu.erg/ONU-Les-secrets-de-chef-de-la-diplomatie-argentine-Susana-Malcorra-sur-les-abus-sexuels-en-Republique-Centrafricaine.

http://www.grip.org/sites/grip.org/files/RAPPORTS/2013/Rapport_2013-11.pdf

https://archipel.uqam.ca/4727/1/M11070.pdf

https://www.cairn.info/revue-internationale-de-droit-penal-2006-1-page-223.htm.

www.rfi.fr/afrique/20140215-centrafrique-rca-vaste-operation-sangaris-misca-bangui-anti-balaka.

Table des matières

Structures éditoriales du groupe L'Harmattan

L'Harmattan Italie
Via degli Artisti, 15
10124 Torino
harmattan.italia@gmail.com

L'Harmattan Hongrie
Kossuth l. u. 14-16.
1053 Budapest
harmattan@harmattan.hu

L'Harmattan Sénégal
10 VDN en face Mermoz
BP 45034 Dakar-Fann
senharmattan@gmail.com

L'Harmattan Cameroun
TSINGA/FECAFOOT
BP 11486 Yaoundé
inkoukam@gmail.com

L'Harmattan Burkina Faso
Achille Somé – tengnule@hotmail.fr

L'Harmattan Guinée
Almamya, rue KA 028 OKB Agency
BP 3470 Conakry
harmattanguinee@yahoo.fr

L'Harmattan RDC
185, avenue Nyangwe
Commune de Lingwala – Kinshasa
matangilamusadila@yahoo.fr

L'Harmattan Congo
67, boulevard Denis-Sassou-N'Guesso
BP 2874 Brazzaville
harmattan.congo@yahoo.fr

L'Harmattan Mali
ACI 2000 - Immeuble Mgr Jean Marie Cisse
Bureau 10
BP 145 Bamako-Mali
mali@harmattan.fr

L'Harmattan Togo
Djidjole – Lomé
Maison Amela
face EPP BATOME
ddamela@aol.com

L'Harmattan Côte d'Ivoire
Résidence Karl – Cité des Arts
Abidjan-Cocody
03 BP 1588 Abidjan
espace_harmattan.ci@hotmail.fr

Nos librairies en France

Librairie internationale
16, rue des Écoles
75005 Paris
librairie.internationale@harmattan.fr
01 40 46 79 11
www.librairieharmattan.com

Librairie des savoirs
21, rue des Écoles
75005 Paris
librairie.sh@harmattan.fr
01 46 34 13 71
www.librairieharmattansh.com

Librairie Le Lucernaire
53, rue Notre-Dame-des-Champs
75006 Paris
librairie@lucernaire.fr
01 42 22 67 13

www.ingramcontent.com/pod-product-compliance
Lightning Source LLC
LaVergne TN
LVHW050640051026
849532LV00002B/466